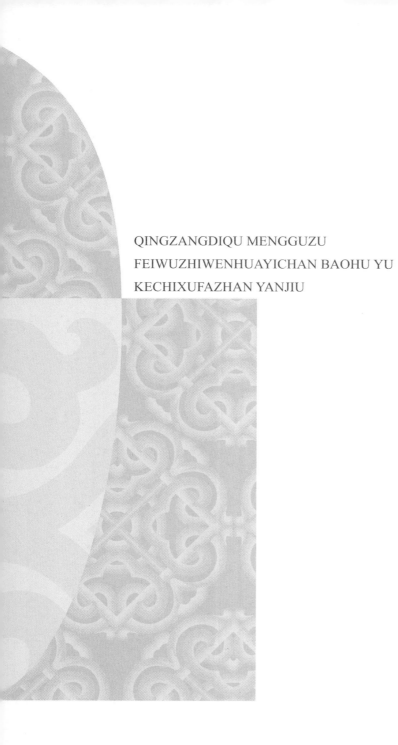

QINGZANGDIQU MENGGUZU

FEIWUZHIWENHUAYICHAN BAOHU YU

KECHIXUFAZHAN YANJIU

青藏地区蒙古族
非物质文化遗产保护与
可持续发展研究

仙　珠　著

民族出版社

图书在版编目（CIP）数据

青藏地区蒙古族非物质文化遗产保护与可持续
发展研究 / 仙珠著 . -- 北京：民族出版社，2023.11
ISBN 978-7-105-17134-7

Ⅰ．①青… Ⅱ．①仙… Ⅲ．①蒙古族—非物质文化遗
产—研究—青海②蒙古族—非物质文化遗产—研究—西藏
Ⅳ．① G127.44 ② G127.75

中国国家版本馆 CIP 数据核字 (2023) 第 225912 号

青藏地区蒙古族非物质文化遗产保护与可持续发展研究

责任编辑：张　华
封面设计：金　晔
出版发行：民族出版社
地　　址：北京市和平里北街 14 号
邮　　编：100013
电　　话：010-64271909（汉文编辑一室）
　　　　　010-64224782（发行部）
网　　址：http://www.mzpub.com
印　　刷：北京中石油彩色印刷有限责任公司
经　　销：各地新华书店
版　　次：2023 年 11 月第 1 版　2023 年 11 月北京第 1 次印刷
开　　本：787 毫米 ×1092 毫米　1/16
字　　数：265 千字
印　　张：16.25
定　　价：46.00 元
书　　号：ISBN 978-7-105-17134-7/G · 2224（汉 1082）

该书若有印装质量问题，请与本社发行部联系退换

目　录

第一章 绪 论

第一节 研究背景及研究价值

蒙古族是一个勤劳、勇敢、智慧的民族，有着悠久的历史和灿烂的文化。青藏地区蒙古族是指生活在青藏高原的蒙古族，其主体是青海蒙古族以及部分甘肃、西藏地区的蒙古族。在学术界，蒙古学研究或藏学研究都绕不开青藏高原的蒙古族，但由于缺乏一种既能够涵盖其历史文化源流，又能集中体现其独特性的概念或视角，长期以来，其整体性和延续性被各方忽略或者被边缘化，对其历史文化仍然缺乏足够的认识和了解。由于蒙古族在青藏高原生息繁衍的历史近 800 年，早已成为这里的世居民族，不仅造就了青藏高原的辉煌历史，也创造了自己灿烂的历史文化。青藏高原的蒙古族也被称为"德都蒙古"。"德都"语义中包含"上部""高处""源头"等自然环境特征，又包含"至尊""高贵""上等"等人文文化因素[①]，因此，青藏高原的蒙古族欣然接受"德都蒙古"这一称呼并引以为傲。

青藏地区蒙古族既较好地保留了蒙古游牧民族特有的文化传统，包括语言、习俗、民间故事、游牧方式以及一些独特的生活哲理和世界观等，又与广大东部蒙古地区有所差异，与新疆的卫拉特蒙古也有不同之处，继而形成特有的青藏高原蒙古民俗文化。在部分地区，由于社会环境的变化、地理环境的制约及宗教等诸多因素的影响，蒙古族与藏、汉等其他民族长期杂居、通婚，许多风俗文化相互渗透、相互交融，形成了具有多元文化特色的民族文化并沿袭至今。因此，保护与传承青藏地区蒙古族文化中极具特色的非物

---

① 青格力：《略论"德都蒙古"名称及其意义》，载《青海民族研究》，2016（1）。

质文化遗产，充分挖掘其历史文化价值、社会和谐价值、科学研究价值、艺术审美价值和教育价值，探析其在社会经济文化可持续发展中的作用，显得紧迫而重要。

党的十九大报告指出，"文化是一个国家、一个民族的灵魂。文化兴国运兴，文化强民族强。没有高度的文化自信，没有文化的繁荣兴盛，就没有中华民族伟大复兴"。中国特色社会主义文化，源自中华民族五千多年文明历史所孕育的中华优秀传统文化。丰富多彩的非物质文化遗产是优秀传统文化的重要组成部分，是中华文明五千多年绵延传承的生动见证，是中华民族生生不息、发展壮大的丰厚滋养，是联结民族情感、维系国家统一的重要基础，也是促进文化间对话、建构人类命运共同体不可取代的资源。以习近平同志为核心的党中央高度重视非物质文化遗产保护工作。2019 年，习近平总书记在内蒙古与甘肃考察时，都提出要重视少数民族文化保护和传承，加强对少数民族历史文化的研究，铸牢中华民族共同体意识。国家不断加大力度，扶持非物质文化遗产的保护传承。我们必须充分认识加强非物质文化遗产保护与传承的重要意义，要培养好传承人，一代一代接下来、传下去。各民族的非物质文化遗产都是中华文明的一部分，非物质文化遗产在维护民族团结和国家统一方面有着重要作用。

从 2001 年昆曲入选联合国教科文组织"人类口头和非物质遗产代表作"开始，我国由政府主导推动的非物质文化遗产保护工作走过了二十多个年头。二十多年来，在党中央、国务院的高度重视下，经过各级文化行政部门和社会各界的共同努力，我国非物质文化遗产保护工作取得了显著成绩，进入巩固保护成果、增强传承活力的新阶段。2005—2009 年，我国第一次开展了全国性的大规模非物质文化遗产普查活动，普查出非物质文化遗产资源总量 87 万项，较为全面地了解和掌握了各地区、各民族非物质文化遗产资源的种类、数量、分布情况、生存和传承状况。[①] 同时，我国建立了国家、省、市、县四级非物质文化遗产名录体系。截至目前，国务院批准公布了五批共 1557 项国家级非物质文化遗产代表性项目，按照申报地位和单位进行逐一统计，共计 3610 个子项。先后命名了五批 3068 名国家级非物质文化遗产代表性传承人，

---

① 　王学思：《开创非遗当代传承发展的生动局面》，载《中国文化报》，2017-10-16。

在后期的传承人动态管理和退出机制下，11 人失去传承人资格，截至 2022 年 11 月，国家级非物质文化遗产代表性传承人共 3057 人。各省（区、市）批准公布了 15777 项省级非物质文化遗产代表性项目，16432 名省级非物质文化遗产代表性传承人；公布了 43787 项市级非物质文化遗产代表性项目；绝大部分县也公布了本级的非物质文化遗产代表性项目和代表性传承人。另外，目前中国有 43 个非物质文化遗产项目列入联合国教科文组织非物质文化遗产名录（名册），是世界上拥有非物质文化遗产数量最多的国家。为了强化对非物质文化遗产及其孕育发展环境进行区域性整体保护，自 2007 年闽南文化生态保护实验区设立以来，截至 2023 年 8 月，我国先后在非物质文化遗产项目集中、特色鲜明、内容和形式保持完整的区域批复设立了 16 个国家级文化生态保护区，7 个国家级文化生态保护实验区，197 个省级文化生态保护区，努力推动各个生态区成为遗产丰富、氛围浓厚、特色鲜明、民众受益的区域。以上这些成就彰显了中华民族创新创造活力，凝聚了中华儿女文化认同，有助于维护民族团结、国家统一，铸牢中华民族共同体意识，对提升中华文化的国际影响力具有重要的意义。

梳理有关青藏地区蒙古族文化包括非物质文化遗产在内的文化遗产研究成果，可以看出青藏地区蒙古族文化遗产研究呈现以下特点：从地域上来讲，蒙古族文化遗产的研究所涉地域并不仅限于内蒙古，而是扩展到青海、甘肃、新疆乃至蒙古国等地区和国家；从学科上来讲，不仅限于从历史、宗教、文学、心理和社会学等学科的角度来进行，而且与考古、艺术、神话传说等资料相结合，从整个人类文化学的角度进行综合研究。有关青藏地区蒙古族文化遗产的研究成果以论文形式居多，绝大多数研究侧重于青海蒙古族文化某一个非物质文化遗产现象研究，而系统研究青藏高原蒙古族非物质文化遗产的分类、分布、特征、价值、保护与传承现状，尤其是对其本体性可持续发展和语境性可持续发展等方面的研究成果几乎是空白。基于此，本研究显得紧迫而重要。其意义和价值可以归纳为两个方面。

一方面，本研究具有一定的学术价值。首先，通过对青藏高原蒙古族非物质文化遗产代表性项目及其分布、特征、价值进行分析，同时对其非物质文化遗产保护与传承现状进行田野调查研究，尤其是对青藏地区蒙古族非物质文化遗产的可持续发展内涵进行剖析，可使蒙古学研究的内容有所拓展，使青藏高原蒙古族文化遗产的学术研究更具有系统性、全面性，并且对研究青藏地区蒙古族历史源流、文化特征及与其他民族的柜互融合发展的轨迹具有重要的价值。其次，对于青藏地区蒙古族非物质文化遗产与可持续发展进行深入分析，拓展了研究维度，对于如何利用非物质文化遗产的保护与传承来助推社会经济环境的可持续发展是值得研究的代表性问题。

另一方面，本研究具有一定的应用价值。如何保护和传承青藏高原蒙古族文化，保证非物质文化遗产的可持续发展，对弘扬青藏高原优秀的民族文化，促进本地区乃至更大范围内的民族团结、社会稳定、经济发展、文化建设及铸牢中华民族共同体意识等都具有一定的现实意义。这也符合国家当前实施的文化战略部署，更为处于"丝绸之路经济带"上重要节点的青海省增添民族文化亮点及文化旅游产业亮点。本课题重点是按照我国非物质文化遗产保护与传承的相关要求，对青藏地区蒙古族非物质文化遗产进行调查、分析、整理、评估、传播，为地方政府提供符合少数民族文化发展的集保护、传承、创新于一体的非物质文化遗产可持续发展路径。

第二节　相关研究及文献综述

一、国内研究综述

世界经济的飞速发展，消耗了巨大的资源，造成了严重的环境与气候问题，为此，世界环境与发展委员会于 1987 年提出了"可持续发展"这个概念，并将它界定为"既满足当代人的需要，又不对后代人满足其需求的能力构成危害的发展"[①]。2012 年，联合国报告《实现我们共同憧憬的未来——给秘书长的报告》为 2015 年联合国发展议程提出了一个愿景，即寻求实现包容

[①]　世界环境与发展委员会：《我们共同的未来》，王之佳、柯金良译，长春，吉林人民出版社，1997。

的、以人为本、可持续的发展，并提出了"人权、公平、可持续性"三项基本原则，提出了与其追求的目标相一致的四个核心层面，即"包容性社会、包容性经济、环境可持续发展以及和平与安全"，从而进一步阐释了可持续发展理念。该理念被世界各国所重视，无论是在实践领域还是在学术界都掀起了可持续发展研究的热潮，无论在自然科学领域还是在社会科学领域都产生了大量有关可持续发展的研究成果。然而，与其他领域的可持续发展研究相比，非物质文化遗产的可持续发展研究还有待加强。

（一）非物质文化遗产的可持续发展研究

非物质文化遗产的可持续发展是全世界人民共同关注的课题。自《保护非物质文化遗产公约》公布以来，我国少数民族非物质文化遗产备受瞩目，其保护与传承工作成效明显。但随着少数民族地区经济社会的快速发展及生产生活方式的变迁，非物质文化遗产生存土壤和生态系统的退化、传承方式的脆弱等原因，少数民族非物质文化遗产普遍面临生存环境萎缩、传承人青黄不接、保护路径不明确等困境。如何创造非物质文化遗产传承的真实文化空间和环境，使其走上可持续发展道路，是少数民族文化发展中亟待解决的问题。通过对相关文献进行梳理我们发现，尽管有很多关于非物质文化遗产保护与传承的研究成果，但将"非物质文化遗产与可持续发展"作为主题来研究的文献只有几十篇。钱永平（2018）[1]围绕《实施〈保护非物质文化遗产公约〉业务指南》中的新增内容，即"在国家层面保护非物质文化遗产和可持续发展"，探讨关于非物质文化遗产与可持续发展关系的理念，分析我国非物质文化遗产保护尚未与可持续发展理念结合起来的现状，提出要开展非物质文化遗产与可持续发展的相关研究，修订国家级非物质文化遗产名录评审标准、增强非物质文化遗产名录在可持续发展主题方面的代表性，以可持续发展理念为导向，调整非物质文化遗产保护实践等对策建议。宋俊华（2008）[2]提出非物质文化遗产保护必须遵循契约精神和可持续发展理念，并且提出非物质文化遗产保护有助于且受制于社会的可持续发展，同时本身也

---

[1]　钱永平：《可持续发展：非物质文化遗产保护的新理念》，载《文化遗产》，2018（3）。
[2]　宋俊华：《非遗保护的契约精神与可持续发展》，载《文化遗产》，2018（3）。

有可持续发展要求，所以非物质文化遗产保护有两种可持续发展，即语境性可持续发展与本体性可持续发展。张毅（2016）① 提出非物质文化遗产可持续发展是非物质文化遗产的活态化传承路径，然而其可持续发展的动力是非遗传承人群文化素质与艺术修养的提升。刘胜（2015）② 分析了非物质文化遗产的"人本化"属性，围绕黔东南州民族医学两项国家级非物质文化遗产及贵州省唯一入选联合国教科文组织非物质文化遗产项目侗族大歌所面临的传承人危机，提出建立市场化条件下非物质文化遗产可持续发展的"人本化"模式。孙传明、刘梦杰（2018）③ 等将生态位理论引入到非物质文化遗产的可持续发展研究中，从资源、环境、需求、时空四个维度构建非物质文化遗产生态位。姜军、杨文选（2018）④ 等人提出少数民族非物质文化遗产可持续传承的基本模式，即经济转化模式，是以传承为前提、以经济效益为出发点，选择合适的经济转化运作方式，生产出符合民众精神需求的文化产品。艾菊红（2020）⑤ 对西藏林芝地区人口较少民族的非遗保护模式的利弊进行梳理和分析，提出以区域性的文化空间为单位来构建非物质文化遗产可持续发展模式。郑重（2014）⑥ 从非物质文化遗产开发中存在的误区出发，提出在保护与开发我国非物质文化遗产的法律制度设计中注入一种可持续发展观。除此之外，也有学者基于对某一个少数民族非物质文化遗产的可持续发展做了研究，如朴京花、朴今海（2019）⑦ 对朝鲜族非物质文化遗产类型、特征及其在现代化语境中所面临的困境进行调查，并提出如何让那些优秀的非物质文化遗产在新的时代环境和土壤里找到可持续发展路径。还有部分研究针对不同类型

---

① 张毅：《非遗保护与传承的历史使命是推动其可持续发展》，载《文化遗产》，2016（5）。
② 刘胜：《非物质文化遗产可持续发展的"人本化"模式》，载《四川大学学报（哲学社会科学版）》，2015（3）。
③ 孙传明、刘梦杰：《生态位理论视角下非物质文化遗产可持续发展研究》，载《文化遗产》，2018（4）。
④ 姜军、杨文选：《经济转化：少数民族非物质文化遗产可持续传承的基本模式》，载《贵州民族研究》，2018（8）。
⑤ 艾菊红：《人口较少民族非物质文化遗产保护与可持续发展模式的区域性文化空间思考——以西藏林芝地区门巴族、珞巴族和僜人为例》，载《民族学刊》，2020（5）。
⑥ 郑重：《非物质文化遗产开发的误区及其矫正——以重塑可持续发展观为视角》，载《西南民族大学学报（人文社会科学版）》，2014（3）。
⑦ 朴京花、朴今海：《"生活化"：朝鲜族非遗保护与可持续发展路径研究》，载《北方民族大学学报（哲学社会科学版）》，2019（3）。

的文化遗产的可持续发展做了研究，如范圣玺、邓碧波（2020）[1]从设计创新视角对非物质文化遗产保护研究与实践现状进行分析，提出以设计转化实现传统手工艺类非物质文化遗产当代意义与现代价值的途径，并进一步提出了围绕传统手工艺的核心技艺与文化内涵、传承链与传承场以及文化生态等内部和外部因素构建"由点、及线、构面、筑体"的以设计创新实现传统手工艺类非物质文化遗产可持续发展的模式。蒋满娟、冉蔷薇（2017）[2]基于对竞技型非物质文化遗产"八人秋"的调查，描述"八人秋"的现状，探析苗族"八人秋"可持续发展的途径。吕国伟（2018）[3]以"无锡锡绣"为例，提出非物质文化遗产需要借助文创产业实现自身的保护、传承和可持续发展。范雨涛、张春阳（2017）[4]对羌族"瓦尔俄足"音乐文化的可持续发展面临的困境进行分析，并在田野调查和文献分析的基础上提出了对策建议。

从以上研究成果可以看出，仅有几十篇论文论及非物文化遗产与可持续发展，还没有相关专著。

（二）蒙古族非物质文化遗产研究

国务院先后于2006年、2008年、2011年、2014年和2021年公布了五批国家级非物质文化遗产代表性项目名录，共1557项，按照申报地区或单位进行逐一统计，共计3610个子项[5]，其中蒙古族国家级非物质文化遗产涉及内蒙古、新疆两个自治区，青海、甘肃、辽宁、吉林、黑龙江五个省，共有126项，占总数的3.49%，在数量上居我国少数民族前列。截至2022年，中国入选《联合国教科文组织非物质文化遗产名录》有43项，总数位居世界第一，其中有35项入选《人类非物质文化遗产代表作名录》[6]，蒙古族非物质文化遗

① 范圣玺、邓碧波：《设计创新视角下传统手工艺类非物质文化遗产可持续发展研究》，载《设计艺术研究》，2020（2）。
② 蒋满娟、冉蔷薇：《竞技型非物质文化遗产可持续发展研究——基于松桃苗族自治县"八人秋"的调查与分析》，载《遗产观察》，2017（7）。
③ 吕国伟：《文创IP视角下非物质文化遗产的可持续发展研究——以"无锡锡绣"为例》，载《艺术科技》，2018（9）。
④ 范雨涛、张春阳：《传统音乐表演环境、功能的变化与可持续发展研究——以羌族"瓦尔俄足"音乐文化为例》，载《成都大学学报（社会科学版）》，2017（5）。
⑤ 中国非物质文化遗产网—中国非物质文化遗产数字博物馆，http://www.ihchina.cn。
⑥ 中国非物质文化遗产网—中国非物质文化遗产数字博物馆，http://www.ihchina.cn。

产代表性项目 2 项，占总数的 6%。蒙古族非物质文化遗产研究大致从 2006 年开始逐渐成熟，历经多年的理论研究和实践探索，近年来，随着国家对非物质文化遗产保护的重视和力度的加强，关于蒙古族非物质文化遗产的研究也取得了丰硕的研究成果。

本专著以中国学术期刊全文数据库以及中国蒙古文期刊网为统计源，以"蒙古族非物质文化遗产"为主题词进行检索（不限定时间），共搜索到 71 条结果，其中汉文论文有 65 篇、蒙古文论文有 6 篇，汉文论文中核心期刊论文仅有 15 篇。包金花（2017）① 以"蒙古族国家级非物质文化遗产"字段和 54 项蒙古族国家级非物质文化遗产项目名称为检索词，限定时间范围为 2005—2014 年，共检索到蒙古族国家级非物质文化遗产研究论文 1544 篇，其中汉文期刊论文 1102 篇、蒙古文期刊论文 442 篇。从以上数据可知，综合研究蒙古族非物质文化遗产的文献极少，以蒙古族某一类非物质文化遗产代表性项目为研究对象的论文居多，梳理了从多视角入手研究蒙古族非物质文化遗产的成果。色音（2018）② 以伊金霍洛旗为例，分析了民间社会团体力量对蒙古族传统民间文化和非物质文化遗产自觉保护和传承活动的作用，提出如何培养和提升民众的文化自觉意识，让民众热爱本土文化和本民族传统民俗，是非物质文化遗产世代传承的关键。黄栓成、史艳英（2011）③ 通过对蒙古族非物质文化遗产范围和特点、保护现状和知识产权保护难点的分析，提出蒙古族非物质文化遗产知识产权法律保护的可能模式和一些具体制度的建议。闫新新（2011）④ 提出将蒙古族的非物质文化遗产转化为文化生产力，发展特色产业，创造经济效益，以经济效益确保蒙古族非物质文化遗产的保护和发展，以保护带动开发，以开发促进保护。吕华鲜、杜娟（2009）⑤ 以蒙古族马头琴音乐文化为例，从生态文明视角探讨了旅游开发与非物质文化遗产的保

---

① 包金花：《蒙古族国家级非物质文化遗产研究文献分析》，载《内蒙古民族大学学报（社会科学版）》，2017（11）。
② 色音：《经济社会发展与蒙古族非物质文化遗产传承——以伊金霍洛旗为例》，载《内蒙古民族大学学报（社会科学版）》，2018（2）。
③ 黄栓成、史艳英：《蒙古族非物质文化遗产知识产权法律保护》，载《前言》，2011（5）。
④ 闫新新：《论蒙古族非物质文化遗产的特色产业化发展道路》，载《前言》，2011（1）。
⑤ 吕华鲜、杜娟：《生态文明视野下的旅游开发与非物质文化遗产保护——以蒙古族马头琴音乐文化为例》，载《黑龙江民族丛刊》，2009（1）。

护问题，希望通过构建生态文明的旅游观，使马头琴音乐文化得到良性、和谐的发展。孟醒、王芳雷（2019）[①] 从蒙古族非物质文化遗产和中国动画各自"文化自觉"的现实出发，论述二者相结合的客观需要和可行性，认为它们的互动发展必将为受众带来别样体验，实现"美美与共，天下大同"的理想之境。武宁（2018）[②] 借助人类学的视角，以阿拉善养驼习俗"非遗"保护项目为个案，探讨本土人在"非物质文化遗产"保护中的主体地位被忽略的现象，并思考如何从本地人的生活实践中对活态的民族文化进行理解和把握。宝乐日（2016）[③] 初步探讨了"非物质文化遗产"与"乡土知识"的关系，提出阿拉善非物质文化遗产项目是典型的蒙古族"乡土知识"的再现，通过社会教育和学校教育等途径积极保护这些非物质文化遗产项目，能够有效地促进蒙古族乡土知识的传承。色音（2016）[④] 以鄂尔多斯地区达尔扈特群体为例，分析了社会文化变迁对当地蒙古族非物质文化遗产带来的巨大冲击，提出了达尔扈特传承人群的历史贡献与当下使命，更好地保护与传承成吉思汗祭奠这一非物质文化遗产。张玉祥（2015）[⑤] 探讨了蒙古族非物质文化遗产档案式保护的可行性及特殊性，从建立蒙古族非物质文化遗产档案，建立跨县域、跨州域和跨省域的蒙古族非物质文化遗产资源、技术和经验共享机制和加快培养档案式保护人才等角度提出蒙古族非物质文化遗产档案式保护的对策。黄金（2017）[⑥] 提出，蒙古语不仅是蒙古民族的识别标志，也是蒙古族音乐文化的发生与生成的重要载体，从保护蒙古族语言入手，探讨如何保护蒙古族音乐文化。吴静寅（2016）[⑦] 基于音乐和文化的关系分析了蒙古族长调的文化

---

① 孟醒、王芳雷：《文化自觉语境下蒙古族非物质文化遗产与动画互动发展刍议》，载《当代电影》，2019（9）。

② 武宁：《生活实践与非物质文化遗产——以阿拉善蒙古族养驼习俗"非遗"项目为个案》，载《中央民族大学学报（哲学社会科学版）》，2018（5）。

③ 宝乐日：《阿拉善非物质文化遗产保护与蒙古族乡土知识传承探究》，载《民族教育研究》，2016（3）。

④ 色音：《论蒙古族非物质文化遗产传承人群的历史贡献与当下使命——以鄂尔多斯地区达尔扈特群体为例》，载《石河子大学学报（哲学社会科学版）》，2016（3）。

⑤ 张玉祥：《蒙古族非物质文化遗产档案式保护研究》，载《西部蒙古论坛》，2015（1）。

⑥ 黄金：《蒙古族传统音乐文化的传承保护现状——以国家级非物质文化遗产名录中入选的蒙古族音乐为例》，载《内蒙古民族大学学报（社会科学版）》，2017（2）。

⑦ 吴静寅：《蒙古族长调音乐的文化构成透视》，载《贵州民族研究》，2016（8）。

性，详细剖析了长调的文化构成及文化内涵。田璇、卢广伟（2008）①以蒙古族长调为例，就非物质文化遗产的知识产权保护进行探讨。李晓民、张立明（2017）②解码民族文化与民族社会生活之间的内在联系和本质特征，提出在黑龙江蒙古族呼麦艺术的传承与创新过程中探索高等院校的地位和作用。邢莉（2011）③提出，草原那达慕体现了蒙古族的凝聚力和民族认同，体现了和谐的文化精神和生生不息的文化品格。

总体上看，以上研究成果主要是期刊文章，也就是说，目前还没有关于蒙古族非物质文化遗产保护与传承的综合性研究专著。

（三）青藏地区蒙古族非物质文化遗产研究

在学术界，与本课题相关的科研成果数量相对较少，尤其是综合研究青藏地区蒙古族非物质文化遗产的文献资料极少。已发表论文主要梳理了五大类非物质文化遗产研究成果。

1. 口头文化遗产研究

口头文化遗产指各种口头表述，包括对群体有意义的诗歌、史诗、神话、民间传说、祝赞词及其他形式的口头表述，也包括作为其载体的语言。贾晞儒《青海湖畔传说》④，郝苏民《文化透视：蒙古口承语言民俗》⑤，齐布仁巴雅尔《德都蒙古民间文学精华集》⑥（蒙古文），才布西格、萨仁格日勒搜集整理的《青海蒙古族故事集》⑦（蒙古文），萨仁格日勒《蒙古史诗生成论》⑧《德都蒙古史诗文化研究》⑨等著作，跃进、乌云毕力格汉译《海西民

---

① 田璇、卢广伟：《非物质文化遗产蒙古族长调的知识产权保护》，载《法律适用》，2008（12）。
② 李晓民、张立明：《黑龙江蒙古族呼麦艺术的传承与发展》，载《黑龙江民族丛刊》，2017（1）。
③ 邢莉：《蒙古族那达慕的人文精神》，载《中央民族大学学报（哲学社会科学版）》，2011（3）。
④ 贾晞儒：《青海湖畔传说》，西宁，青海人民出版社，1981。
⑤ 郝苏民：《文化透视：蒙古口承语言民俗》，西宁，青海人民出版社，1994。
⑥ 齐布仁巴雅尔：《德都蒙古民间文学精华集》，内蒙古军区印刷厂以内部资料印刷出版，1986。该精华集分七章，第一章是格斯尔故事，第二章为英雄史诗10篇，第三章为民间故事53篇，第四章为祝赞词20首，第五章为民歌81首，第六章为谚语、谜语等，第七章为其他作品。
⑦ 才布西格、萨仁格日勒：《青海蒙古族故事集》，北京，民族出版社，1986。蒙古文献丛书之一。
⑧ 萨仁格日勒：《蒙古史诗生成论》，北京，中央民族大学出版社，2001。
⑨ 萨仁格日勒：《德都蒙古史诗文化研究》，北京，科学出版社，2016。

间故事》《海西民间歌谣》《海西民间谚语》①（中国民间文学集成海西州卷），跃进的《青海蒙古族格斯尔传说》②、《青海蒙古族民间艺人》③、《青海蒙古族民间口头文学集锦》④上下两册（蒙古文版），《青海蒙古族民间文学研究》⑤（蒙古文版），《德都蒙古民间传说》⑥，伊·古·曲力腾编的《台吉乃尔口承文化》⑦、纳·才仁巴力的《德都民间文学概要》⑧、《英雄黑旋风》⑨，呼和的《蒙古民间文学研究》⑩等十几部专著基本涵盖了神话、英雄史诗、民歌、谚语、传说、故事等青藏地区蒙古族民间文学的全部类型，为青藏地区蒙古族口头文化遗产研究提供了丰富的资料来源。另外，还有一些期刊文献也为青藏地区蒙古族口头文化遗产研究奠定了良好的基础。郝苏民从历史视角分析了"卫拉特蒙古"的范围及其他民间文学研究的内涵。⑪贾晞儒从哲学思维的角度解读了青海蒙古族民间故事中所蕴含的传统宇宙观。⑫才仁巴力从青海蒙古族历史文化形成的特点入手，探究青海蒙古族古代文学发展的基本规律，分析、归纳其独有特征，从而论证青海蒙古族文学在蒙古族古代文学中所具有的独特地位和作用。⑬娜木斯尔主要探讨了青海蒙古族谚语的类型及其特征。⑭

在青藏地区蒙古族民间文学中，有关英雄史诗的资料较为丰富。青海蒙古族英雄史诗在其发展演变过程中，既保留了蒙古族古老英雄史诗的内涵，

---

① 跃进、乌云毕力格：《海西民间故事》《海西民间歌谣》《海西民间谚语》，西宁市城西民族印刷厂以内部资料印刷出版发行，1990。
② 跃进：《青海蒙古族格斯尔传说》，呼和浩特，内蒙古文化出版社，2003。
③ 跃进：《青海蒙古族民间艺人》，呼和浩特，内蒙古人民出版社，2005。
④ 跃进：《青海蒙古族民间口头文学集锦》（上下册），呼和浩特，内蒙古教育出版社，2008。内容涉及整个青海蒙古族民间口头文学，共10章150多万字。
⑤ 跃进、额尔登别力格：《青海蒙古族民间文学研究》，北京，民族出版社，2008。该书共3章17节90多万字。
⑥ 跃进：《德都蒙古民间传说》，西宁，青海人民出版社，2014。全书由6个部分构成，收录德都蒙古民间传说100多篇，是《海西非物质文化遗产丛书》之一。
⑦ 伊·古·曲力腾：《台吉乃尔口承文化》，呼和浩特，内蒙古文化出版社，2004。
⑧ 纳·才仁巴力：《德都民间文学概要》，北京，民族出版社，2014。
⑨ 纳·才仁巴力：《英雄黑旋风》，呼和浩特，内蒙古文化出版社，1990。
⑩ 呼和：《蒙古民间文学研究》，沈阳，辽宁民族出版社，2015。
⑪ 郝苏民：《卫拉特蒙古及其民间文学的研究——关于开拓蒙古民间文艺学一个分支的设想》，载《西北民族研究》，1986（1）。
⑫ 贾晞儒：《通向民族心灵之路——从〈海西蒙古族民间故事集〉谈起》，载《青海民族学院学报》，2003（1）。
⑬ 才仁巴力：《论青海蒙古族古代文学发展特征》，载《西北民族研究》，2013（3）。
⑭ 娜木斯尔：《浅谈青海蒙古族谚语的类型及其特征》，载《青海民族学院学报》，2004（2）。

又传承吸收了青藏地区地域特色，为蒙古族英雄史诗形成、发展、演变过程的研究提供了新的资料。《汗青格勒》是青藏地区蒙古族英雄史诗的代表性作品，2008 年被列入国家级非物质文化遗产代表性名录，引起国内外研究者的关注。其主要研究成果有：仁钦道尔吉、朝戈金、旦布尔加甫主编的《蒙古英雄史诗大系》①（蒙古文）共两卷，收录了我国最早记录的《汗青格勒》史诗文本及多个其他文本。斯·窦步青搜集整理的《肃北蒙古族英雄史诗》②（蒙古文）是根据肃北县女艺人扎吉娅唱本，以古莱、扎格楚、查干夫和扎道依等艺人的唱本为补充整理的《汗青格勒》。萨仁桦日勒的《德都蒙古史诗文化研究》③对德都蒙古史诗的流传状况、演唱形式、史诗艺人、相关礼仪和民俗、听众的修养和接受情况，以及对其搜集和研究的现状进行了研究。道·照日格图的《〈汗青格勒〉史诗研究》④（蒙古文）对《汗青格勒》史诗的蒙古国异文与我国异文的关系进行了详细的比较研究。斯钦巴图以《汗青格勒》史诗中蒙异文为例，探讨在蒙古史诗传统中存在的英雄的妻子与妹妹、结义兄弟与对手这两组角色之间的转换对史诗变体的生成所起的作用。⑤吉乎林分析了《汗青格勒》目前面临的困境与挑战，从政府、社区、学术界层面提出了保护与传承的对策思考。⑥除此之外，也有关于《格斯尔》的研究成果，如斯钦巴图的专著《蒙古史诗：从程式到隐喻》⑦中的《青海卫拉特蒙古史诗传统调查》。齐木道吉⑧、斯钦巴图⑨、斯钦孟和⑩、纳·才仁巴力⑪等学者对青藏地区蒙古族中流传的英雄史诗《格斯尔》都开展了不同程度的研究。

---

① 仁钦道尔吉、朝戈金、旦布尔加甫：《蒙古英雄史诗大系》（蒙古文），北京，民族出版社，2007。
② 斯·窦步青：《肃北蒙古族的英雄史诗》（蒙古文），北京，民族出版社，1998。
③ 萨仁桦日勒：《德都蒙古史诗文化研究》，北京，科学出版社，2016。
④ 道·照日格图：《〈汗青格勒〉史诗研究》（蒙古文），呼和浩特，内蒙古人民出版社，2001。
⑤ 斯钦巴图：《人物角色转换与史诗变体的生成——以〈汗青格勒〉史诗中蒙异文为例》，载《民族文学研究》，2016（8）。
⑥ 吉乎林：《德都蒙古非物质文化遗产保护与传承研究——以德都蒙古英雄史诗〈汗青格勒〉为个案》，载《西部蒙古论坛》，2015（3）。
⑦ 斯钦巴图：《蒙古史诗：从程式到隐喻》，北京，民族出版社，2006。
⑧ 齐木道吉：《青海传唱本〈厄鲁特格斯尔〉与北京木刻本〈格斯尔〉》，见全国《格萨（斯）尔》工作领导小组办公室编：《格萨尔研究集刊》第五期，北京，民族出版社，2010。
⑨ 斯钦巴图：《青海蒙古口传〈格斯尔〉与北京木刻本〈格斯尔〉的异同》，载《民族文学研究》，2012（5）。
⑩ 斯钦孟和：《关于卫拉特〈格斯尔传〉》，载《民族文学研究》，1986（3）。
⑪ 纳·才仁巴力：《青海蒙古族中流传的〈格斯尔〉概况》，载《社会科学参考》，1990（1）。

青藏地区蒙古族祝赞词在蒙古族口传文化中独具特色。跃进在《青海蒙古族祝赞词》(蒙古文)①一书中搜录整理了《巴彦松酒祝词》《宴请结尾祝词》《剪发礼祝词》《婚礼祝词》《蒙古包祝词》《骏马祝词》等50首青海蒙古族祝赞词,并详细注释每首祝赞词的适用范围及场合习俗,是一本有关蒙古族祝赞词的工具书。窦步青、祁龙、山西搜集整理的《肃北蒙古族祝赞词集》②(蒙古文,内部资料),斯钦孟和、格日勒其其格的《卫拉特祝颂词》③等著作都收录了青藏地区蒙古族群体中世世代代流传的祝赞词。斯钦孟和、格日勒的《蒙古族"松庚"仪式及其颂词的历史渊源》④(蒙古文)是目前第一本专题研究《巴彦松》祝词的书籍。佟格勒格通过分析流传于甘肃、青海蒙古族中的《巴彦松》祝词程式句法,论述了《巴彦松》祝词的口头特征、程式化的传统结构、表演中的创作和创作的语境。⑤元旦姐从地域特征分析了海北蒙古族颂词的特殊性,海北蒙古族颂词在基本保持本民族特色的同时,融入了不少藏文化特征,与海西蒙古族的颂词既有共同性,又有较大的差异性。⑥以上这些研究,其价值不仅体现在民间文学和历史方面,更重要的是对于研究青藏地区蒙古族的社会变迁、民族间文化关系以及对非物质文化遗产的保护和传承起到不可忽视的作用。

2. 表演艺术类文化遗产研究

传统表演艺术类文化遗产,包括传统美术、音乐、舞蹈、曲艺、书法、杂技、木偶、皮影以及宗教和民间信仰仪式等表现形式。青藏地区蒙古族民歌是蒙古族文化艺术的"活化石",相关研究成果较多。纳·才仁巴力搜集、整理的《青海蒙古族民歌》⑦收录136首歌曲和曲调,较全面、系统、完整

① 跃进:《青海蒙古族祝赞词》,呼和浩特,内蒙古文化出版社,2003。
② 窦步青、祁龙、山西:《肃北蒙古族祝赞词集》(内部资料),青海省海西州柴达木报社印刷厂,2000。
③ 斯钦孟和、格日勒其其格:《卫拉特祝颂词》,呼和浩特,内蒙古教育出版社,1993。
④ 斯钦孟和、格日勒:《蒙古族"松庚"仪式及其颂词的历史渊源》(蒙古文),北京,民族出版社,2003。
⑤ 佟格勒格:《解析〈巴彦松〉祝词的口头特征——以闹仁排力〈巴彦松〉祝词为个案》,载《西北民族研究》,2007(4)。
⑥ 元旦姐:《蒙古族颂词文化传承研究——以青海海北蒙古族颂词为例》,载《青藏高原论坛》,2014(4)。
⑦ 纳·才仁巴力:《青海蒙古族民歌》,呼和浩特,内蒙古人民出版社,2000。

地介绍了青海蒙古族民歌；额尔登别力格、桂兰的《卫拉特蒙古民歌研究》①（蒙古文）系统论述和研究了卫拉特蒙古中流传的民歌。跃进的《德都蒙古情歌》②记录了民间艺人及其演唱的 211 首德都蒙古民间情歌。达·巴图、珰玖的《西蒙古民歌传统与历史文化变迁》③（蒙古文）主要论述了新疆、青海、甘肃、内蒙古阿拉善地区蒙古民歌的传承、历史演变、文化特征与影响等方面的独特性问题，同时论述了西蒙古民歌发展的共性问题。玉梅的《青海蒙古民歌演唱传统及传承研究》④围绕青海蒙古民歌种类及特点、传承方式、民歌手等方面进行了细致的研究和论述。郝慧民通过对西蒙古歌谣内容的考察，探讨了蒙古族的社会生活、历史及其民族特性。⑤傲登、韩玉兰从青海蒙古族的民歌谚语中分析蒙古族人的思想感情、道德风尚、人生哲理等。⑥傲东白力格分析了青海蒙古族民间歌谣的兴体构思问题。⑦古力、娜木斯尔分析了青海蒙古族民歌的思想内涵和语言特点。⑧崔玲玲对青海蒙古族长调旋律进行分析，提出青海蒙古族长调音乐既保留了蒙古族草原牧歌的音乐结构与形态，同时融入了当地藏族山歌的音乐特征，它是集传承性、融合性、地域性、变异性于一体的音乐风格。⑨傲东白力格主要通过对德都蒙古长调歌表演活动本身的观察，来讨论蒙古长调究竟如何表演和传承这一理论问题，并提出蒙古长调是长调歌手在宴会舞台上不断地表演、学习和传播过程中传承、保存下来的。⑩为了进一步深入研究德都蒙古民歌，德都蒙古研究会编辑出版了《德都蒙古研究（二）——德都蒙古首届艺术节暨德都蒙古民歌国际学术研讨会论

---

① 额尔登别力格、桂兰：《卫拉特蒙古民歌研究》（蒙古文），呼和浩特，内蒙古文化出版社，2006。
② 跃进：《德都蒙古情歌》，呼和浩特，内蒙古文化出版社，2013。
③ 达·巴图、珰玖：《西蒙古民歌传统与历史文化变迁》（蒙古文），北京，民族出版社，2017。
④ 玉梅：《青海蒙古民歌演唱传统及传承研究》，乌鲁木齐，新疆人民出版社，2019。
⑤ 郝慧民：《西蒙古的独特社会历史及其民族特性——西蒙古歌谣内容的考察研究》，载《西北民族学院学报》，1996（2）。
⑥ 傲登、韩玉兰：《青海蒙古族人的风情与民歌谚语》，载《青海民族研究》，1998（4）。
⑦ 傲东白力格：《谈谈青海蒙古歌谣的兴体构思及特点》，载《青海民族研究》，1998（1）。
⑧ 古力、娜木斯尔：《浅析青海蒙古族歌谣的思想内涵及语言特点》，载《青海民族学院学报》，2007（1）。
⑨ 崔玲玲：《多语境下的青海蒙古族长调音乐传承与变异》，载《音乐创作》，2015（9）。
⑩ 傲东白力格：《蒙古长调歌是如何传承的——群体歌手、宴会舞台与德都蒙古长调歌表演》，载《内蒙古大学艺术学院学报》，2017（1）。

文集》①，收录了 29 篇关于德都蒙古民歌及长调的蒙古文学术论文，附件中还有传承人介绍及几篇汉文学术论文，可以说是众多学者研究德都蒙古民歌的成果之一。曹娅丽从藏戏在蒙古族僧俗群众中的传承与表述入手，考察了黄南藏族自治州河南蒙古族自治县托叶玛乡西顷村藏戏遗产传承与文化认同。②

3. 民俗类文化遗产研究

民俗类非物质文化遗产主要包括各民族民间节庆礼仪活动和文化空间。青藏地区蒙古族民俗文化源远流长，内容丰富多样。学术界对青藏地区尤其是青海蒙古族的民俗进行了较为充分的探讨并取得了一定的成果。萨仁格日勒在民俗学方面出版了《德都蒙古民俗志》③《青海蒙古喇嘛服饰文化研究》④《蒙古族民俗探源》⑤《德都蒙古风俗》⑥ 等著作，以新的方法研究民间文化的特殊现象，成为民俗研究的常用手册。贾晞儒的《德都蒙古文化简论》⑦从语言文化学的角度揭示蕴含在德都蒙古族民间文学和体现在德都蒙古族物质生活中的文化意蕴，进而探索德都蒙古族在继承和弘扬本民族传统文化的同时是如何创造具有地域特点的"德都蒙古文化"的，并通过对这种文化表现形式的分析，揭示德都蒙古族历史发展的特点和规律及其表现在语言之中的民族心理特质。跃进的《青海海西蒙古族风俗文化》⑧对青海海西蒙古族不同类型的风俗文化进行调查整理，运用第一手资料，使其具备原创性特点。跃进的《柴达木民间文化》⑨是以海西州蒙古族国家级及省级非物质文化遗产代表性项目及传承人为主要研究对象，展现了海西州历史文化绚丽多姿的风貌，为海西州的非物质文化遗产申报工作准备了民间文化的原始资料。塔娜、

① 德都蒙古研究会：《德都蒙古研究（二）——德都蒙古首届艺术节暨德都蒙古民歌国际学术研讨会论文集》，北京，民族出版社，2020。
② 曹娅丽：《青海黄南藏戏遗产传承与表述——以托叶玛乡西顷村蒙古族藏戏演述与文化认同田野考察为例》，载《内蒙古大学艺术学院学报》，2010（1）。
③ 萨仁格日勒：《德都蒙古民俗志》，北京，民族出版社，1992。
④ 萨仁格日勒：《青海蒙古喇嘛服饰文化研究》，呼和浩特，内蒙古文化出版社，2005。
⑤ 萨仁格日勒：《蒙古族民俗探源》，北京，民族出版社，2011。
⑥ 萨仁格日勒：《德都蒙古风俗》（蒙古文），呼和浩特，内蒙古人民出版社，2012。
⑦ 贾晞儒：《德都蒙古文化简论》，北京，民族出版社，2014。
⑧ 跃进：《青海海西蒙古族风俗文化》，西宁，青海人民出版社，2009。
⑨ 跃进：《柴达木民间文化》，西宁，青海人民出版社，2012。

僧格 ① 梳理了改革开放以来用汉文发表的有关青海蒙古族民俗研究的论文，为进一步研究青海蒙古族民俗研究提供了文献资料。

　　被列为国家级非物质文化遗产（民俗类）的青藏地区蒙古族民俗有"那达慕"和"蒙古族服饰"。贺喜焱以青海省海西州蒙古族那达慕大会为例，分析和探讨了新时期那达慕的传承发展、自我调适与自主创新。② 跃进分析论述了青海海西州那达慕的历史沿革、主要形式及条件，同时也提出了那达慕的传承困境及保护路径。③ 萨仁娜通过对黄南州河南蒙古族自治县恢复那达慕的过程进行了叙述，并探讨该族群如何借助这一仪式活动建构和强化身份认同意识，并进一步揭示了该仪式中地方社会与国家的互动关系。④ 李静、于晋海梳理黄南州河南县那达慕的历史演变和仪式展演，通过民族交往理论分析仪式过程中族群内及族际间在仪式空间的互动和互动扩展以及那达慕文化、经济双重资本属性的形成。⑤ 青藏地区蒙古族服饰有其独特的历史文化和审美意蕴，相关研究成果（汉文）仅检索到三篇文章。红峰叙述了青海蒙古族服饰文化形成的历史脉络，试图在一个"服饰文化区"的概念下提出青海蒙古族服饰的两个文化区域的观点，包含多元文化因素的河曲地区的蒙古族服饰文化和柴达木地区蒙古族服饰文化。⑥ 徐犀主要对甘肃肃北蒙古族服饰进行田野调查，详细叙述了肃北蒙古族传统服饰剪裁缝制工艺。⑦ 艾丽曼通过特定的民族服饰语言，揭示了青海黄南州河南县蒙古族服饰发展演变的过程及其文化内涵。⑧ 除此之外，由色·娜仁其其格、丹·达林其其格编著的《肃北蒙古

---

① 塔娜、僧格：《社会文化变迁中的青海蒙古族民俗文化研究概述》，载《西部蒙古论坛》，2014（2）。

② 贺喜焱：《"那达慕"的传承与创新研究——以青海省海西州"那达慕"为例》，载《青海师范大学学报》，2014（5）。

③ 跃进：《国家级非物质文化遗产：海西蒙古族"那达慕"》，载《柴达木开发研究》，2013（5）。

④ 萨仁娜：《仪式庆典中的认同建构与国家的"在场"——以河南蒙古族的"那达慕"为例》，载《青海民族研究》，2012（1）。

⑤ 李静、于晋海：《游牧民族传统文化的变迁与调适——以青海河南县那达慕为例》，载《青海社会科学》，2019（2）。

⑥ 红峰：《青海地区蒙古族服饰述略》，载《青海民族研究》，2004（1）。

⑦ 徐犀：《甘肃肃北蒙古族传统服饰制作工艺的田野调查》，载《艺术探索》，2014（4）。

⑧ 艾丽曼：《青海省河南蒙古族自治县蒙古族服饰的演变及其文化内涵》，载《青海民族学院学报》，2008（4）。

族传统服饰》①（蒙古文）共六章，详细地论述了肃北蒙古族服饰种类、款式、特点、饰品、礼俗及传承等，是研究蒙古族服饰文化的珍贵资料。

　　青藏地区蒙古族省级非物质文化遗产（民俗类）代表性项目较多，有"蒙古族祭敖包""海西蒙古族剪发礼""海西蒙古族婚礼""海西蒙古民间祭火""德都蒙古全席""茶卡盐湖祭湖""德都蒙古'洗礼'仪式""蒙古族'查干萨日'（春节）习俗""肃北蒙古族敖包祭祀""肃北雪山蒙古族婚礼""肃北蒙古族草原那达慕大会"等十个代表性项目，可以概括为人生礼俗、信仰习俗、饮食风俗等。关于人生礼俗方面的研究成果有：林育生编写的《德都蒙古婚俗》②详细阐述了各种婚俗及喜宴、礼仪、祝词、歌曲等重要环节和程序，同时收集整理了诸多祝赞词和祝福歌曲，并附以图片和乐谱，系统整理了很多传统礼仪所需物品及民歌长调等，成为一本婚礼习俗工具书，不仅可以让年轻人学会如何举办蒙古族婚宴，而且对德都蒙古婚俗文化的研究也提供了珍贵的参考资料。另外，还有红峰和阿拉腾其其格③、崔玲玲④、却拉布吉和乌兰格日勒⑤、项秀才让和李朝⑥、包美丽⑦等学者从不同视角对蒙古族婚礼、蒙古族剪发礼等人生礼俗进行了不同程度的研究。在信仰习俗方面也开展了一定程度的研究。贾晞儒从德都蒙古历史视角探究德都蒙古族生态文化的特点、表现形式及传承方式，展现德都蒙古人的信仰习俗。⑧韩官却加基于青海蒙古人祭敖包、祭海、煨桑、火崇拜、水崇拜和草原崇拜等信仰的描述，认为蒙古族对神灵和自然生态的崇拜等生态文化习俗是在长期生活生产实践中形成的，是理性思维的产物。⑨艾丽曼、切排和赵志浩对河南蒙古族

---

① 色·娜仁其其格、丹·达林其其格：《肃北蒙古族传统服饰》（蒙古文），呼和浩特，内蒙古文化出版社，2010。
② 林育生：《德都蒙古婚俗》（蒙古文），呼和浩特，内蒙古文化出版社，2014。
③ 红峰、阿拉腾其其格：《青海柴达木蒙古族婚礼仪式与象征》，载《青海民族研究》，2017（4）。
④ 崔玲玲：《青海台吉乃尔蒙古人婚礼与婚礼仪式音乐研究》，载《中央音乐学院学报》，2006（1）。崔玲玲：《德都蒙古人洗礼仪式与仪式音乐的文化变迁》，载《中央民族大学学报（哲学社会科学版）》，2016（3）。
⑤ 却拉布吉、乌兰格日勒：《肃北蒙古族婚礼仪式》，载《西北民族学院学报》，1985（2）。
⑥ 项秀才让、李朝：《青海德都蒙古剪发礼及其人类学解读》，载《青海师范大学学报》，2009（4）。
⑦ 包美丽：《蒙古族剪发仪式的人类学解读》，载《西部蒙古论坛》，2020（1）。
⑧ 贾晞儒：《德都蒙古生态文化与社会发展》，载《西部蒙古论坛》，2017（3）。
⑨ 韩官却加：《青海蒙古族的原始崇拜及生态价值观》，载《青海民族学院学报》，2009（4）。

自治县祭敖包仪式的特殊性进行了研究。① 另外，还有厍立君、吉乎林、僧格等学者对青海蒙古族的宗教信仰、土地信仰、民间巫术等进行了研究。② 在饮食风俗方面也取得了一定的研究成果，如韩官却加、乌云才其格比较全面地论述了青藏地区蒙古族饮食文化的特点及其演变。③ 贾晞儒、哈·乌兰巴托、阿盈娜等人分别探讨了青海蒙古族饮食文化传承中的独特习俗——"德吉"，分析了它的文化原型及其演变、特点及"察干萨日"（即春节）中的"德吉"等。④

4. 传统技艺及医药文化类遗产研究

青藏地区蒙古族非物质文化遗产中纳入传统技艺及医药文化遗产的有"蒙古包营造技艺""酥油制作技艺""马奶酒制作技艺""蒙古族牛羊皮绳编制技艺""乌兰蒙古族图德制作技艺""肃北县蒙古族马头琴制作技艺""肃北雪山蒙古族马上用具制作技艺""海西蒙医震动复位疗法""海西蒙医铜银烙疗法""蒙医正骨疗法""海西民间青盐药用技艺"等。对于青海蒙古族传统技艺的研究还不够深入，只有在个别书籍中有所涉及。贾晞儒的《德都蒙古文化简论》⑤ 一书中论述了德都蒙古的居住文化，也就是蒙古包的构造、落成仪式及文化意蕴等。跃进的《青海海西蒙古族风俗文化》⑥ 一书中也有关于蒙古包、手工技艺、民间医药等方面的介绍。

部分藏族学者和蒙古族学者对益西班觉尔（又名伊希巴拉珠尔）的生平及学术思想进行了研究。青海省海南藏族自治州共和县语委办负责整理的清

---

① 艾丽曼：《青海河南蒙古族自治县敖包（拉卜则）祭祀调查》，载《青海师范大学民族师范学院学报》，2012（5）；切排、赵志浩：《敖包祭祀与文化复兴——基于河南蒙古族自治县济农敖包的宗教人类学分析》，载《贵州民族研究》，2019（4）。

② 厍立君：《青海蒙古族宗教信仰及文化习俗探析》，载《青海师范大学学报（哲学社会科学版）》，2008（2）；吉乎林：《青海蒙古族土地信仰》，载《青海师范大学学报（哲学社会科学版）》，2008（2）；僧格：《青海蒙古族"羊甲骨卜"及其民俗——卫拉特民间巫术调查之一》，载《西北民族研究》，1989（1）。

③ 韩官却加：《青海蒙古族食俗琐谈》，载《青海民族研究》，1990（4）；乌云才其格：《简述海西蒙古族饮食文化的演变和特点》，载《青海民族研究》，2003（3）。

④ 贾晞儒：《蒙古语"德吉"（degeji）的文化内涵及发展演变》，载《青海民族大学学报（社会科学版）》，2010（3）；哈·乌兰巴托：《试论青海蒙古人敬献"德吉"习俗及其渊源》，载《内蒙古民族大学学报（社会科学版）》，2006（5）；阿盈娜：《"察干萨日"（春节）里的"德吉"——以青海蒙古族为例》，载《学理论》，2013（1）。

⑤ 贾晞儒：《德都蒙古文化简论》，北京，民族出版社，2014。

⑥ 跃进：《青海海西蒙古族风俗文化》，西宁，青海人民出版社，2009。

代藏文古籍《松巴·益西班觉文集》①（藏文），整理校勘工作历时 4 年，文集共 20 卷 85 部 800 余万字，对继承优秀民族文化，推动藏文古籍文献的搜集、整理、保护和研究，以及民族地区经济文化建设、促进民族团结进步等方面有着十分重要的意义。青格力、才拉、乌兰格日力等编著了《益希班觉研究论集》②（蒙汉文）。昂青才旦 ③（2008 年）经过多年潜心研究并借鉴益西班觉的自传，肯定了益西班觉的生平事迹，同时对他的学术思想进行了阐述，特别是对医学五部书进行了介绍。他指出，"在《四部甘露》中伊希巴拉珠尔最早提出了蒙医的'六基症'理论。'六基症'理论后来成为蒙医病因辨证的理论基础。"伊希巴拉珠尔在《四部甘露》中还完善了寒热病的病理学说。他针对蒙古地区多发寒性病的特点，将蒙医传统的寒热理论与《四部医典》的热病理论有机结合起来进行研究，深化了对寒热病的认识。另外，他还将疾病细分为内科、外科、妇科、儿科、五官科、温病、脏腑病、传染病等学科，并对脉诊、尿诊等诊断方法和腹泻剂、催吐剂、针灸刺血穴位、蒙古正脑术以及药物炮制和药方等方面的知识分别加以论述。④ M. 乌兰从益西班觉所著的《如意宝树史》《青海史》等几部史籍出发，对他的历史观进行了评述。⑤华尖本指出，益西班觉的医学著作均为藏文文字编写，但阐述时大多围绕蒙古地区的习俗和地域环境等因素。⑥青藏地区除了有蒙医学的奠基人伊希巴拉珠尔之外，还有很多有名的蒙医药学者及专家。如默尔根艾木切（名医）洛桑达尔吉（1750—？）是今黄南藏族自治州河南蒙古族自治县柯生乡人，另外，2019 年通过二十余位蒙藏医学领域的专家教授研究论证和对照翻译，由四十余位藏、蒙古、汉、土族顶尖工艺美术师历时两年精心创作完成《四部医典医学唐卡蒙文版》八十幅医学挂图。⑦该唐卡的问世填补了蒙古文医学唐卡的空白，对国内蒙医院校与学术界学习和研究工作提供了很好的资料，为

① 青海省海南州共和县藏语文工作委员会办公室：《松巴·益西班觉文集》，西宁，青海民族出版社，2016。
② 青格力、才拉、乌兰格日力等：《益希班觉研究论集》（蒙汉文），北京，民族出版社，2016。
③ 昂青才旦：《松巴·益西班觉生平及其学术成就考证》，载《中国民族医药杂志》，2008（6）。
④ 昂青才旦：《松巴·益西班觉生平及其学术成就考证》，载《中国民族医药杂志》，2008（6）。
⑤ M. 乌兰：《松巴堪布·益西班觉与卫拉特蒙古史学》，载《西部蒙古论坛》，2008（2）。
⑥ 华尖本：《松巴·益西班觉及其医学学术思想初探》，载《中国民族医药杂志》，2013（7）。
⑦ 青海一格文化有限公司参与翻译研究设计绘制：《四部医典医学唐卡蒙文版》八十幅医学挂图，2019。

教学、科研、医疗提供了参考支撑，具有极高的文化、历史、学术、医学和研究价值，成为传播蒙藏医学的主要媒介，显示了此项翻译工作的必要性和迫切性。除此之外，青海省海西蒙古族藏族自治州非物质文化遗产系列丛书之一《德都蒙古传统医疗研究及疗法纪要》①的作者是著名的民间医生贝达亚·罗布桑尕登，他在收集整理民间传统医疗及正骨脑震荡疗法原始资料的基础上，结合自己的医疗经验，分析研究德都蒙古传统医疗及正骨脑震荡疗法，为蒙古医疗工作者提供了价值颇高的参考资料。

5.传统体育、游艺文化类遗产研究

传统体育、游艺类非物质文化遗产作为蒙古族的"活态人文遗产"，是青藏地区蒙古族在漫长的历史中创造和积淀下来的文化瑰宝，蕴含着高原蒙古人民强身健体、休闲娱乐、修身养性、美化生活的记忆因子。被列为省级非物质文化遗产代表性项目的青藏地区蒙古族传统体育、游艺类非物质文化遗产有青海蒙古族达罗牌，德都蒙古布格围棋鹿棋，乌兰蒙古族金桩子游戏。然而，目前对以上这些非物质文化遗产项目的研究非常少，仅有对传统游艺达罗牌和布格围棋的研究。曹娅丽、陈小蓉主编的《中国体育非物质文化遗产——青海卷》②一书中收录由笔者主笔的《青海蒙古族达罗牌》论文。另外，李皓对蒙古族达罗牌也有论述。③

梳理以上成果就会发现，青藏地区蒙古族非物质文化遗产研究成果以论文形式居多，绝大多数研究侧重于青藏地区蒙古文化某一文化遗产研究，而系统研究青藏地区蒙古族非物质文化遗产保存现状、传承现状及保护策略等方面的成果甚少，尤其是对青藏地区蒙古族非物质文化遗产可持续发展的研究更是空白。

二、国外研究综述

日本算是较早针对非物质文化遗产开展保护工作的国家，日本把文化遗

---

① 贝达亚·罗布桑尕登：《德都蒙古传统医疗研究及疗法纪要》（蒙古文），北京，民族出版社，2016。
② 曹娅丽、陈小蓉：《中国体育非物质文化遗产——青海卷》，兰州，甘肃教育出版社，2018。
③ 李皓：《寻找失落的达罗》，载《柴达木开发研究》，2004（3）。

产称为"文化财"。1950 年制定的《文化财保护法》发展和完善了《国宝保护法》，将保护的文化遗产从最初的名胜古迹等物质遗产扩大到了传统戏曲、舞蹈、民谣、音乐、传统工艺等非物质文化遗产，并首次将拥有精良传统技艺的传承者誉为"人间国宝"。[1]1962 年，韩国政府进一步将文化财划分为以下四大类别，包括有形的、无形的、民俗的以及纪念物，而其中"无形的"文化财正是所谓的非物质文化遗产。[2]为完善世界文化遗产的保护体系，联合国教科文组织自 2003 年 10 月正式通过《保护非物质文化遗产公约》，将非物质文化遗产界定为"被各社区、群体、有时是个人，视为其文化遗产组成部分的各种社会实践、观念表达、知识、技能以及相关的工具、实物、手工艺品和文化场所"。

很多国外的专家学者从不同的视角开展研究，对非物质文化遗产概念进行界定，如 Janet Blake[3] 从国际遗产法的发展历程、文化遗产与文化财的区分，文化遗产的本质，文化遗产、文化意识与文化权利等四个方面缕析文化遗产的定义，为非物质文化遗产保护体系的运作提供了一个历史性、渐变性与关系性的立体型概念体系。Lourdes Arizpe[4] 在《非物质文化遗产：多样性与一致性》一文中评论了影响非物质文化遗产保护设置标准的几个因素，审视非物质文化遗产概念的演化。另外，还有对非物质文化遗产保护与管理的经验研究，如 Rudy Demotteyi[5] 以比利时的法国人社区为个案，从法律的层面探讨了国家有关非物质文化遗产的政策，其主要特色表现为无形遗产特殊待遇的落实与公众保护意识的提升。Susan O.Keitumetse 从社区的视角探讨了可持续发展与文化遗产管理对接的可能性。[6]

---

[1]　蒲骊衡：《非物质文化遗产传承的可持续性研究》，重庆，西南大学硕士学位论文，2018。

[2]　白娜：《非物质文化遗产可持续发展的思考》，载《中国市场》，2016（21）。

[3]　D. Harrison & M. Hitchcock. The Politics of world heritage. Clevedon/Buffalo/Toronto: Channel View Publications，2005.

[4]　Lourdes Arizpe. Intangible Cultural Heritage, Diversity and Coherence, Museum International Vol.56, 2004, P.130–136.

[5]　Rudy Demotte. National Policies Concerning Intangible Cultural Heritage, Museum International Vol.56, 2004, P.174–179.

[6]　Susan O. Keitumetse. Sustainable Development and Cultural Heritage Management in Botswana: toward sustainable communities, Sustainable Developmen, DOI: 10.1002/sd, 2009, P.419–425.

第三节　理论依据与研究方法

一、《保护非物质文化遗产公约》精神

《保护非物质文化遗产公约》（*The Convention for the Safeguarding of the Intangible Cultural Heritage*）（简称《公约》）于 2003 年 10 月在联合国教科文组织（UNESCO）第 32 届大会上通过，旨在保护以传统、口头表述、节庆礼仪、手工技能、音乐、舞蹈等为代表的非物质文化遗产，它是重要的国际性法律文书，是缔约国开展非物质文化遗产保护的共同协定，也是国家层面落实保护责任的行动指南，于 2006 年 4 月生效。《公约》进一步肯定非物质文化遗产是文化多样性的熔炉，又是可持续发展的保证。"非物质文化遗产"（Intangible Cultural Heritage）是一个新的概念，英语中习惯简称 ICH，汉语习惯简称"非遗"。人类口头和非物质文化遗产（简称非物质文化遗产）又称无形遗产，是相对于有形遗产，即物质遗产而言的概念。2003 年的《公约》中对非物质文化遗产进行了界定和分类。根据《公约》的定义，"非物质文化遗产"具体是指"被各社区、群体，有时是个人，视为其文化遗产组成部分的各种社会实践、观念表述、表现形式、知识、技能以及相关的工具、实物、手工艺品和文化场所"[1]。非物质文化遗产分为五大类：口头传统，包括作为文化载体的语言；表演艺术；社会风俗、礼仪、节庆；有关自然界和宇宙的知识和实践；传统的手工艺技能。巴莫曲布嫫在解读《公约》中的非物质文化遗产定义时强调了两个基本理念：一个是复数的"人"，即非物质文化遗产"取决于那些一代又一代将其传统、技能和习俗的知识传递给社区其他成员或其他社区的人"，也就是承载非物质文化遗产的主体——相关社区、群体和个人；另一个是"过程"，即"保护的重点在于世代传承或传播非物质文化遗产所涉及的过程"，而非作为结果"产物"。[2]

---

① 联合国教科文组织：《保护非物质文化遗产公约》，2003。
② 巴莫曲布嫫：《何谓非物质文化遗产？》，载《民间文化论坛》，2020（1）。

非物质文化遗产是各族人民世代相承、与群众生活密切相关的各种传统文化表现形式和文化空间。非物质文化遗产既是历史发展的见证，又是珍贵的、具有重要价值的文化资源。非物质文化遗产是一种无形的活态文化遗产，它不仅见证了一个国家、一个民族的历史发展，而且为现代文明提供了宝贵的文化资源，其自身随着时代的发展而更新，也使与其密切相关的群体找到一种认同感和历史感，不仅凝聚着一个民族的民族精神和民族智慧，而且也有利于人类文化的发展。非物质文化遗产作为珍贵的具有重要价值的文化资源，应当进行全方位的保护。保护是基于对非物质文化遗产价值的判断，是确保其生命力相关实践的价值介入，是顺应人类可持续发展的价值追求。然而，目前在中国非物质文化遗产保护实践中呈现出的最大问题是，基层保护单位在整体理念上还认识不到位，由此造成在具体的保护实践和操作环节中，《公约》精神和观念不同程度地被同化、被忽视或被过滤，或者说，一些保护措施和操作环节仍然与《公约》的基本精神脱节，没有很好地体现和贯彻《公约》的基本原则。① 因此，笔者认为有必要重新梳理和明确《保护非物质文化遗产公约》的精神，为本研究提供理论依据。

（一）各美其美：文化自觉的前提

《公约》第二条的定义部分突出了"自视"的优先性："非物质文化遗产指社区、群体，有时是个人，视为其文化遗产组成部分的各种（社会）实践、（文化）呈现、表现形式、知识、技能以及相关的工具、实物、手工艺品和文化空间。""视为"在英文中是"recognize"，表示承认、认可，也就是自己要认识自己。该定义非常明确地奠定了整个文化工程的价值基础。文化实践者的自我认同是第一步。② 费先生所提出的"各美其美"，就是要尊重自己民族的文化，培育好、发展好本民族文化。因为尊重文化多样性是发展本民族文化的内在要求。每个民族的文化都有自己的精粹。在一个民族的历史与现实中，民族文化起着维系社会生活、维持社会稳定的重要作用，是本民族生

---

① 户晓辉：《〈保护非物质文化遗产公约〉能给中国带来什么新东西——兼谈非物质文化遗产区域性整体保护的理念》，载《文化遗产》，2014（1）。
② 高丙中：《中国的非物质文化遗产保护与文化革命的终结》，载《开放时代》，2013（5）。

存与发展的精神根基。非物质文化遗产是在制作、传承、传播、实践的过程中，承载了民族的传统价值观和文化认同，这是《公约》的宗旨。《公约》是对表现形式、技能实践和知识进行保护，它的所具者主体是社区、群体、个人。因此，"只有在创造、保持和传承非物质文化遗产的社区、群体和个人承认的情况下，非物质文化遗产才能成为遗产；没有他们的确认，其他人不能为他们确定一项既有的文化表现形式或实践是他们的遗产"①。这就是《公约》中所指出的非物质文化遗产保护是以社区为基础（Community-based）的特点。《公约》的价值是将非物质文化遗产的价值赋权于社区，由社区来认定，也就是由遗产的持有者来界定某个非物质文化遗产项目的价值。无论是列入教科文组织保护名录的项目还是列入国家级或省级等代表性名录的项目，其价值是基于项目本身的独特性和复杂性，还是这个项目真正能够代表一个特定的群体、特定的国家呢？答案当然是后者，因为这个代表性太有价值，它会让一个群体被关注，并且能够进入到文化交流的平台，由此，让这些群体感受到被尊重，感受到因为自己的文化而受尊重的情感，有助于增强社会凝聚力，激发认同感和责任感，从而实现文化自信。这是《公约》中所指出的非物质文化遗产保护所具有的包容性特点。习近平总书记在党的十九大报告中就曾指出："文化是一个国家、一个民族的灵魂。文化兴国运兴，文化强民族强。没有高度的文化自信，没有文化的繁荣兴盛，就没有中华民族伟大复兴。"可见，文化自信是实现中华民族伟大复兴的前提。

（二）美人之美：相互欣赏、相互尊重的落实

"美人之美"就是要尊重其他民族文化。承认世界文化的多样性，尊重不同民族的文化，尊重文化的差异，理解个性，和睦相处，相互欣赏、相互尊重，从而共同促进世界文化的繁荣。《保护非物质文化遗产公约》的制度设计理念是：各个群体、各个民族、各个国家因文化的不同而相互欣赏与共享。《公约》第一条讲公约的目标，其中第二点是促进对社群非物质文化遗产的承认与尊重，第三点是促进地方、国家和国际社会的文化群体之间的相互欣赏。《公约》第三章规定成员国在本国有着保护非物质文化遗产的义务，其中，政

① 巴莫曲布嫫：《何谓非物质文化遗产？》，载《民间文化论坛》，2020（1）。

24

府要确保各种非物质文化遗产得到承认、受到尊重，并能够弘扬，而且突出了各种社群、非政府组织参与的重要性和必要性。《公约》的一个核心精神是通过文化达成对人的尊重，世界完全能够在文化多样性的背景下相互欣赏和相互尊重。

　　（三）美美与共：人类文化的共享

　　非物质文化遗产在世界范围内确立之前，就已经有《保护世界文化和自然遗产公约》（1972），由此初步形成了"世界文化遗产"的概念，并将其界定为"物质文化遗产"。然而人类的文化遗产不仅仅包括各种建筑、景观等看得见的物质文化，还包括活态的、呈现在人类社会生活中的非物质文化。因此，当"非物质文化遗产"提出来并成为世界文化遗产的基本构成部分时，"世界文化遗产"的概念才充实起来，由"物质文化遗产"和"非物质文化遗产"两部分构成。无论是"物质文化遗产"还是"非物质文化遗产"都是人类创造的，离开了人的参与，它们既不能产生，更谈不上长期存在，这是二者重合的地方。同时，二者的区别是关注点不同：物质文化遗产关注的主要是人工的、有形的、物质形态的文化遗产的保护，而且，这些遗产基本上是不可再生的；非物质文化遗产关注的主要是精神、技艺和创造等非物质形态的因素。[1]非物质文化遗产的世界名录比物质文化遗产在共享性上呈现出更多优点。首先，非物质的可共享性。非物质文化遗产是善用了它作为非物质现象的共享性。非物质文化遗产的项目是活态的文化，依附于具体的人、特定的人群，有着明确的私人性。[2]但是成为非物质文化遗产后，新增了一种公众认同、公共享有的维度，其个人所有或个人占有，发生了质的变化，也就是由"你的"或"我的"转化为"我们的"。[3]非物质文化遗产保护，不能只是停留在承认你的文化是你的，我的文化是我的，而要做到你的文化是我们大家的文化，是我们共同的文化遗产。当然，"我的"也愿意变成我们大家的文

---

[1]　李世涛：《试析"非物质文化遗产"的基本特点与性质》，载《新疆艺术学院学报》，2007（2）。

[2]　高丙中：《〈保护非物质文化遗产公约〉的精神构成与中国实践》，载《中南民族大学学报（人文社会科学版）》，2017，37（4）。

[3]　高丙中：《〈保护非物质文化遗产公约〉的精神构成与中国实践》，载《中南民族大学学报（人文社会科学版）》，2017，37（4）。

化，是人类共同的文化遗产，这个时候是美美与共，彼此契合。当非物质文化遗产从某个特定传承人群的文化转化为可以共享的文化时，对遗产持有者更有价值，其所在的社会、民族也获得了一项共有的文化代表。其次，非物质文化因共享而增值。非物质文化遗产当中蕴含着很多知识、技能甚至智慧，即便从个人的东西变成公共的东西，也就是说所有人学会了也不会失去什么，反而会得到更多，其整个价值因为共享而增值，参与的人既有付出也有收获。总之，非物质文化遗产的共享性特点使它成为联系和沟通不同民族的纽带。《公约》所体现的非遗保护的意义就在于借助这个文化规律，推进人类文化的繁荣发展。

《公约》需要我们从根本上寻求一种不同于以往的思维方式和实践方式。《公约》不仅对中国来说是一种新精神，而且对联合国教科文组织而言也是一种新的探索。进而言之，通过缔约和批约而在全世界开展起来的非物质文化遗产保护运动对于各个民族和地区而言都是一种新理念和新实践。因此，凡是已经加入《公约》的国家和地区都需要在非物质文化遗产保护的过程中不断学习、探索和纠错，以使《公约》的精神能够在自己的国度和地区落地生根，也使自己的保护实践接近联合国教科文组织的最佳保护实践。①

二、可持续发展理论

可持续发展理论的出现大致可以追溯到 20 世纪 60 年代。1962 年，美国作家莱切尔·卡逊（Rachel Carson）的《寂静的春天》②一书出版，书中描绘了一幅由于农药污染的可怕景象，惊呼人们将会失去"阳光明媚的春天"，在世界范围内引发了人类关于发展观念上的争论，该书提出了人类应该与大自然的其他生物和谐共处，共同分享地球的思想。1987 年，世界环境与发展委员会（WCED）在题为《我们共同的未来》③的报告中正式提出了可持续发

---

① 户晓辉：《〈保护非物质文化遗产公约〉能给中国带来什么新东西——兼谈非物质文化遗产区域性整体保护的理念》，载《文化遗产》，2014（1）。
② 莱切尔·卡逊（Rachel Carson）：《寂静的春天》，1962，上海译文出版社，2015。
③ 世界环境与发展委员会：《我们共同的未来》（*Our Common Future*），1987 年 2 月在日本东京召开的第八次世界环境与发展委员会上通过，后又经第 42 届联大辩论通过，于 1987 年 4 月正式出版。

展模式，并且明确阐述了"可持续发展"的概念及定义，并以此为主题对人类共同关心的环境与发展问题进行了全面论述，受到世界各国政府组织和舆论的极大重视。可持续发展理论（Sustainable Development Theory）是指既满足当代人的需要，又不对后代人满足其需要的能力构成危害的发展。这一理念旨在倡导人类摒弃只顾眼前的经济利益而忽略长远利益的做法，改变以经济增长为唯一目标的发展模式，将发展的焦点重新聚集于人，寻求人类持续生存的发展新范式。可持续发展就是一种体现人类社会代际公平、和谐共享的发展。"可持续发展"一词在国际文件中最早出现于 1980 年由国际自然保护同盟制定的《世界自然保护大纲》①，其概念最初源于生态学，指的是对于资源的一种管理战略。其后被广泛应用于经济学和社会学范畴，加入了一些新的内涵，是一个涉及经济、社会、文化、技术和自然环境的综合的、动态的概念。②2015 年 9 月，联合国通过了指导全球未来发展的《改变我们的世界——2030 年可持续发展议程》③（以下简称"2030 年可持续发展议程"），关注社会、经济、环境三个维度，设定了 17 项可持续发展目标和 169 项具体目标。因此，可持续发展理论的具体内容涉及可持续经济、可持续生态和可持续社会三方面的协调统一，要求人类在发展中讲究经济效率、关注生态和谐和追求社会公平，最终达到人的全面发展。这表明，可持续发展虽然缘起于环境保护问题，但作为一个指导人类走向 21 世纪的发展理论，它已经超越了单纯的环境保护。它将环境问题与发展问题有机地结合起来，已经成为一个有关社会经济发展的全面性战略。④

2005 年 10 月 20 日联合国教育、科学及文化组织第 33 届会议通过的《保护和促进文化表现形式多样性公约》中提出了可持续发展原则，指出"文化多样性是个人和社会的一种财富。保护、促进和维护文化多样性是当代和后代的可持续发展的一项基本要求"⑤。2016 年，联合国教科文组织审议通过

---

① 国际自然保护同盟：《世界自然保护大纲》，1980。
② MBA 智库百科：《可持续发展理论》，https://wiki.mbalib。
③ 联合国：《改变我们的世界——2030 年可持续发展议程》（*Transforming Our World: The 2030 Agenda for Sustainable Development*），2015 年 9 月 25 日在"联合国可持续发展峰会"通过的成果文件。
④ MBA 智库百科：《可持续发展理论》，https://wiki.mbalib。
⑤ 联合国教科文组织第三十三届会议通过：《保护和促进文化表现形式多样性公约》。

的《实施〈保护非物质文化遗产公约〉业务指南》（2016年修订版）（简称《业务指南》）中增加了一个章节，即"在国家层面上保护非物质文化遗产和可持续发展"。这一新增内容呼吁人们应更加重视非物质文化遗产保护在人类可持续发展中的重要作用。《业务指南》170条中指出，"在意识到非物质文化遗产保护与可持续发展之间相互依存关系的同时，缔约国应在其保护措施中努力保持可持续发展三个方面（经济、社会和环境）的平衡，及保持它们与和平与安全之间相互依存的关系，并为此通过参与的方式促进相关专家、文化经纪人及中介人之间的合作"①。联合国教科文组织在非物质文化遗产保护上的这一变化是基于国际社会对文化与发展关系的研究和实践而形成的共识：文化被认为是驱动可持续发展的因素之一，非物质文化遗产作为文化的重要组成部分，在人类可持续发展过程中扮演着重要角色。因此，保护非物质文化遗产也是实现人类社会可持续发展的动力之一。联合国教科文组织从"包容性社会发展、包容性经济发展、环境的可持续发展、非物质文化遗产与和平"四个维度阐述了非物质文化遗产对可持续发展的重要性。这就意味着非物质文化遗产与其他文化知识一样蕴含着如何应对和解决社会经济发展问题的智慧资源。同时，也使得长期被忽视与被压制的传统民间文化重新复苏，使其从社会边缘回归社会常态化发展，服务于人们生活的各个方面，从可持续发展的角度看，保护非物质文化遗产就是在保护人类的现在和未来。因此，《业务指南》的新增内容对非物质文化遗产与可持续发展关系已从理念认知进入推动各国出台政策的行动阶段，对更新各国的非物质文化遗产保护理念，调整现有的非物质文化遗产保护方向等起到推动作用。所以说，保护非物质文化遗产，不单是为祖先的辉煌创造能力留下证据，而且是为我们子孙后代的福祉保留珍贵的思想养料。

三、整体性保护理念

随着人们对非物质文化遗产保护的意识越来越强，非物质文化遗产一旦

---

① 联合国教科文组织：《实施〈保护非物质文化遗产公约〉业务指南》（2016年修订版）：《公约》缔约国大会第六届会议（教科文组织总部，巴黎，2016年5月30日至6月1日）修正。

离开它自己的发源地和发展环境，想再对其进行保护就难上加难了。在这样的背景下，整体性保护应运而生。在对非物质文化遗产进行保护的时候要遵循它自身的发展规律，把文化生态保护区作为载体，之前都是对非物质文化遗产进行单独保护，现在还需要对它赖以生存的环境进行保护。这些年的实践证明，这种保护模式是非常科学而且有效的。

所谓整体性保护，就是要保护活态非物质文化遗产的生命整体和原生地状态，要保护非物质文化遗产的生命力。[①] 但在理念上，整体性保护要保护的是人与人以及人与物之间的本源关系，这种关系是一种互相尊重、包容、欣赏和理解的关系，也就是一种"我与你"的关系，而不是彼此利用、相互物化的"我与他"的关系。[②] 这就对于制定具体的保护措施具有指导性作用。整体性保护是非物质文化遗产保护从单一的项目性保护转向与孕育项目相关的自然和人文生态的整体性保护领域。整体性保护要求注重文化遗产与周围环境的依存关系，强调非物质文化遗产应保护在其所属的社区及自然与人文环境之中，强调必须将其所生存的特定环境一起加以完整保护。这一保护理念是根据中国的特点、遗产的规律提出的一个创造性举措。

设立国家级文化生态保护实验区，在非物质文化遗产项目集中、特色鲜明、形式和内涵保持完整的区域探索整体性保护，是我国非物质文化遗产保护进程中探索实践的一种重要的保护理念和方式，是中国在非物质文化遗产保护领域的一大创举。2017 年，文化部出台了《关于加强国家级文化生态保护区建设的指导意见》[③]，指出"国家级文化生态保护区是指以保护非物质文化遗产为核心，对历史文化积淀丰厚、存续状态良好，具有重要价值和鲜明特色的文化形态进行整体性保护，并经文化部批准设立的特定区域"。自2007 年设立第一个"国家级文化生态保护实验区"以来，截至 2020 年 6 月，我国现在建设有 24 个文化生态保护实验区，其中 11 个在少数民族地区。这

---

① 户晓辉：《〈保护非物质文化遗产公约〉能给中国带来什么新东西——兼谈非物质文化遗产区域性整体保护的理念》，载《文化遗产》，2014（1）。

② 户晓辉：《〈保护非物质文化遗产公约〉能给中国带来什么新东西——兼谈非物质文化遗产区域性整体保护的理念》，载《文化遗产》，2014（1）。

③ 中华人民共和国文化部：《关于加强国家级文化生态保护区建设的指导意见》，http://www.ihchina.cn/Article/Index/detail?id=11580。

些地方都具有文化遗产丰富的特点，设立专门的保护区，目的是将文化遗产与孕育、滋养这一文化遗产的文化生态环境一起保护。

四、生产性保护理论

以 2001 年昆曲入选"人类口头与非物质文化遗产代表作"为标志，"非物质文化遗产"作为一个特定的专业术语进入学术界的视野。自 2004 年我国加入《公约》以来，少数民族非物质文化遗产备受瞩目，非物质文化遗产研究成为热词，研究成果颇丰。2012—2015 年，我国的非物质文化遗产保护进入"后申遗时代"，申遗热潮逐渐淡去。这一阶段，保护与认识非物质文化遗产的实践维度越发获得重视，保护热词"生产性保护"在学术探讨中频出。2012 年，文化部出台了《关于加强非物质文化遗产生产性保护的指导意见》[①]（简称《指导意见》），首次将生产性保护作为一种官方认可的保护方式纳入中国非物质文化遗产保护的官方话语体系之中。它既体现了我国政府在开展此项工作方面的独创性，又与《公约》的精神相一致。如《公约》指出：要不断使非物质文化遗产在得到创新的同时，使非物质文化遗产的拥有者自己具有一种认同感和历史感，从而促进文化多样性和人类的创造力。

《指导意见》明确指出：生产性保护是指"在具有生产性质的实践过程中，以保持非物质文化遗产的真实性、整体性和传承性为核心，以有效传承非物质文化遗产技艺为前提，借助生产、流通、销售等手段，将非物质文化遗产及其资源转化为文化产品的保护方式"[②]。当然，不是所有的非物质文化遗产项目都适合生产性保护，只有传统技艺、传统美术和传统医药类非物质文化遗产划归在生产性保护的范围里。因为这些项目本身就有生产属性、商品属性和市场属性，其文化内涵和技艺价值要靠生产工艺环节来体现，保护与传承方式也只有在生产实践中才能真正实现，广大民众则主要通过拥有和消费传统技艺的物态化产品或作品来分享非物质文化遗产的魅力。生产性保

---

① 中华人民共和国文化部：《文化部关于加强非物质文化遗产生产性保护的指导意见》，http://www.mcprc.gov.cn/sjzznew2011/fwzwhycs/fwzwhycs_flfg201202/t20120214_229512.html，2013 年 2 月 10 日。

② 中华人民共和国文化部：《文化部关于加强非物质文化遗产生产性保护的指导意见》，http://www.mcprc.gov.cn/sjzznew2011/fwzwhycs/fwzwhycs_flfg201202/t20120214_229512.html，2013 年 2 月 10 日。

护非物质文化遗产在实际开展进程中需审慎处理保护传承与开发利用的关系。《指导意见》指出：非物质文化遗产生产性保护要坚持以科学发展观为指导，按照《中华人民共和国非物质文化遗产法》的规定，认真贯彻"保护为主、抢救第一、合理利用、传承发展"的方针，在非物质文化遗产生产性保护工作中坚持以人为本，活态传承原则，坚持保护传统工艺流程的整体性和核心技艺的真实性原则，坚持保护优先，开发服从保护原则，坚持把社会效益放在首位，社会效益和经济效益有机统一的原则，坚持依法保护、科学保护原则。① 显然，保护是原则，开发必须服从保护工作的需要。因此，文化部始终强调，生产性保护要把保护放在首位，尊重历史上已经形成的生产方式和销售方式的多样性，坚持传统工艺流程的整体性和核心技艺的真实性，不能急躁冒进，随意改变非物质文化遗产的传统生产方式。②

　　《指导意见》出台后，无论是学术界还是在实践领域，尤其是很多地方政府，对非物质文化遗产生产性保护方式积极响应，并落地实践，表现出极大的热情。一时间，似乎生产性保护成为非物质文化遗产保护的主要模式，由此延伸出的非物质文化遗产产业化也被相当多的人群理解为是当今非物质文化遗产保护的核心路径，甚至是唯一有效路径。然而，在实践中需要确定的是，以产业化方式保护非物质文化遗产时所要解决的文化价值与经济价值二者之间的矛盾问题。生产性保护并不简单等同于商业化生产和产业化运作。因为，一般意义上的产业化运作往往以强调规模效益为出发点，生产出的产品只是带有非遗符号、缺乏个性的普通文化商品而已，由此造成抛弃非物质文化遗产作为传统文化事象的独特性和差异性，以工业化大生产的方式将无差别的批量生产的文化产品推向消费市场的状况发生。③ 这种状况实质上与生产性保护是背离的。生产性保护是我国非物质文化遗产保护方式的探索性经验，其出发点和落脚点都是非物质文化遗产的保护与传承。因此，要在严格遵循非物质文化遗产传承发展规律的基础上，处理好文化价值与经

---

① 中华人民共和国文化部：《文化部关于加强非物质文化遗产生产性保护的指导意见》，http://www. mcprc.gov.cn/sjzznew2011/fwzwhycs/fwzwhycs_flfg201202/t20120214_229512.html，2013 年 2 月 10 日。
② 邱春林：《生产性保护：非遗的"自我造血"》，载《中国文化报》，2012–02–21。
③ 李梦晓：《人文关怀与市场思维："非遗"生产性保护的逻辑起点与现实应对》，载《云南社会科学》，2015（2）。

济价值，把保护放在首位，坚持在保护的基础上合理利用，不能为了单纯追逐经济利益而忽视非物质文化遗产的保护与传承。根据以上的正确导向，培育、规划、建设一批各具特色的非物质文化遗产生产性保护示范基地，彰显区域特色和民族特色；建立健全非物质文化遗产生产性保护传承人培养激励机制，为代表性传承人提供必要的生产、展示和传习场所；对有市场潜力的代表性项目，鼓励采取"项目＋传承人＋基地""传承人＋协会""公司＋农户"等模式，结合发展文化旅游、民俗节庆活动等开展生产性保护，促进其良性发展。

五、研究方法

因缘际会，2014 年，笔者有幸加入青海省"三区"文化人才支持项目，承担了单项文化服务项目"非物质文化遗产视野下的政府保护行为研究——以青海省海西州蒙古族非物质文化遗产保护为例"的研究工作，笔者整理和翻阅了大量青海省海西州蒙古族非物质文化遗产代表性项目的基础资料，欣喜地了解到仍然保留着诸多形态各异的民间文化，但同时也隐隐察觉到非物质文化遗产的传承与发展确实存在一些困难，这不仅令笔者时常陷入民族传统文化保护的忧思之中，而正是这份情怀促使笔者产生了为青海蒙古族非物质文化遗产传承尽微薄之力的愿望，直到本项目的研究对象——青藏地区蒙古族非物质文化遗产保护与传承的可持续发展的出现，猛然回到童年寒暑假的牧区生活，彼时蒙古包及包为摆设的古老家具、放牧时用的毛绳、皮鞭还是每家每户的必备之物。姥姥在世时坐在蒙古包内编织毛绳的画面深深印刻在笔者脑海里。也许是多了一份对亲人的缅怀，编织毛绳等非物质文化遗产无形中成了笔者寻找乡土记忆的一个情感出口。于是，笔者决定带着"纸上得来终觉浅，绝知此事要躬行"的态度重返故乡一探究竟，通过口述访谈与图片拍摄等多种形式，对当地非物质文化遗产传承人、牧民和政府及社会组织相关工作人员做了较为细致的田野调查，并获得了珍贵的第一手资料。

本研究将对青藏地区蒙古族非物质文化遗产的分布、类型、特点、价值及现状等做了深入的调研与评估，对具有代表性的非物质文化遗产进行田野考察与研究。具体来说，主要在青海、甘肃等蒙古族聚集区选择具有代表性的社区、村落等进行抽样调查。本研究主要采用田野调查、亲身体验、个案研究、深度访谈及查阅文献资料等研究方法，使调查、分析、归纳和总结具有扎实的理论和资料基础。主要步骤是：对有代表性的田野点进行一次分类调研，在田野作业的方法上，以口述史学访谈记录传承人及民间艺人，以多媒体记录非物质文化遗产，以人类学"参与观察"为基本原则，结合具体的考察、走访、分类、筛选、统计、访谈以及搜集地方性文本（包括文献、实物、传说等），以考察中的客观性为基础，做出解释和分析。

（一）田野调查法

通过开展扎实、深入的田野调查，可以确切地了解非物质文化遗产的项目存续、传承的真实状况，真切地感知传承人群的生存环境和诉求愿望，以及当地群众的看法。对青藏地区蒙古族非物质文化遗产的研究，不能只是局限于文本，更需要从田野调查中获取第一手资料，深入语言产生和应用的生活语境中去实地感受。笔者分别对青海省海西蒙古族藏族自治州、青海省黄南州河南蒙古族自治县、青海省海北藏族自治州及甘肃省酒泉市肃北蒙古族自治县等地区开展了四次调研，先后通过观摩蒙古族婚礼、家族聚会、那达慕等，走访当地文化馆、民族文化中心以及民族风情园和少数民族特色村寨，从中获取了翔实的一手资料。

（二）文献研究法

为了更有针对性地开展研究，清楚地认识和了解青藏地区蒙古族的历史全貌及非物质文化遗产概况很有必要。因此，本研究在力所能及的范围内，一方面通过对当地地方文献资料进行搜集整理，系统地梳理记录，另一方面从与本研究相关的汉文及蒙古文的学术专著、核心期刊着手，结合相关理论开展深度分析，再将二者交叉进行归纳总结。尤其是通过对青海及甘肃肃北蒙古族文化方面的蒙古文专著及文献资料的搜集整理获取大量的民族文化资料，加深对当地民族非物质文化遗产保护现状和进程的认识。

（三）个案研究法

本研究拟以青海省海西蒙古族藏族自治州、黄南州河南蒙古族自治县及甘肃省酒泉市肃北蒙古族自治县作为田野调查点，将达罗牌、家族聚会、蒙古人表演藏戏等作为个案进行研究。可以说，任何个案都是共性与个性的统一，如果某一个案能较好地体现某种共性，那么它就具备了典型性。通过对当前青藏地区蒙古族非物质文化遗产保护与传承具体情况的实地考察和深入体验蒙古族日常生产生活，我们充分认识到，在今天非物质文化遗产传承与保护的大背景下以及"非遗扶贫""非遗助力乡村振兴""振兴传统工艺"等政策措施的推动下，将青藏地区蒙古族某个非物质文化遗产代表性项目及传承方式作为体现非物质文化遗产保护与传承"典型个案"的必要性，因此，其个案结论从理论上是可以外推为其他相关调查的比较材料。

（四）深度访谈法

通过事先准备好的半结构式访谈提纲对青藏地区蒙古族非物质文化遗产传承人、民间艺人、相关政府部门工作人员、牧民进行深度访谈，在这种以被访者为主位而展开"聊天儿"中获取多面的、丰富的、辩证的研究视角。接着，再对不同时代的事件进行纵向比对和分析，同时将每个案例结合社会现实结构、历史环境、制度变迁等外部因素进行横向推进，叙述时注重"深描"和"复调"的手法，以更好地展现非物质文化遗产保护与传承中所取得的经验与面临的问题。

第二章　青藏地区蒙古族文化衍生的土壤

　　每一种文化及文化模式的生成，都与衍生这种文化的自然地理环境和人文环境密切相关，同时也与每一个民族的历史发展过程密切相关。换言之，生存的自然地理环境与人文社会环境决定着一个民族的兴衰及其本质特征，也与其文化紧密地联系在一起，而且为文化遗产提供了得以衍生的土壤。青藏地区蒙古族在青藏高原孕育和发扬着自己的文化和传统，既有与其他地区的蒙古族文化有共性，又有其独特性。研究青藏地区蒙古族的非物质文化遗产，我们同样需要将其置于青藏地区历史发展进程及自然和人文环境的双重背景之中，这样才能使我们的研究更具有说服力。

第一节　历史源流

　　"蒙古"是蒙古族的自称，原为蒙古诸部落中一个部落的名称，后来随着历史的发展，逐渐演变成为这些部落的共同名称。[1] 迁居青藏地区的历史可以分为三个阶段。[2]

　　第一阶段：元朝时的"宣慰使司蒙古"。这个阶段主要包括蒙古帝国时期（1240—1271 年）和元朝中央政府时期（1272—1368 年），历经 120 多年。13 世纪 20 年代，成吉思汗灭西夏之后青海地区已被纳入蒙古帝国统治范

---

① 　孙蔚、吴玉静：《传统体育文化在草原上的生存状态——那达慕大会的变迁》，载《搏击（武术科学）》，2007（1）。

② 　青格力、斯琴夫：《德都蒙古历史考论》（上册），北京，民族出版社，2014。

围，1240 年阔端派军入藏，不久在萨迦班智达号召下吐蕃各部归顺蒙古帝国，蒙古军队、游牧部落涌入青藏高原，其中不乏蒙古语族群体。① 入驻青藏高原的蒙古族为镇守地方的驻扎军队和游牧部落，宣政院管辖的各路，宣慰使司等管理机构统辖，故可统称"宣慰使司蒙古"。元朝将西藏纳入其管辖，具有划时代意义。元朝时期，忽必烈推行地方行政制度和帝师制等，使青藏高原历史文化得以稳定发展，为明代宗喀巴创立格鲁派创造了条件。

第二阶段：明代的"西海蒙古"。这个阶段包括"西宁塞外四卫"和"西海蒙古"时期，直到 17 世纪 30 年代被喀尔喀却图台吉占据，历经 130 多年。元亡后，明朝在青海设"西宁塞外四卫"，安置青海游牧蒙古部众，而近城镇者大多融入本地各个民族当中。16 世纪初，鄂尔多斯地区的东蒙古部落进入青海并收服"西宁塞外四卫"，被称为"西海蒙古"。这个阶段，蒙古族在青海的活动，加强了蒙古族、藏族、汉族等民族之间的关系。西海蒙古时期，俺答汗效仿忽必烈与八思巴供施合作模式，创立达赖喇嘛活佛体系，制定新的蒙古宗教法，形成蒙古各部首领与藏传佛教，特别是与格鲁派的密切联动，对青藏高原历史发展产生了深远影响。②

第三阶段：17 世纪以后的"青海卫拉特蒙古"。17 世纪 30 年代，喀尔喀部绰克图台吉（却图汗）率部占据青海地区。四卫拉特联盟趁机征讨并消灭绰克图台吉，遂以和硕特为主的部分卫拉特蒙古迁入青藏高原，称为"青海卫拉特蒙古"，至今已有 370 多年的历史。③青海卫拉特蒙古时期，固始汗又以忽必烈和俺答汗为榜样，尊奉罗桑却吉坚赞为师，授予罗桑却吉坚赞以"班禅博克多"的尊号，树立与格鲁派牢固的合作关系，蒙藏交流在社会、经济、文化、宗教各个领域全面展开。

三个阶段各有各的历史背景、过程和时代特征，但相互间却有内在的联系和承继关系。从成吉思汗时代开始至今，蒙古族在青藏高原的历史近 800 年，早已成为这里的世居民族，创造了自己灿烂的历史文化。

总之，元朝以来青藏高原多元一体的历史进程中，蒙古族发挥了重要作

---

① 青格力：《略论"德都蒙古"名称及其意义》，载《青海民族研究》，2016（1）。
② 青格力，斯琴夫：《德都蒙古历史考论》（上册），北京，民族出版社，2014。
③ 青格力，斯琴夫：《德都蒙古历史考论》（上册），北京，民族出版社，2014。

用，也是青藏高原多民族共创历史画卷的主要推动者之一。

一、卫拉特蒙古

卫拉特[①]，蒙古语意为"林中百姓"，是蒙古族最古老的部落之一。最初生活在贝加尔湖以西叶尼塞河上游，后来向西迁移，主要以狩猎为生。早期的四卫拉特名称起源于 13 世纪初，后归附成吉思汗。成吉思汗将居住在八河流域的斡亦剌惕部众分为四个千户，而这四个千户正是四卫拉特，从此卫拉特成为蒙古族的组成部分。元末明初，四卫拉特发展迅速，人口增加，从四千户发展到四万户，领地扩张，从原来的叶尼塞河上游广大地区扩张到额尔齐斯河上游，西南与哈密、别失八里相邻，东南进入扎布汗河流域与东蒙古（鞑靼）相接，北边与乞儿吉思为邻。到明朝后期，卫拉特部以现今新疆北部的伊犁、塔城、阿勒泰和今天的蒙古国西部等地作为其活动中心，包括和硕特、准噶尔、土尔扈特、杜尔伯特四部。

二、卫拉特蒙古进入青藏高原

1610—1616 年，卫拉特联盟首领拜巴噶斯派人赴西藏向格鲁派[②]求法，格鲁派当即派彻甘诺门罕为使者前往卫拉特。[③]此次会晤，促使卫拉特四部的王公贵族一致信奉了格鲁教法。之后，格鲁派和卫拉特交流频繁，建立起宗教上的供施关系和师生关系。和硕特部的首领拜巴噶斯去世后，其弟固始汗担任首领之位。固始汗本名图鲁拜琥（1582—1655），是和硕特部的王公哈尼诺颜洪果尔之子，其母为阿海哈屯。[④]固始汗少年时期以勇武著称。1606 年，喀尔喀部与卫拉特部之间发生战乱，24 岁的固始汗冒生死风险，前往喀尔喀

---

① 汉文史籍作斡亦剌惕、猥剌、外剌歹、外剌、斡亦剌、瓦剌、厄鲁特等。
② 格鲁派是藏传佛教宗派之一，俗称黄教。藏语格鲁意即善律，该派强调严守戒律，故名。格鲁派创立于 15 世纪初，创教人为宗喀巴，它是藏传佛教中最后出现的教派，逐步占据了藏传佛教的主导地位。
③ 王永健：《浅论卫拉特蒙古南下青海和固始汗征服康藏》，载《四川民族学院学报》，2016（5）。
④ 陈庆英：《固始汗和格鲁派在西藏统治的建立和巩固》，载《中国藏学》，2008（1）。

部，通过巧妙而高超的调解活动平息了双方的战争，给二部人民带来了和平。东科尔呼图克图（东科尔三世甲哇嘉措）和喀尔喀部的首领们对此十分满意，共同赠给他"大国师"的称号，后来他通常所用的"固始汗"的称号即是"国师汗"的音转。[①]

1635 年，以固始汗为首领的和硕特部与俄罗斯地方当局不断发生冲突。准噶尔部哈喇忽喇之子巴图尔珲台吉当了首领之后，欺凌其他各部。另外，随着人口和畜群的增加，卫拉特蒙古的一些部落开始寻找新的牧场，向新的草场转移。据记载，固始汗与巴图尔珲台吉也曾产生矛盾，后来虽然和解，但矛盾依然存在。[②] 固始汗为了摆脱内乱外患的困境，谋求本部落的生存和发展，产生了率领部落向外迁徙的想法。正在此时，西藏的格鲁派寺院派人向卫拉特部求援，于是在卫拉特联盟的首领大会上固始汗表示愿意出兵护教，要求各部也带兵援助，并得到了原来与他有矛盾的准噶尔部首领巴图尔珲台吉的支持。

1636 年秋末，固始汗率领卫拉特联军从伊犁出发，南征青海，除了固始汗外，准噶尔部土尔扈特部、杜尔伯特部、辉特部的首领全都率部从征。卫拉特联军穿越塔里木盆地，进入青海，等待时机与却图汗决战。1637 年正月，固始汗在青海湖西北岸向却图汗发起突袭。卫拉特联军以少胜多，一万军队击溃了却图汗的三万人马，战斗异常惨烈，以至于双方交战的山口被称为"大小乌兰呼秀"，这就是"血山之战"[③]。两军交战的地名被称为乌兰呼秀（蒙古语意为血染的山）。经过这场战争，却图汗覆灭，固始汗掌握了青海广大游牧地区，这标志着卫拉特部取得青海的控制权。固始汗向各部首领赠送很多礼物以表酬谢，之后各部首领纷纷率军返回卫拉特，而以固始汗为首的和硕特部却留在了青海。1638 年开始，固始汗率领本部部众以及一些土尔扈特部众陆续迁入青海，青海成为和硕特部的大本营。[④]

固始汗占领青海之后，与格鲁派的联系更为紧密。1637 年秋，固始汗率领一千人至拉萨，与五世达赖喇嘛会见。五世达赖喇嘛赠给固始汗"丹增却

---

① 陈庆英：《固始汗和格鲁派在西藏统治的建立和巩固》，载《中国藏学》，2008（1）。
② ［苏］伊·亚·兹拉特金：《准噶尔汗国史》，马曼丽译，172 页，北京，商务印书馆，1980。
③ 王永健：《浅论卫拉特蒙古南下青海和固始汗征服康藏》，载《四川民族学院学报》，2016（5）。
④ 王永健：《浅论卫拉特蒙古南下青海和固始汗征服康藏》，载《四川民族学院学报》，2016（5）。

杰"的称号和印章，这次会见实际上是格鲁派和固始汗的正式结盟，固始汗获得封号后回到青海，继续整军备战。当统治康区的白利土司得知却图汗覆灭后大为惊慌，白利土司向藏巴汗二世送出密信："非常令人沮丧的是，我们的盟友绰克图台吉被消灭了，虽然如此，明年我将在喀木（康区）集中起一支兵，把它带到卫。同时你也应当带着后藏的兵来，我们一起消灭格鲁派，让他们连个影子也找不到。"① 然而，这封密信半路被格鲁派僧人截获并转交给固始汗。1639 年 5 月，固始汗率军攻打康区，白利土司率军拼死抵抗，但甘孜、邓柯、德格等地仍然相继失守。1640 年 11 月，固始汗擒获白利土司，将他先监禁后处死。同时，"将所有受害的萨迦、格鲁、主巴噶举、达垅噶举等各派僧官从牢狱中解救出来"②，由此得到了佛教徒的崇敬。这一次，固始汗不仅打垮了白利土司，而且彻底清除了反格鲁派势力。

　　1641 年年底，固始汗做出从康区返回青海的假象，迷惑藏巴汗，随后秘密引军入藏。这时，毫无准备的藏巴汗丹津旺布丝毫也没有战和的态度，于是，固始汗"像老鹰捕捉鸟雀一样"③击溃了藏巴汗的前藏军队。最后藏巴汗只能退守日喀则。直到 1642 年二月，藏巴汗二世才在罗桑却吉坚赞的调解和担保下出降。固始汗对罗桑却吉坚赞高僧极为尊重，尊奉其为师，但也提出藏巴汗必须交出政权和军队的要求，而且在乃乌宗地区赠予他少量庄园，让他当个小领主。曾为一方之雄的藏巴汗，面对这样苛刻的条件，愤而再战。双方在日喀则城下激战数场，藏巴汗军连连失利。最终，藏巴汗只好答应固始汗的条件，宣布无条件投降，这标志着噶玛政权灭亡。藏巴汗政权的败亡，标志着格鲁派势力在固始汗的军事支持下取得了巨大的胜利。

① 班布日、孛儿只斤·苏和：《卫拉特三大汗国及其后人》，63 页，呼和浩特，内蒙古人民出版社，2014。
② 五世达赖：《西藏王臣记》，郭和卿译，北京，民族出版社，1983。
③ 芈一之、张科：《青海蒙古族简史》，西宁，青海人民出版社，2014。

第二节　自然人文环境

青藏高原既是亚洲的内陆高原，亦是世界上海拔最高、中国最大的高原，被誉为"世界屋脊""第三极"。青藏高原位于我国西部，亚洲的中部，西起帕米尔高原，东至秦岭和黄土高坡，北界为昆仑山、阿尔金山和祁连山，南抵喜马拉雅山，介于北纬26°00′—39°47′，东经73°19′—104°47′。其东西长约2800千米，南北宽300～1500千米，总面积约250万平方千米。[①] 按地形划分，可将青藏高原分为羌塘高原、藏南谷地、柴达木盆地、祁连山地、青海高原和川藏高山峡谷区六个部分。[②] 青藏高原是世界上海拔最高和最年轻的高原，其地域高远辽阔，苍苍莽莽，平均海拔在4000米以上的地质结构，造就了其以东西向为主体的高山、极高山山脉绵亘蜿蜒，气势恢宏，实为"千山之宗"。作为孕育中华文明的江河源头，雪山冰川、高山峡谷哺育了世界众多赫赫有名的江海、湖泊，成为人人景仰的"万水之源"和"中华水塔"。广袤无垠、生机无限的青藏高原是我国重要的紧缺型生态资源富矿区，也是多民族的聚居地，有着神秘性、原始性、民族性、宗教性等多种特征。

青藏地区独特的自然地理环境深刻地影响着高原的经济生产活动及社会生活方式，生活在这里的藏族、蒙古族、回族、土族、撒拉族、汉族等各民族共同铸造了鲜明特色的高原文化体系。青藏地区蒙古族一般为和硕特蒙古，但也有来自喀尔喀、土默特和鄂尔多斯。在青藏地区蒙古族总人口中青海蒙古族102477人[③]、肃北县蒙古族4331人[④]，青藏地区的蒙古族使用蒙古语卫拉特方言。文字采用"胡都木"蒙古文，与内蒙古、黑龙江、辽宁等省区内的

---

① 洪宸、王猛猛、朱芙瑶：《顾及地形的水体提取及其在青藏高原的应用》，载《地理空间信息》，2022（7）。

② 刘海兰、刘丽莹、孙杰、邹尧禹、王德辉：《青藏高原地理标志保护产品空间分布与气候相关性分析》，载《安徽农业科学》，2021，49（14）。

③ 青海省统计局、青海省第七次人口普查领导小组办公室：《青海省人口普查年鉴——2020》，中国统计出版社，2022。

④ http://www.hongheiku.com/minzu/8292.html

蒙古族使用相同的文字。① 本研究以青藏地区蒙古族主要聚居区作为研究区域，因此，必须提及"德都蒙古"这个名称。

蒙古族最初信仰萨满教。萨满教形成于原始社会后期，是原始宗教的一种晚期形式，认为宇宙万物、人世祸福由天神和鬼魔主宰。藏传佛教传入青海为明嘉靖四十三年（1564 年）。时年俺答汗遣使至西藏，迎接三世达赖喇嘛到蒙古地区传播佛教教义，并于 1578 年尊封三世达赖喇嘛。在俺答汗引导下，藏传佛教（格鲁派）传入蒙古地区，成为蒙古族主要信仰的宗教，对蒙古族的社会政治、经济和思想文化产生了极为重要的影响。特别是卫拉特蒙古和硕特部首领固始汗在青海地区推崇和扶持格鲁派，和硕特部深受藏传佛教的影响。后来，清朝廷也大力支持，倡导藏传佛教。明清以来，青海蒙古族居住地区修建了不少宗教寺院，其中比较著名的寺院有仰华寺、扎藏寺、东科尔寺、都兰寺、广惠寺、拉卜楞寺、香日德寺等。

青藏高原特殊的地理位置和人文环境，使得各时期的民族文化在区域内充分交融传播和继承发展，演变出游牧经济文化、农耕经济文化和多种宗教文化，各种文化之间相辅相成，逐渐形成多元化、多民族性的高原文化特色。德都蒙古文化不仅是蒙古族文化的一个重要组成部分，而且是中华民族灿烂历史文化的组成部分，充分彰显了青藏高原蒙古人民的精神面貌和历史沿革，具有较高的人文价值和历史研究价值。

第三节　青藏地区蒙古族不同文化区域的形成

随着青藏地区蒙古族的历史发展和社会文化变迁，青藏地区蒙古族在文化地理上逐渐形成六个不同的文化区域，尽管六个区域拥有各自独特的文化特征，但这也反映出文化交流及各民族交融的趋势。

---

① 朱慧、德力根其其格：《青海德都蒙古民间音乐文化考察实录》，载《内蒙古艺术学院学报》，2019，16（4）。

一、德都蒙古文化生态

青海省海西蒙古族藏族自治州是青海蒙古族主要聚居区，也是德都蒙古文化生态核心区。海西蒙古族藏族自治州地处青藏高原北部、青海省西部，北达甘肃，西出新疆，南抵西藏，东与青海海南、海北藏族自治州毗邻，是青海、甘肃、新疆、西藏四省区交汇的中心地带，也是进出西藏的重要通道。由于位于青海湖以西，故名海西。海西州总面积 32.58 万平方千米，占青海省总面积的 45.17%，是青海省区域面积最大的民族自治州。

根据第七次全国人口普查结果，海西蒙古族藏族自治州常住人口 468216人，有汉、蒙古、藏、回、土、撒拉等 30 个民族，少数民族人口占总人口的 40.8%，其中蒙古族人口 23839 人。海西州下辖格尔木、德令哈、茫崖 3市，乌兰、都兰、天峻 3 县，大柴旦 1 个行政委员会。① 蒙古族主要分布于格尔木、德令哈、都兰、乌兰、大柴旦、茫崖等地。海西地形地貌奇特，州域主体是中国四大盆地之一的柴达木盆地（"柴达木"系蒙古语，意为水草丰美的辽阔盐泽戈壁），盆地面积 25.66 万平方千米，约占全州总面积的 78.76%，是中国海拔最高的内陆盆地，也是全国面积最大的循环经济试验区，地域广袤，矿产资源丰富，素有"聚宝盆"的美称。海西州平均海拔 4000 米左右，最高处为青海境内最高山峰昆仑山布喀达坂峰，海拔 7720 米；柴达木盆地海拔 2670 ~ 3200 米，最低点在达布逊湖区，海拔 2675 米。全州年平均气温为 –5.6℃ ~ 5.2℃，年平均降水量 16.7 ~ 487.7 毫米，年平均蒸发量 1353.9 ~ 3526.1 毫米。② 终年干燥少雨，冬季寒冷漫长，夏季凉爽短促，四季不分明，日照时间长，太阳辐射强，昼夜温差大，属典型的大陆性高原气候。

海西古为西羌地，在东晋后期及隋朝和唐朝时期，先后为吐谷浑和吐蕃政权所控制，到明末由蒙古和硕特部所统辖。海西州是丝绸之路重要的组成

---

① 国家统计局：《2021 年统计用区划代码和城乡划分代码》，国家统计局网，http://www.stats.gov.cn/tjsj/tjbz/tjyqhdmhcxhfdm/2021/63/6328.html（2022–03–15）。

② 青海省民族宗教事务委员会：《海西蒙古族藏族自治州》，青海省人民政府网，http://www.qinghai.gov.cn/mzfw/system/2012/08/20/010002732.shtml（2012–08–20）。

部分，在不同历史时期发挥了不可替代的重要作用，亦是中西文化交流的重要枢纽。国家重点文化保护单位都兰热水吐蕃古墓群和诺木洪塔里他里哈文化遗址，是海西悠久历史和先民优秀文化的见证，是中华民族文化宝库的重要组成部分。从新石器时代到清朝末年，青海海西地区都是多部落、多民族繁衍生息的历史舞台。据考古发掘和历史记载，唐朝时期的吐谷浑、吐蕃，元明时期的蒙古人，明朝中后期的东蒙古部落，清代喀尔喀蒙古却图汗部、卫拉特蒙古和硕特部先后进入青海柴达木地区并在此生息繁衍。在海西这块美丽、富饶的土地上，青海海西蒙古族和汉族、藏族等各民族一起，创造了海西独具特色的灿烂文化。

　　清朝在海西地区设有 10 个蒙古旗，即西前旗（今乌兰铜普镇），西后旗（今乌兰柯柯镇），北左末旗（今乌兰茶卡镇），北前旗（今门源县一带），北左旗（今德令哈市、大柴旦行政区、冷湖行政区和甘肃苏北县），北右末旗（民初并入北左旗），西左后旗（今都兰县宗加镇），西右后旗（今都兰县巴隆乡），西右中旗（今格尔木市乌图美仁乡、郭勒木德镇、茫崖行政区、都兰县诺木洪乡），班禅香加旗（今都兰县香加乡、香日德镇）。民国初期，民国学者统称居住在今柴达木盆地及周边的蒙古族各旗为"柴达木蒙古族八旗"，即"盐池三旗"（青海王家旗、柯柯贝勒旗、盐池扎撒旗）和"柴达木边五旗"（台吉乃尔扎撒旗、克鲁沟旗、巴隆扎撒旗、宗家扎撒旗、班禅香加旗）。

　　柴达木盆地蒙古族八旗保存了较为完整的德都蒙古传统文化。德都蒙古人在历史进程中以卓越的智慧和辛勤的劳动创造了灿烂的文化，他们在长期的生产生活过程中保留了本民族的语言文字和很多古老的生活习俗。

二、黄河以南的蒙藏文化融合

　　20 世纪初，黄河南岸有前首旗、南右中旗、拉加旗、托日和扎萨旗 4 个旗，形成了今天的黄南藏族自治州河南蒙古族自治县。河南蒙古族自治县是青海省内唯一的蒙古族自治县，俗称"河南蒙旗"。河南蒙古族自治县位于青海省东南部，东与甘肃省夏河县、碌曲县相连，南临甘肃省玛曲县，北接青海省泽库县，西南与青海省玛沁县、同德县毗邻，处于青、甘、川三省接合部，素有青海省南大门之称。全县总面积 6997.45 平方千米，海拔 3600 米，辖 1 镇 4 乡 2 个社区 39 个牧委会，135 个牧业合作社，有 4 座藏传佛教寺院。根据第七次全国人口普查，河南蒙古族自治县共有常住人口 40864 人，蒙古族人口 36407 人，约占总人口的 90%。

河南县蒙古族先民主要为 13 世纪元朝军队的土默特达尔吾部、明朝的土默特火洛赤部，还有卫拉特蒙古和硕特部及土尔扈特部。根据现有史料记载，忽必烈时期（1253 年、1254 年）蒙古土默特达尔吾部率先进入县境，人口不多，成为最早居住在河南县的蒙古族居民。明万历年间，蒙古俺答汗部从火洛赤进驻，成为第二次居住在此地的蒙古族居民。1669 年，和硕特首领博硕克图济农率领部下定居于此。自此以后，土默特蒙古与和硕特蒙古熔于一炉，成为当今河南县蒙古族的主要来源。清王朝雍正三年，罗卜藏丹津事件后，青海蒙古被收为内藩，参照内蒙古札萨克制度，为其统一编旗划界，"河南蒙旗"由此而来。事实上，就地理位置而言，河南县蒙古族长期居住在被藏族部落包围的环境中。驻牧河曲地区后，又接受了藏阿柔小百户的归附，使蒙古内部又增加了藏族成分。[①] 由于藏族同胞都惯于使用藏语、藏文，当时的蒙古族人民顺应了特殊环境，他们学习并使用藏语、藏文，这对当时的情况来说，不仅十分自然，也是十分必要的。久而久之，语言作为文化的载体逐步发生改变，该地蒙古族传统文化呈现形式，比如艺术演绎、生产方式、民俗活动、传统技能和知识等也悄然改变。

受地理位置影响，河南蒙古族自治县的周围全部是藏族传统文化氛围非常浓厚的区域，当地蒙古族在藏文化的包围中，潜移默化，其生产生活、民俗民风等逐步与藏族人几近一致，大多数人只会讲藏语，仅少部分人懂蒙藏双语言，蒙古文化与藏文化的高度契合使河南蒙旗成为一块非常特殊的文化地带。

---

① 曹娅丽：《藏戏遗产在青海河南蒙古族中的传承与文化认同——以托叶玛乡西顶村藏戏演述田野考察为例》，载《原生态民族文化学刊》，2010，2（4）。

三、祁连山与青海湖东的多元文化融合

和硕特蒙古进驻青海后，固始汗鄂木部在青海湖及祁连山地区迅速扩大自己的势力，到其子墨尔根台吉时期，游牧区域扩大到甘肃大草滩、祁连冷龙岭和达坂山区、青海湖以东及湟水上游流域。这里自古以来是不同民族汇集融合之地，也是不同宗教交流的通道。近代以来，蒙古、藏、回、汉不同民族与佛教、儒家文化、伊斯兰教、道教等不同文化在这一地区经历了长期的相互碰撞与交流，蒙古族文化中融合了多元文化，从而形成了新的文化习俗。这一地区的蒙古族分别居住在今天的海北藏族自治州海晏县的托勒（现已归入甘子河乡）、哈勒景两个蒙古族乡，刚察县的哈尔盖乡，祁连县的默勒乡、多隆乡、野牛沟乡，门源回族自治县的皇城乡以及海南藏族自治州共和县的倒淌河镇。从以上的分布区域看，这一地区的蒙古族主要居住在海北藏族自治州四个县的部分乡和海南藏族自治州一个村。

海北藏族自治州位于青海省东北部，东南与大通回族土族自治县、互助土族自治县、西宁市湟中区、湟源县接壤，西与海西蒙古族藏族自治州的天峻县毗连，南与海南藏族自治州的共和县隔青海湖相望，北与甘肃省的天祝、山丹、民乐、肃南县为邻。海北藏族自治州平均海拔3100米。自治州辖门源回族自治县、海晏县、祁连县、刚察县等四个县。海北州是多民族地区，全州总人口265322人，其中汉族87679人、回族86737人、藏族68900人、蒙古族12499人、土族6601人[①]，除此之外，还有撒拉族、维吾尔族、苗族、彝族、布依族、壮族等少数民族。

在青海蒙古29旗中，划入海北地区的有14个旗，分别为和硕特部蒙古8旗，即南左首旗（默勒王旗）、西右翼前旗（默勒扎萨旗）、北前旗（布哈公旗）、南右后旗（托茂公旗）、南左后旗（阿克公旗）、南左末旗（群科扎萨旗）、北右旗（宗贝子旗）、东上旗（巴哈诺尔扎萨旗）；土尔扈特部蒙古2旗，即南中旗（丹巴扎萨旗或永安扎萨旗）、南后旗（角昂扎萨旗）；绰罗

---

① 青海统计局、青海省第七次人口普查领导小组办公室：《青海省人口普查年鉴——2020》，中国统计出版社，2022。

斯蒙古2旗，即南右首旗（尔里克贝旗）、北中旗（俗称水峡贝子旗）；喀尔喀部南右旗（哈勒哈扎萨）；独立部察汗诺门汗旗（俗称白佛旗）。① 如今，这些蒙古旗的后裔都分布在海北州不同的地区，驻牧海晏地区的蒙古族共有8个旗，祁连县境内的蒙古族有6个旗。当地大多数蒙古人能讲蒙古、藏、汉三种语言。目前，海晏县哈勒景乡、甘子河乡的蒙古族仍保留本民族的风俗习惯，在长期发展过程中，他们的文化独具特色，相较于海西蒙古族的民俗文化亦有差别。

四、湟水流域的边缘文化

湟水流域是青海省政治、经济、文化和交通中心，流域内人口312万人，占全省人口的60.2%，工农业总产值143亿元，占全省的54.2%。该流域社会经济的发展具有决定全省社会经济全面发展的战略地位，但流域内干旱少雨、水量短缺、水土流失和水污染严重，从而严重地制约了社会经济发展。湟水是黄河上游的一级支流，发源于青海省海晏县境内，流经青海省的海晏、湟源、湟中、西宁、大通、互助、平安、乐都、民和九个县（市），在青海省境内全长336千米，流域面积1.61万平方千米。自元代起，大量的蒙古人到青海湖以东的湟水流域居住。湟水流域是中原文化嵌入式推进的主要区域，不同民族、不同宗教并存，形成多种文化相互融合的状况，这与蒙古族文化与黄河流域的汉、藏、蒙古文化区域相互穿插、不同民族混居或通婚有直接关系。当然，从区域的生计方式看，湟水流域地区处于传统农牧区接壤的边缘地带，以日月山为农牧区分界线。由于农区人口逐渐增多，农耕文明渐次向草原区拓进，农耕文化逐渐占据了边缘地带的主位。

五、甘肃肃北的雪山蒙古文化

甘肃省内的蒙古族主要分布在酒泉市肃北蒙古族自治县、张掖市白银蒙古族乡和平山湖蒙古族乡。肃北蒙古族自治县是甘肃省唯一的蒙古族自治县，

---

① 《海北文史资料》第21辑（上）：《海北蒙古族百年实录》，2018年，内部资料。

位于甘肃省西北部，河西走廊西端的酒泉市的南部和北部，县域分南山和北山两个不相连的区域，总面积 66748 平方千米。下辖两个镇、两个乡，蒙古族人口约占总人口的 37.9%，被称为"雪山蒙古人"。

柯鲁沟旗是由固始汗第八子桑噶尔德后裔所编的旗，即北左翼右旗，又称柯鲁沟贝子旗，下设 3 个佐领（即陶海），驻牧于海西、布隆吉尔河（今疏勒河）以南。后来随着蒙古人驻牧地的变迁和人口的增加，陆续增编陶海（即部落，基层军政组织），1725—1949 年，柯鲁沟旗从初建时的 3 个陶海（佐领）增编到 9 个陶海，其中肃北蒙古族中编设了色尔腾、夏尔郭勒金、乌呼图勒和马场等 4 个陶海。民国政府于 1923 年对甘肃青海实施分省政策，以祁连山为界，祁连山以南为青海地界，以北为甘肃地界，地处祁连山南北两麓的蒙古族和硕特部北右翼末旗（俗称柯鲁沟扎萨旗）被一分为二。当时柯鲁沟旗共 9 个部落，位于山南的郭尔茂、德令哈、怀土塔拉、柴达木（戈壁），即今天的青海省德令哈市，位于山北的色尔腾、马海、乌呼图勒、马场、夏尔郭勒金 5 个部落归属肃北蒙古族自治县。[①]

肃北蒙古族自治县海拔较高，气候严寒，地广人稀，位置偏僻，居民以游牧生产方式为主。肃北县辖区分为南部山区（含党城湾镇、盐池湾乡、石包城乡）和北部荒漠区（马鬃山镇），两地各占肃北国土面积约 50%，相距约 500 千米，地形地貌相差甚远。在南部山区中，南山地区靠近青海和阿克塞，高山区类型居祁连山地西段。山地常年积雪、冰川密布，全县境内有大小冰川 100 余处，是典型的内陆高寒荒漠草原气候；北部荒漠区与我国新疆哈密、内蒙古额济纳旗、蒙古国戈壁阿尔泰省交界，位于河西走廊的北段，属于蒙新高原，平均海拔 3000 米，属戈壁荒漠气候。肃北县面积大，海拔高，山地多，戈壁荒漠广布，虽然草地面积大，但草原级别差，牧草质量低。独特的自然地理环境是肃北县各民族文化产生的基础。肃北蒙古族人民长期生活在这片广袤的大地上，为了生存，他们逐渐顺应这里的自然环境并且遵从自然规律，以逐水草而居的游牧生活为主，沿袭并传承了西部蒙古族文化。总的来说，肃北蒙古族处在一个地域辽阔、资源丰富，但自然条件恶劣、相对封闭且生态条件脆弱的地理环境中。独特的地理环境不仅为肃北蒙古族文

① 韩积罡：《甘肃肃北蒙古族文化传承与发展》，秦皇岛燕山大学硕士学位论文，2016。

化发展提供了相应的社会场所，还为其带来一定的物质原料，肃北蒙古族创造了独属于本地的文化，并逐步发展、丰富和发扬。

肃北为青藏高原游牧民族与西域、敦煌文化圈交流融合提供了发展平台，并逐渐成为农耕民族与游牧民族共同团结进步与繁荣发展的和谐家园。肃北是丝绸之路重要的黄金通道，是丝绸之路文化带的重要组成部分，其面积占敦煌文化生态区的 40% 以上。近年来，肃北蒙古族自治县为了加快文化旅游产业发展，以"一基地四园区"作为文化旅游发展框架，着力打造肃北蒙古族自治县蒙古族民族文化旅游生态基地和蒙古族民族文化体验区。

六、西藏达木蒙古人的文化融合

达木蒙古是位于今西藏拉萨市北部当雄县区域的蒙古游牧部落，是进入藏北的卫拉特蒙古和硕特部的后裔。自固始汗起的和硕特汗国及此后，这里是军事要地，驻守蒙古兵达木八旗，在清代官私史籍、藏族学者的著作及一些西方传教士的记载中多有提及。1958 年，由西藏社会历史调查组、中共西藏工委政策研究室、中共黑河分工委联合组织的黑河牧区调查组在当雄宗（即达木地区）进行调查时，当地牧民尚能记住自己是同始汗的后裔，以及曲考、窝托、锅查、恩果、潘加、巴家、娃休、索布八个蒙古部落驻扎达木，[①] 但准确的历史已模糊不清了。

综上所述，从青藏地区蒙古族六个文化区的形成及当前的文化遗产状况来看，其蒙古族非物质文化遗产主要分布在青海省海西蒙古族藏族自治州、黄南藏族自治州河南蒙古族自治县、海北藏族自治州海晏县及甘肃省肃北蒙古族自治县等地区。这些地区的非物质文化遗产项目体现了不同民族交往交流交融的过程，成为不同民族文化之间交相辉映的产物。如格萨尔、藏戏等文化遗产既是传承民族文化、凝聚民族精神的重要纽带，也是民族交往交流交融的有力见证。

---

① 中国科学院民族研究所西藏少数民族社会历史调查组：《当雄宗调查报告》，1 页，1964 年铅印本。此报告 1986 年 7 月由吴从众修改，收录西藏社会历史调查资料丛刊编辑组编《藏族社会历史调查》（三）一书，拉萨，西藏人民出版社，1987。

第三章　青藏地区蒙古族非物质文化遗产概述

　　青藏地区蒙古族非物质文化遗产是青藏地区蒙古人民世代相传的，是整个"德都蒙古"历史文明的产物，是蒙古族文化的重要组成部分，是中华民族文化璀璨的瑰宝，是确定文化特性、激发人类创造的重要因素。它蕴含着蒙古族赖以生存和发展的特有的生活方式和思维方式，集中反映了蒙古族的精神文化与经验智慧，承载着青藏地区蒙古族的文化生命密码。它作为一种民间文化或民间传统，是青藏地区蒙古族群众的集体智慧的结晶，在青藏地区历史文化中占据重要的位置。青藏地区蒙古族非物质文化遗产表现形式异彩纷呈，涉及面非常广泛，它是青藏地区蒙古族世代相承、与其生活密切相关、以口头或者动作方式相传的各种传统文化的表现形式。青藏地区蒙古族国家级非物质文化遗产代表性项目共有9个，省级代表性项目共有34个。具体见表3-1、表3-2。

表3-1　青藏地区蒙古族国家级非物质文化遗产代表性项目信息表

序号	项目名称	类别	批次	保护单位
1	汗青格勒	民间文学	国家级第二批（2008.6）	海西蒙古族藏族自治州民族文化活动中心
2	那达慕	民俗	国家级第二批（2008.6）	海西蒙古族藏族自治州民族文化活动中心
3	蒙古族民歌	传统音乐	国家级第四批（2014.8）	海西蒙古族藏族自治州民族文化活动中心
4	蒙古族服饰	民俗	国家级第二批（2008.6）	甘肃省肃北蒙古族自治县文化馆
5	德都蒙古全席	民俗	国家级第五批（2021.6）	青海德都蒙古文化发展有限公司

序号	项目名称	类别	批次	保护单位
6	祝赞词（肃北蒙古族祝赞词）	民间文学	国家级第五批（2021.6）	肃北蒙古族自治县文化馆
7	蒙古包营造技艺	传统技艺	国家级第五批（2021.6）	河南蒙古族自治县文化馆
8	中医诊疗法（海西民间青盐药用技艺）	传统医药	国家级第五批（2021.6）	海西蒙古族藏族自治州文化馆
9	蒙古族服饰	民俗	国家级第五批（2021.6）	青海省海西州格尔木市文化馆

表 3-2　青藏地区蒙古族省级非物质文化遗产代表性项目信息表

序号	项目名称	类别	批次	保护单位
1	海西蒙古族剪发礼	民俗	青海省级第一批（2006.11）	海西州群众艺术馆
2	海西蒙古族婚礼	民俗	青海省级第一批（2006.11）	海西州群众艺术馆
3	蒙古族祭敖包	民俗	青海省级第二批（2007.4）	海西州群众艺术馆
4	海西蒙古民间祭火	民俗	青海省级第三批（2009.9）	格尔木市文化馆
5	海西蒙医震动复位疗法	传统医药	青海省级第三批（2009.9）	海西州蒙藏医院
6	海西蒙古族木雕	传统美术	青海省级第三批（2009.9）	格尔木市文化馆
7	海西蒙医铜银烙疗法	传统医药	青海省级第三批（2009.9）	海西州蒙藏医院
8	海西蒙古族服饰制作技艺	传统美术	青海省级第三批（2009.9）	格尔木市文化馆
9	青海蒙古族长调音乐	民间音乐	青海省级第三批（2009.9）	都兰县文化馆
10	青海蒙古族达罗牌	传统体育、游艺与杂技	青海省级第三批（2009.9）	格尔木市文化馆
11	辉特美日根特木尼的传说	民间文学	青海省级第四批（2013.11）	海西州群众艺术馆

序号	项目名称	类别	批次	保护单位
12	蒙医正骨疗法	传统医药	青海省级第四批（2013.11）	德令哈市文化馆
13	德都蒙古布格围棋鹿棋	传统体育、游艺与杂技	青海省级第四批（2013.11）	格尔木市文化馆
14	蒙古包制作技艺	传统技艺	青海省级第四批（2013.11）	格尔木市文化馆
15	茶卡盐湖祭湖	民俗	青海省级第四批（2013.11）	乌兰县文化馆
16	海西蒙古族刺绣	传统美术	青海省级第四批（2013.11）	德令哈市文化馆
17	酥油制作技艺	传统技艺	青海省级第五批（2017.12）	海西州群众艺术馆
18	蒙古族"查干萨日"（春节）习俗	民俗	青海省级第五批（2017.12）	青海海西孟赫嘎啦协会
19	德都蒙古巴彦松祝赞词	民间文学	青海省级第五批（2017.12）	海西州群众艺术馆
20	青海蒙古族格斯尔传说	民间文学	青海省级第五批（2017.12）	海西州群众艺术馆
21	乌兰蒙古族金桩子游戏	传统体育、游艺与杂技	青海省级第五批（2017.12）	乌兰县文化馆
22	马奶酒制作技艺	传统技艺	青海省级第五批（2017.12）	海西州群众艺术馆
23	蒙古族牛羊皮绳编织技艺	传统技艺	青海省级第五批（2017.12）	格尔木市文化馆
24	乌兰蒙古族"托德"制作技艺	传统技艺	青海省级第五批（2017.12）	乌兰县文化馆
25	蒙医包缠疗法	传统医药	青海省级第五批（2017.12）	海西州群艺馆
26	德都蒙古"洗礼"仪式	民俗	青海省级第五批（2017.12）	海西州柴达木民族文化传播中心
28	肃北蒙古族草原那达慕大会	民俗	甘肃省级第四批（2017.10）	肃北蒙古族自治县文化馆
29	肃北蒙古族长调	传统音乐	甘肃省级第四批（2017.10）	肃北蒙古族自治县文化馆

序号	项目名称	类别	批次	保护单位
30	肃北蒙古包制作技艺	传统技艺	甘肃省级第四批（2017.10）	肃北蒙古族自治县文化馆
31	肃北蒙古族敖包祭祀	民俗	甘肃省级第四批（2017.10）	肃北蒙古族自治县文化馆
32	肃北雪山蒙古族婚礼	民俗	甘肃省级第四批（2017.10）	肃北蒙古族自治县文化馆
33	肃北县蒙古族马头琴制作技艺	传统技艺	甘肃省级第一批（2006.9）	肃北蒙古族自治县文化馆
34	海晏蒙古族民间颂词	民间文学	青海省级第二批（2007.4）	海晏县文化馆

根据《中华人民共和国非物质文化遗产法》第二条[①]，本研究将青藏地区蒙古族非物质文化遗产分为五个方面，即口头文化遗产、表演艺术类文化遗产、民俗文化遗产、传统技艺及医药文化遗产、传统体育及游艺文化遗产。

第一节　口头文化遗产

语言作为交流思想和传播知识的工具，具有文化储存功能和表达功能。我国少数民族民间口头文化遗产丰富多彩、底蕴深厚，是由少数民族群众集体创作，代代口头流传下来的，具有独特的艺术魅力，是珍贵的精神遗产，是中华民族文化整体的重要组成部分。各民族成员从中获得社会道德、历史知识、审美趣味等教化，具有巨大的人文价值。

青藏地区蒙古族与其他地区蒙古族一样，创造了大量丰富、形式多样的口头文化遗产，而且这种口传文化不仅具有民族文化的传承功能，也具有教

---

① 《中华人民共和国非物质文化遗产法》，2011年2月25日第十一届全国人民代表大会常务委员会第十九次会议通过。第二条：本法所称非物质文化遗产，是指各族人民世代相传并视为其文化遗产组成部分的各种传统文化表现形式，以及与传统文化表现形式相关的实物和场所。包括：（一）传统口头文学以及作为其载体的语言；（二）传统美术、书法、音乐、舞蹈、戏剧、曲艺和杂技；（三）传统技艺、医药和历法；（四）传统礼仪、节庆等民俗；（五）传统体育和游艺；（六）其他非物质文化遗产。

化功能。蒙古族父母用各种口传的形式教育自己的儿女，诸如神话故事、谚语、格言乃至英雄史诗等，内容丰富、意义深邃，既有生活经验的传授，也有民族精神和品德的培养，口承文化成为蒙古族家庭教育中的话语教科书。青藏地区蒙古族口头文化遗产的代表性作品主要有以下几个内容。

一、英雄史诗——《汗青格勒》

《汗青格勒》是青藏地区蒙古族英雄史诗，主要流传于青海省海西州及甘肃省肃北蒙古族自治县。在青藏地区蒙古族使用的蒙古语中，史诗叫"图吉"，由一代代"图吉齐"（说唱艺人）以说唱或演讲形式传承至今。流传于青海海西和甘肃肃北两个地区的英雄史诗《汗青格勒》基本相同，但也有各自的独特风格和鲜明特色。《汗青格勒》是青藏地区蒙古族在特定历史时期的形象化的历史叙说，讲述了蒙古族英雄汗青格勒通过一系列艰苦卓绝的斗争，先后降服蟒古斯①，从魔窟中解救出受苦受难百姓的故事。其内容大致为：统辖西北高原的大汗巴音呼德尔阿拉腾有一个儿子，名叫汗青格勒，他要到很远的地方去娶亲，途中遇到了猎人玛德乌兰，并与他结伴同行。二人结伴顺利地通过了三大难关，到达新娘家。此时，上天的库勒格呼和巴特尔也来娶亲，姑娘的父亲巴力玛格日勒汗想出了一个办法，提出用摔跤、射箭、赛马的方式来决定输赢，赢者才可以娶走他的姑娘。经过一番激烈的角逐，汗青格勒赢得胜利，迎娶了美丽的姑娘娜仁赞丹，并回到他的汗国。这时蟒古斯（魔王）掠走汗青格勒的父亲以及家中的财产、牲畜，他的汗国成为一片废墟。看到这幅场景，汗青格勒怒不可遏，决定去找蟒古斯复仇。复仇之路坎坷而苦难，汗青格勒一路战胜无穷险恶，克服重重困难，最终征服了蟒古斯，救回亲人，保卫了家乡，返回汗国后举行了盛大的婚礼，从此过上幸福美满的生活。从内容上来看，《汗青格勒》集中体现了青藏地区蒙古族人民热爱和平、反对战争和邪恶、祈盼安宁的淳朴情感和坚强意志，歌颂了汗青格勒热爱家乡、热爱人民的崇高品德，宣扬了拼搏的英雄主义精神。蒙古族通过史

---

① 蟒古斯：蒙古语，意为"妖魔""魔鬼""妖怪"等，蒙古族人通常用来比喻坏人、恶势力等反面人物和行为。

诗歌颂汗青格勒精神，教育子孙后代，要继承和发扬祖先艰苦创业的大无畏精神，激励人们热爱和平，追求自由、幸福、平等的美好生活及坚信正义必将战胜邪恶的美好信念。这种价值观的传承是在说唱史诗的优美旋律中实现的，下面选择开头一段来体验它的寓意吧！

> 在很早很早的时候
> 在遥远荒古的年代
> 和平安宁初始的日子
> 国泰民安相依为命
> 有一位英雄的汗王，
> 统辖了西北高原的土地，
> 他叫巴音胡德尔阿勒坦汗，
> 威名赫赫，远扬四海。①

从开头的这段语言来看，史诗以夸张的手法交代时代背景，为展现英雄人物的辉煌历史做了很好的铺垫和伏笔，给人无穷想象的空间，带有鲜明的神话色彩，把人和自然融为一体。其语言具有庄严性，展现对故乡、对民族文化的敬重。史诗通过对英雄人物丰功伟绩的歌颂，表达了古代蒙古族人民在战争频发的时代所期望的和平、自由、平等、安宁的社会理想和心理期望，凝聚着群众的智慧光芒和英雄主义精神，具有很高的文学艺术价值，对研究古代蒙古族文化具有重要意义。

英雄史诗《汗青格勒》具有青藏高原特殊的地域特征，是蒙古族文化宝库的一朵奇葩，蕴含着蒙古族人民的聪明才智，被学者们推崇为青海蒙古族民间文学三个顶峰②之一。发掘、抢救和保护这部英雄史诗及说唱艺人，对丰富和完善中国民间文学，乃至对世界民间文学的丰富和完善，都将产生一定的推动作用。同时，它对弘扬民族精神、发展当地民族文化及建设有中国特色的社会主义先进文化、维护世界文化多样性、推动人类社会可持续发展，

---

① 这段文字的翻译来源于贾晞儒：《德都蒙古文化简论》，27 ~ 28 页，北京，民族出版社，2014。
② 青海蒙古族民间文学三个顶峰分别为《汗青格勒》《格斯尔故事》《巴颔松祝赞词》。

均具有巨大的历史意义和现实意义。① 2007 年 4 月，海西蒙古族英雄史诗《汗青格勒》被列入青海省第二批省级非物质文化遗产名录。2008 年 6 月，被列入第二批国家级非物质文化遗产名录。

《汗青格勒》在我国就有几种异文本，最早的文本是由阿·太白、曹鲁蒙二人记录，由甘肃省肃北县民间艺人罗布桑于 1957 年说唱，当时以《呼德尔阿拉泰汗》为名。② 青海省海西地区对《汗青格勒》的记录有多种版本，由蒙古族艺人乌泽尔（1909—1986）说唱的有三个文本：第一个文本《汗青格勒台吉》由达·哈达宝拉格 1978 年记录，发表在《汗腾格尔》1981 年第 4 期；第二个文本在 1983 年由春古·才仁巴力记录，发表在《花的柴达木》1983 年第 3 期；第三个文本在 1984 年由郭晋渊采访录音，纳·才仁巴力记录，于 2008 年被《青海蒙古族民间口头文学集锦》一书收录。除此之外，还有斯·窦布青根据肃北蒙古族自治县女艺人扎吉娅唱本为主的《汗青格勒》③等文本。

海西蒙古族地区最早、最著名的说唱艺人是乌泽尔，他的演唱质量高，影响力大。乌希勒、高·才仁道尔吉录音，才·萨仁图雅整理，包玉文翻译的《汗青格勒》（2014 年由民族出版社出版）选用的正是乌泽尔演唱的文本。同时编辑出版的录音光盘成为珍贵的语音资料。乌泽尔除了说唱《汗青格勒》以外还会唱《格斯尔故事》，文化部、国家民族事务委员会、中国社会科学院、中国民间文艺家协会等部门于 1991 年联合授予他"《格斯尔》说唱家"称号。

《汗青格勒》被评为国家级非物质文化遗产代表性项目后，茶汉扣文、苏克、尼玛三位艺人分别被认定为国家级代表性传承人，现茶汉扣文、苏克两名传承人已故。

① 跃进：《柴达木民间文化》，西宁，青海人民出版社，2012。
② 乌希勒：《记忆中的史诗：〈汗青格勒〉》，载《世界遗产》，2014（5）。
③ 斯·窦步青：《肃北蒙古族英雄史诗》（蒙古文），1～159 页，北京，民族出版社，1998。

二、青海蒙古族格斯尔传说

《格萨（斯）尔》是中国"三大英雄史诗"[①]之一。蒙古族《格斯尔》与藏族《格萨尔》统称为《格萨（斯）尔》。《格萨（斯）尔》于 2006 年被列入第一批国家级"非物质文化遗产代表作名录"，2009 年被列入联合国教科文组织"人类非物质文化遗产代表作名录"。2017 年 12 月，《青海蒙古族格斯尔传说》被列入青海省第五批级非物质文化遗产代表性项目名录。它是跨国界、跨民族、跨区域传播的史诗，主要流传于我国藏族、蒙古族和土族聚居区以及蒙古、俄罗斯、巴基斯坦、尼泊尔等国家和地区。其中，蒙古族《格斯尔》传播于我国内蒙古、青海、新疆等地的蒙古族聚居区以及蒙古和俄罗斯的卡尔梅克、布里亚特、图瓦等共和国。安定世界、降伏妖魔、抑强扶弱、造福百姓、保护美丽家园是《格萨（斯）尔》传达的主题。它是族际文化互动、国际文化交流和人类文化多样性的鲜活例证。

流传在青海德都蒙古中的《格斯尔》的版本有都兰县诺木洪乡艺人诺尔金所讲的十章《格斯尔》，还有德令哈市畜集乡胡亚克图所讲的九章《格斯尔》。这两部《格斯尔》内容丰富，艺术性强，是德都蒙古中流传下来的《格斯尔》英雄史诗的代表性作品，对研究格斯尔原型具有一定的参考价值。除此之外，在德都蒙古还有与《格斯尔》有关的很多民间传说。

笔者就《格斯尔》与《格萨尔》的关系问题访谈海西民间文化研究专家跃进老师时，他回应："蒙古族《格斯尔》和藏族《格萨尔》的关系问题方面，学术界一直有不同的看法。有人说《格斯尔》从《格萨尔》翻译而来；有人说《格斯尔》有最早的刊行本，因此《格萨尔》是《格斯尔》的变体；有人说二者是同源异流的史诗。目前，大部分学者接受'同源异流说'，但这个'源'在何方，大家尚未取得共识。"[②]蒙古族《格斯尔》与藏族《格萨尔》具有同等重要的地位。1959 年，毛泽东主席接见了蒙古族《格斯尔》艺人琶杰。

---

① 中国"三大英雄史诗"是指藏族和蒙古族民间说唱体长篇英雄史诗《格萨（斯）尔》、蒙古族英雄史诗《江格尔》和柯尔克孜族传记性史诗《玛纳斯》。

② 笔者于 2019 年 5 月 18 日访谈跃进老师时获得。

2019 年 7 月 15 日，习近平总书记在内蒙古赤峰市考察工作期间观看了蒙古族《格斯尔》史诗传承人的演唱，并对他们说："你们的演唱很神奇，让我们感受到历史的声音，我心里充满了一种敬重。少数民族的三大史诗非常了不起，非常伟大。56 个民族不断地交流、交融，形成了多元文化的中华民族。我们是一个历史悠久、文明没有断流的民族，我今天来看一看你们，听你们的演奏演唱，就是要表明党中央是支持扶持非物质文化遗产的。"①

三、蒙古族祝赞词

蒙古族祝赞词是蒙古族古代民间诗歌的一种，蒙古语称"伊若勒"，它源远流长，对蒙古族民间文学有深远的影响。青藏地区的蒙古族人民在不同的历史时期，以自己的艺术天分和创作才能，创造了既具本民族风彩和情调，又具浓郁青藏高原特色的歌谣。祝赞词是青藏地区蒙古族民间文学中的一个重要的组成部分，是一种极为典型的民间文艺形式，种类繁多，内容丰富，语言具有强烈的艺术感染力，集中反映了高原蒙古族人民热爱生活、追求美好的人生态度。作为一种别具一格的民族文学形式，经过代代相传、演变、发展，展现出旺盛的生命力，从内容到形式，形成蒙古民族经典的说唱艺术，成为珍贵的口头文化遗产。蒙古族祝赞词充分体现了蒙古族人民群众的智慧及蒙古族民间文化的魅力。祝赞词通过诸多民间艺人的发挥，不断增加新内容，不断得到充实与发展，所涉及内容越来越广泛、越来越丰富。祝赞词多在节庆、盛会之际由专人吟诵，蒙古语尊称他们为"伊若勒齐"，意为"善于辞令的祝诵者"（图 3-1）。吟诵者可能是德高望重的长辈，也可能是擅长吟诵的专门人士。祝赞词使用的场合较多，如各种节日、婚礼、剪发礼、蒙古包落成、洗礼等，对于与人的一生相关的事物和行为都赋予了美好的祝愿，因此就有了"洗礼赞词""剪发礼赞词""婚礼赞词""祝寿赞词""蒙古包赞词""祭火祝赞词""巴彦松祝赞词""图讷格陶格塔和祝赞词"，等等。祝赞词不一定讲究严格的韵律，但它具口传文学的特点，朗朗上口，舒展流畅，具有一定的套式和吟诵曲调，表达美好的祝愿，尽情抒发赞美之情。目前，

---

① 习近平总书记 2019 年 7 月 15 日赴内蒙古自治区考察调研时的讲话。

青海海西州、海北州及甘肃肃北蒙古族自治县等地区的蒙古族群众在节日及盛会上仍旧传承着这种独特的民俗文化。肃北蒙古族自治县"蒙古族祝赞词"于 2011 年 3 月入选甘肃省第三批省级非物质文化遗产代表性项目，2021 年 6 月被录入第五批国家级非物质文化遗产代表性项目名录。"海晏蒙古族民间颂词"于 2007 年入选青海省第二批省级非物质文化遗产代表性项目。"德都蒙古巴彦松祝词"于 2017 年入选青海省第五批省级非物质文化遗产代表性项目。

图 3-1　巴音松仪式（笔者摄）

在众多祝赞词中，《巴彦松祝赞词》是仅流传于甘肃肃北、青海蒙古族地区的特殊口头祝词，是目前该地区少数活态民间口头传统文化之一，是德都蒙古民间文学三个顶峰之一。"巴彦"是蒙古语，有"富裕"之意。"松"是一种"酒坛"。"酒坛"口的四周要沾酥油，在里面盛满白酒并放置一把系白色哈达的勺子，蒙古族崇尚白色，认为白色是吉祥、圣洁、长寿和善良的象征。酒坛里盛满的酒即"巴彦松酒"，象征着生活像海水一样宽广富饶，其用意就是希望人们的美满生活像海水一样取之不尽用之不竭，并祝福人们的生活越来越富裕、越来越幸福。据老艺人解释："原来在一般百姓小宴席上不许吟唱'巴彦松祝赞词'，在汗、诺颜亲自莅临的重大朝政仪式上，由专门的吟唱祝词者吟唱'巴颜松祝赞词'。后来，随着社会的不断发展，人民生活水平的提高，原在重大朝政仪式和各部落盟会上吟唱的'巴彦松祝赞词'才流传到民间祭祀活动及家庭宴席中"。"巴颜松祝赞词"必须要在"松"仪式①上由"伊若勒齐"吟诵。"巴颜松祝赞词"的仪式还有一个不能忽略的条件是必须备全羊席，若没有全羊席不能举行"巴颜松祝赞词"的礼仪。以下选取跃进老师在他的《青海海西蒙古族风俗文化》一书中翻译的一段"巴颜松祝赞词"②：

> 祝愿太平吉祥，
> 拥有苍发的父汗，
> 拥有慈爱的母后，
> 有梭梭木般坚固的政权，
> 有檀香木般的繁荣！

发掘、抢救、保护青藏地区蒙古族民间祝词和赞词具有重要意义。首先是学术价值。作为一种蒙古族特有的文艺形式，祝赞词文化的历史地位和艺术价值不容置疑。发掘、抢救和保护这一传统文化，对丰富和完善少数民族民间文化将产生一定的推动作用。其次是研究价值。发掘、抢救、保护少数民族民间文化艺术，不仅对全国精神文明建设具有促进作用，而且对于研究青藏地区蒙古族的生产发展史具有非常重大的意义。

青藏地区蒙古族口头文化遗产除了以上这些文化遗产外，还有民间故事、谚语、谜语、绕口令等文学遗产，有的已列入非物质文化遗产名录，有的正

---

① "松"仪式：在各种大型宴席上，在宴席上方的桌子上放置一个盛满白酒的大锅或大盆，盆的四周涂上酥油，请专门的祝颂家来进行这个仪式。祝颂家手执把柄系有白色哈达的长勺，一边舀动盆中酒，一边祝颂"巴颜松祝赞词"。祝颂完毕后祝颂家用长勺向碗内斟酒，递给主人，主人向客人一一敬献。当所有客人都喝过松酒后，主人便向酒盆里撒进一把青稞，并盖上盆盖。这就是"松"仪式。
② 向其布吟诵，查干巴特尔记录，跃进翻译。

在申报中，如辉特美日根特木尼的传说、青海蒙古族格斯尔传说两个省级非遗代表性项目，昆仑山的传说、金子海的传说、海西蒙古族祝词、额尔斯日巴特尔、布仁汗的台吉木额尔登、呼尔乌力格尔、德都蒙古民间谚语、骑三岁黑马的布克吉尔格勒、巴德尔汗台吉传、青海蒙古族方言、却图汗的传说、茶卡蒙古语、大柴旦蒙古族祝赞词、特布德昭的落成等多项州级非物质文化遗产代表性项目。

第二节　表演艺术文化遗产

联合国教科文组织的《保护非物质文化遗产公约》将非物质文化遗产分为五类，其中一类就是"表演艺术"，是指在各种社会活动中的表演实践及专门知识。它与《中华人民共和国非物质文化遗产法》中的第二条所提出的非物质文化遗产范围中的第二类——传统美术、书法、音乐、舞蹈、戏剧、曲艺和杂技等类似，因此，本书将其概括为表演艺术文化遗产。

一、蒙古族民歌

民歌是蒙古族民间歌谣发展的艺术巅峰。独具草原风格的蒙古族传统音乐和口承诗歌的结合，形成了蒙古族民歌这一完美的艺术形式。[①] 青藏地区蒙古族生活在平均海拔3000米左右的高原，奇特的地形地貌造就了其与众不同的青藏地区蒙古族民歌，具有独特的高原风采。青藏地区蒙古族民歌以声音舒缓自由、曲调悠扬舒畅而闻名，广泛流传于青海省海西州及甘肃省酒泉市肃北蒙古族自治县肃北县，生动地反映了青藏地区蒙古族的历史遗存、风土人情等。青藏高原蒙古族民间文学中民歌的数量多、种类丰富，既有欢乐之歌，也有悲伤而悠扬的曲调。青藏地区蒙古族民歌有别于其他地区的蒙古族长调，这里的蒙古族长期在青藏高原从事畜牧、狩猎等生产活动，创造出

---

① 跃进：《柴达木民间文化》，68页，西宁，青海人民出版社，2012。

许多具有本地区鲜明民族色彩、独具风格的民歌，歌词印证了青藏地区蒙古族游牧、迁徙的历史。不同的场合有不同主题的歌曲，如在盛大喜庆的聚会上首先要唱"颂政三首歌"，然后再唱"宗教三首歌"，最后唱"宴会三首歌"。还有婴儿洗礼、剪发礼、青年婚礼等仪式上所唱的歌曲，放牧时唱的歌曲、挤奶打酥油时唱的歌曲、狩猎远征时所唱的歌曲等。还有悠扬动人的驼羔之歌，即蒙古族女子用温柔的声音通过悠扬感人的旋律唱出小驼羔对母爱的渴求，一直唱到母驼流着眼泪去喂养它的孩子为止。由此可见，青藏地区蒙古族民歌内容丰富、涉及面广，充分反映出劳动人民的生产经验、生活习俗、思想感情，在不同的民俗活动中有不同的歌曲，所以它具备了规范性特征。这些民歌在曲调和演唱方式上还保留着13—14世纪蒙古族民歌的特征。演唱方式具有群众性和广泛性的特征，男女老少都会唱。

青藏地区蒙古族民歌不仅是整个蒙古族民歌中独具特色的典型代表，而且是中国民歌艺术的重要组成部分。发掘、抢救、保护青藏地区蒙古族民歌，对研究当地蒙古族历史文化有着非常重要的参考价值，同时，它又是青藏地区蒙古族人民崇高精神境界和美好心灵的自我彰显，也是他们赖以生存、发展、鼓舞自己、教育后代的重要精神养料和动力，反映了对美好生活和美好未来的追求，同时也倾诉了最纯真的理想和精神世界。2006年11月，蒙古族民歌被入选为青海省"省级非物质文化遗产代表作名录"，2014年8月被入选为"第四批国家级非物质文化遗产代表性项目名录"。

二、蒙古族木雕

蒙古族木雕艺术的历史悠久，源远流长。很早以前，蒙古人在北方大草原用木材制作生产生活用具。在长期的生产实践中，蒙古人将木材的加工制作艺术化，由此出现了木雕艺术。青海海西蒙古族木雕是蒙古族民间艺人在长期观察生活的基础上制作而成的，与蒙古族的生活、美学相一致。木雕所展现的大多是蒙古族生活元素，有人物造型，如成吉思汗、忽必烈等历史英雄人物；有动物造型，如牛、羊、马、骆驼、狗、猫等；有生活生产用品，如挤奶桶、水桶、木碗、板凳生产生活用具；还有各种具有民族特色的娱乐用具，如达罗牌、蒙古象棋等。海西蒙古族木雕技法多采用圆雕与线刻刀法相结合的艺术手法。尤其是在雕刻动物时，圆润的刀法使雕刻的动物显得写实丰满、雄健有力，鬃毛、尾部等用线刻的手法表现，增加了动物的灵动感，同时，在写实的基础上适当运用夸张的手法，突出动物凶猛有力的形象，凸显蒙古民族的审美观。

图 3-2　蒙古族木雕（木雕艺人丹德尔提供）

图 3-3　蒙古族木质工具（木雕艺人丹德尔提供）

海西蒙古族木雕造型奇特，不易变形、腐朽，可以永久保存，且花纹清晰，色泽鲜艳。木雕工艺包括浮雕、圆雕和根雕，表现手法浑厚、简练，构思精巧，内涵深刻，具有独创性，充分反映出作者的审美观念、艺术方法和艺术技巧，形成粗犷奔放和优雅细腻并存的独特的艺术效果。2009年9月，蒙古族木雕入选青海省第三批省级非物质文化遗产代表作名录。

三、蒙古族刺绣

蒙古族刺绣是蒙古族人民在长期的生产生活中形成的一种手工技艺。刺绣，蒙古语为"哈塔戈玛拉"。据有关文献记载，早在13世纪下半叶之前，蒙古人就在生产生活中很注重刺绣艺术，并且应用的范围也广。蒙古族的祖先结合本民族特色和地区特点，创造了满足本民族群众需要的衣冠靴帽和器皿家具，很多蒙古族女性从小就会刺绣。蒙古族刺绣在漫长的岁月中成为蒙古族服装的重要装饰，主要用于袖口、衣襟、腰带、帽子、辫套、靴子及烟袋、荷包、针包等用品上。青藏地区蒙古族刺绣由于地域、习俗等关系，在刺绣针法和色彩搭配上有其独到的地方。从刺绣的针法上看，蒙古族妇女刺绣时所用的顶针与农耕民族劳动妇女所用的顶针不同。蒙古族的刺绣艺术以凝重质朴取胜，粗犷匀称的针法、鲜明的对比色彩，给人以饱满充实之感，有很强的民族特色，别具一格。

很久以前，青藏地区蒙古族各部落都有很多的巧妇，她们给当地的王公贵族绣制衣服及生活用品。在青海蒙古族谚语中，有"美丽的雪鸡是雪山的骄傲，手巧的闺女是家庭的骄傲""男人以身体强壮为荣，女人以心灵手巧为荣"等说法，在劳动和生活中出现了许多巧媳妇。[①] 刺绣是青藏地区蒙古族妇女世世代代传承下来的手工技艺，常见的刺绣图案和技法主要有练羊图案、绕针、纳绣、腭纹图案的刺绣、抠花刺绣等十几种。比较有名的蒙古族妇女服饰，如"才格德格"，从头到尾都是用手工刺绣出来的。蒙古族刺绣的针法主要有"盘绣"和"双盘绣"两种。[②]"盘绣"，蒙古语称"足吾窝绕赫"，主要特点是用两根线进行刺绣，一根线在面料的上方绕着缝针走，另一根线串在缝针上随针上下穿行并压住绕线起到固定的作用。"盘绣"所用的两条线必须是同一种颜色，这样绣出来的花纹干净利落，没有杂色，比较好看。"盘绣"

---

① 跃进：《青海海西蒙古族风俗文化》，93页，西宁，青海人民出版社，2009。
② 跃进：《青海海西蒙古族风俗文化》，93页，西宁，青海人民出版社，2009。

的方法一般用在装饰服装的领子、袖子、前襟、下摆边缘等部位，所绣图案均为一些抽象的吉祥花纹。"双盘绣"，蒙古语称为"沙格拉沙格拉赫"，有的地方也称"西兹日尕"，是盘绣的一种扩展形式，针法更复杂，也更巧妙。"双盘绣"的绕线围绕着缝针分左右两个方向绕行，呈"8"字形，串在缝针上的线则左一针、右一针地前行，针脚距离可以宽，也可以窄。这样绣出来的花纹较宽，立体感也较强。当然，除了这些规范的针法之外，也有不同颜色、不同图案的搭配。

图 3-4　海西蒙古族刺绣（乌席勒摄）

青藏地区蒙古族刺绣是蒙古族共同的精神财富和文化遗产，充分体现了青藏地区蒙古族人民的审美意识，同时也表达着他们对美好生活的无限热爱和追求。作为中华民族优秀文化的一分子，蒙古族刺绣也是中华民族大家庭文化交往交流交融的生动体现。近年来，在文化与旅游融合的推动下，蒙古族刺绣除了出现在传统民族服饰上，还绣在荷包、靴子、枕头等物件儿上，作为手工艺品走创新性发展、创造性转化之路。2013 年 11 月，蒙古族刺绣被青海省批准为第四批"省级非物质文化遗产代表性项目"。

四、蒙古族长调音乐

长调是蒙古族民间歌曲中的一朵奇葩，其历史源远流长，是蒙古族人民在千百年来的游牧生活中自然形成的一种草原独有的音乐形式。[①] 据有关历史记载，蒙古族长调的演唱方式，具有13—14世纪蒙古族民歌特征，且演唱方式具有群众性特点，男女老少皆可唱。种类有颂政歌、宗教歌、婚礼歌、赞马歌、英雄歌、敬酒歌、赞歌等，根据不同的场合选择不同的歌曲。其中有些长调歌曲比较庄严肃穆，一般在正规场合才能演唱，如"颂政三首歌""宗教三首歌""宴会三首歌"等。

图3-5　青海省蒙古族长调省级传承人国卫（乌希勒摄）

青藏地区蒙古族长调以音调高亢、节奏自由、气势宽阔、内容丰富、旋律起伏明显、意境深沉悠远、音调绵长开阔为特点。最早的长调以歌唱草原、赞美骏马为主要内容。随着长调的发展变化及功能上的广泛扩展，青藏地区蒙古族长调的种类更多，形式更加多样。蒙古族长调具有独特的发声技巧，

---

① 毛蒙根娜：《肃北"非遗"雪山蒙古长调调查研究》，载《黄河之声》，2020（22）。

主要是通过气息调控某些相关部位的动作，从而发出一种颤音式的装饰性效果，这种人为的颤音蒙古语称为"诺古拉格"①。青藏地区蒙古族长调旋律的独特性主要表现为节拍的多样性和节奏的自由性，其悠长而舒缓的旋律与广阔草原和巍峨雪山的博大天然合为一体。因地域的不同和演唱者的差异，长调形成了众多的风格，所以，长调常"附着"在传承人的身上。

青藏地区蒙古族长调民歌具有蒙古高原风情和青藏高原风情相结合的特点，曲调长，歌词多，大多数歌曲都有固定的结尾句。长调民歌具有一定的民族学、音乐学和历史学的价值，通过长调能够了解当地人民的民族历史、民风民俗等，具有一定的历史渊源及丰厚的历史底蕴。同时，长调歌曲具有一定的艺术价值，它是当地蒙古族民间音乐中的一颗璀璨明珠，需要具备一定的文学知识、音乐素养、嗓音条件才能演唱，这就使得长调的传承面临困难，导致长调民歌手趋于老龄化。因此，"青海蒙古族长调音乐""肃北蒙古族长调"两项非物质文化遗产项目分别被青海省和甘肃省批准为省级非物质文化遗产代表性项目。青海蒙古族长调于2009年9月被批准收入青海省第三批省级非物质文化遗产代表名录。肃北主要以雪山卫拉特蒙古族长调著称，蒙古长调在肃北草原世代相传，约有1000多年的历史。肃北蒙古长调数量是我国蒙古族聚居地最多的，也是目前整个蒙古族长调中保留最完整、数量最多的长调系统。这些舒缓自由的歌曲中包含着肃北地区蒙古族历史、生活，体现出他们对天地的敬畏、对万物生灵的感恩，具有多样性、广泛性、丰富性、独特性特点。2017年2月，肃北蒙古族自治县蒙古族长调入选甘肃省第四批省级非物质文化遗产代表性项目名录。

第三节　民俗文化遗产

民俗文化是依附民族生活习惯、情感信仰和生存环境而约定俗成的文化，

① 刘永福：《略述蒙古族"长调"民歌的艺术特色》，载《音乐探索（四川音乐学院学报）》，2005（2）。

是民族精神的重要载体，也是民族文化的主要组成部分。民俗类非物质文化遗产主要是各民族民间节庆礼仪活动和文化空间，对人们的行为具有规范和引导作用。青藏地区蒙古族在长期的生产生活实践中创造了丰富的民族文化，民俗文化遗产内容丰富多样。

一、那达慕

那达慕作为蒙古族传统节日盛会由来已久，源远流长，起源于蒙古族的祭敖包。那达慕，蒙古语意为娱乐或游艺，它是蒙古族最为重要的传统节日，其节日主题以蒙古族传统游牧文化和民间信仰为基础，逐渐演化为集体育竞技、交际娱乐、服饰、饮食、歌舞、仪式等内容于一身的盛大集会，成为民族文化传衍、交流的重要途径和载体。[①]节日的产生与历法、生产生活、宗教祭祀等因素息息相关，是民族集体智慧的结晶，也是情感维系、共同记忆的表现。青藏地区蒙古族那达慕起源于青海蒙古族二十九旗的祭祀活动——祭海，祭海起源于唐代天宝十年（751 年），当时皇帝册封青海湖神为"广阔公"，并派遣使臣礼祭。后来逐渐发展为群众性集会。每年农历七、八月间，在牧草繁茂、牲畜肥壮的季节里举行那达慕。大会主要内容包括传统的赛马、摔跤和射箭比赛，俗称男子三项"那达慕"。在《蒙古秘史》《成吉思汗石文》等文献和青海蒙古族民间故事、英雄史诗中，都有对男子三项"那达慕"的描述。在长期的历史进程中，蒙古族群众继承和发扬民族优秀文化传统，不断丰富和发展那达慕大会的活动内容。如今，青藏地区蒙古族那达慕除了进行男子三项竞技外，还增加了赛骆驼、蒙古象棋、鹿棋、民间手工艺、服饰、祝词、说唱、诗歌、民歌、拉利（情歌）、都吾尔（抛石打鞭）、达罗牌表演、书法、摄影、骏马装饰等活动和比赛项目，使那达慕大会的规模更大，内容更加丰富多彩，具有时代特征，已发展成为一种集祭祀庆祝、体育竞技、文化娱乐、商品交流为一体的区域性盛会。

---

① 贺喜焱：《"那达慕"的传承与创新研究——以青海省海西州"那达慕"为例》，载《青海师范大学学报》，2014（5）。

图 3-6　海西州那达慕

图 3-7　那达慕大会上的民间工艺品展示

　　那达慕作为蒙古族传统民俗文化活动，深受广大蒙古族人民喜爱，是一项群众性娱乐活动，具有广泛、深刻的文化内涵。随着蒙古族历史文化的进一步弘扬与发展，那达慕盛会展现出现代社会风貌和崭新的时代精神，民族传统文化与现代文化交汇融合产生了新的文化空间。那达慕盛会对传承民族传统文化，培养民间文化继承人有着不可估量的作用。2008 年 6 月，那达慕入选第二批国家级非物质文化遗产代表性项目名录，确定了青藏地区蒙古族那达慕的发展前景和传承地位。

二、蒙古族服饰

蒙古族服饰在蒙古民族各部落间有鲜明的区别，又有整体的统一性。历代蒙古族人民在长期的生活和生产实践中，发挥自己的聪明才智，并不断吸收兄弟民族服饰的精华，逐步完善和丰富了自己民族传统服饰的种类、款式风格、面料颜色、缝制工艺，创造了许多精美绝伦的服饰，为中华民族的服饰文化增添了灿烂的色彩。[①] 青藏地区蒙古族服饰与内蒙古、新疆等其他地区的蒙古族服饰相比，有其独特的风格，是在卫拉特蒙古服饰原有款式的基础上创新和改进的。由于青海蒙古族及肃北蒙古族生活在多民族聚居的地方，多元文化元素的自然融合互补，造就了青海及肃北地区蒙古族服饰最显著的特点。这些传统服饰反映了草原游牧民族独特的审美意向和审美追求。青海海西蒙古族服饰，不但在服饰种类、款式风格、面料色彩等方面有新的发展变化，而且在缝制工艺方面形成了独立的裁剪工艺、缝纫工艺、刺绣工艺、镶边工艺、图案工艺和扣襻尔工艺。海西蒙古族服饰艺术主要表现在服装、鞋帽以及实用品的装饰上。从服饰到服饰刺绣图案，以其独特的艺术形式展现了蒙古族妇女精湛的技艺和蒙古族服饰的无穷魅力。青海蒙古族生活在多民族聚居的地方，由于地理环境、气候条件、文化因素的影响，形成了独特的民族服饰文化，以其鲜明的民族风和地区特色闻名于世，具有极高的艺术欣赏价值。服饰和服装是海西蒙古族鲜明而独特的存在标识，蕴含着丰富的文化意蕴。2009 年 9 月，海西蒙古族服饰制作技艺入选青海省第三批省级非物质文化遗产代表作名录。2021 年 6 月，入选第五批国家级非物质文化遗产代表性项目名录。

---

① 　皓日瓦：《蒙古族服饰》，载《老年世界》，2018（12）。

图 3-8　德都蒙古服饰

　　甘肃肃北蒙古族自治县蒙古族服饰在很大程度上与青海海西蒙古族服饰类似，被称为"雪山蒙古族服饰"。肃北蒙古族居住的祁连山地区是各民族交融、共处的地域。相同的宗教信仰、相似的生产生活方式、相近的自然地理环境使得肃北蒙古族在服饰风格和制作上吸收了藏族服饰的精髓，这一点尤其反映在肃北蒙古男子长袍上，在风格、款式、穿着方式等方面都与邻近青海省的藏族男子的藏袍有着相似之处。肃北蒙古族长期以来生活在高寒山区，过着逐水草而居的游牧生活，其服饰多取材于动物皮毛，具有较强的防寒作用，风格粗犷豪放。肃北蒙古族服饰以材料考究、工艺复杂、色彩鲜艳等特点有别于内蒙古地区的蒙古族服饰。[①] 肃北蒙古族服饰种类和款式多样，有"德吾勒"（皮袍）、"凯木勒格"（毡袍）、"乌其"（吊面袍）、"拉布西格"和"特尔勒格"（普通袍子）、"次格德格"（长坎肩）、夏格拉特长袍等。肃北地

――――――――――
① 　徐犀：《甘肃肃北蒙古族传统服饰制作工艺的田野调查》，载《艺术探索》，2014，28（4）。

区的蒙古族认为帽子是和衣服同样重要的装束。肃北蒙古族传统的帽子种类有"扎拉图马拉嘎"（红缨尖顶帽）、"布拉干玛拉嘎"（貂皮帽）、"套尔次格"（老年人夏季戴的帽子）、"特格日古勒"（冬季戴的帽子）等，此外还有凉帽、毡帽、毛线帽子、头巾等。德都蒙古族服装还有很多配饰，无不体现出蒙古族男女庄重、华丽的修饰理念。例如，蒙古族妇女戴的辫套，蒙古语称"乌斯奈格尔"，是用黑布面红布里制作，两头嵌有织棉，绣有各种图案花纹，下端缀双红缨或黑缀，两条辫套正面各嵌有图案精致的圆形银牌六至八枚，若无银牌，则用丝线刺绣代替；护身符，藏语名称"嘎吾"，是佩戴式的佛龛；还有以红色珊瑚、绿松石、琥珀等宝石串联而成的项链及金银耳环（艾格木克），等等。蒙古族成年男子除着装外，还佩带火镰、餐刀、鼻烟壶、褡裢、哈不塔格（碗袋）、嘎吾（护身符）、烟袋套、耳环、手镯和戒指等佩饰。

图 3-9　未婚女子的辫套（丹德尔提供）

　　总之，肃北蒙古族服饰讲究色彩鲜艳、线条流畅的镶边装饰，用传统的图案做装饰，体现出图案与颜色协调、统一，同时表现出他们对自由、和谐、幸福的渴望，形成装饰与实用结合的艺术形态。2008 年 6 月，肃北蒙古族服饰被收录为第二批国家级非物质文化遗产代表性项目。

三、蒙古族婚礼

青海海西蒙古族实行一夫一妻制，且有着同一个血统不婚、同一个氏族间不婚，以及姑舅亲表兄妹之间不婚的习俗，如果通婚，必须超过血缘关系的第七辈。这些限制防止了蒙古人近亲结合，使其种族兴旺昌盛。[①]

图 3-10　青海蒙古族传统婚礼（英木措提供）

海西蒙古族婚礼包括婚前事宜、婚礼仪式、揭幕仪式三大步骤。婚前事宜包括提亲、定亲、送"佐撒"礼、摇晃蒙古包之礼等。其中定亲是婚俗中重要的程序之一，由男方的父母及亲属带上哈达、酒、鲜奶等礼物前往女方家商议聘礼和婚期，在整个订婚过程中，女方舅舅担任重要角色，具有很高的权威。在当地民间有"人的源头是舅舅，水的源头是泉水"的谚语，这源自早期的母系社会，海西蒙古族普遍遵守这个传统习俗。婚礼仪式包括迎新娘、途中歇饷礼、结婚典礼仪式、新房拜佛和祭火仪式等。揭幕仪式是婚礼的最后一个程序，在结婚的第三天，把新郎、新娘的父母、亲属及近邻请到新人家中举行这个仪式。仪式由长者主持、新郎、新娘坐在中长幕后，请一

---

① 跃进：《青海海西蒙古族风俗文化》，106 页，西宁，青海人民出版社，2009。

位年高德隆的老人"揭幕祝词"。

图 3-11　青海蒙古族传统婚礼（英木措提供）

　　海西蒙古族婚礼，一方面受到传统婚姻观念的影响，保留着很多古老的、传统的婚俗及蕴含其中的文化；另一方面，随着时代的发展，海西蒙古族接受新的婚姻观念，形成了具有本民族经济、文化特点的婚姻家庭关系。研究和记录海西蒙古族婚礼对研究蒙古族历史文化、民间艺术具有极其重要的价值，对蒙古族优良品质和传统道德的传承和教育具有重要的作用，是蒙古族传统文化、习俗研究的重要补充，对人类学、民族学、民间文学的研究具有一定的学术价值和实用价值。2006 年 11 月，海西蒙古婚礼被批准选入青海省第一批省级非物质文化遗产代表作名录。2017 年 10 月，"肃北雪山蒙古族婚礼"被入选甘肃省第四批省级非物质文化遗产代表性项目。

四、蒙古族剪发礼

　　剪发礼是蒙古族"人生三宴"中第一大喜事，是作为蒙古民族生存状态与生存逻辑的凝聚点而存在的民间习俗。按照海西蒙古族习俗，孩子出生后不剃头，直到 3 岁才剃胎发。剪发礼，蒙古语称"敖尔波礼"。海西蒙古人认为，母亲给予孩子生命，婴儿的胎发是孩子血肉的一部分，具有神圣的意味，必须举行剪发仪式。剪胎发时，孩子的父母先要请喇嘛占卜，择定吉日，并邀请与孩子属相相合的人来做孩子的剪发贵人，并邀请亲朋好友及邻居等参加仪式。受邀的亲朋好友在剪发仪式上颂读祝词，献上哈达、绸缎，表达对孩子一生幸福的祝愿和对未来生活的坚强支持和鼓励。

图 3-12　蒙古族剪发礼（刚琴特尔提供）

剪发顺序大致是首剪、家剪、客剪。首剪必须是在太阳刚刚升起时，由孩子的舅舅或与孩子属相相合的年长者，即剪发贵人动第一剪。如果是男孩，则从右边开始剪，如果是女孩，则从左边开始剪，将剪下的一撮头发装入剪刀炳上的哈达结内。[①] 将哈达、绸缎、毛毯等礼物搭在孩子的脖子上，接着送孩子祝词，并许诺送他一只小白母羊等。首剪之后是家剪，即家庭成员依次各剪一撮，并向被剪发孩子表达祝福。而后是客剪，客剪由来客人中的长者先给孩子剪发，接着亲朋好友按年龄大小轮着剪。每人在剪去一撮头发时必须要给孩子念剪发的祝词，如果自己不会也可以由别人代祝，总之一定要把祝福用口传形式吟诵出来。

---

① 　跃进：《青海海西蒙古族风俗文化》，104 页，西宁，青海人民出版社，2009。

如有些剪发祝词：①

Om sanhan amegulang boletegai

吉祥如意！

Sare in sannege sakin kulaiji

期待着最好月份的来临

Sagelegre yiki zanden mode nabeqilehu ge kulaji

期待着茂密的紫檀枝叶盛开

Saihan olen elegin torele cugelerhuge kulaji

期待着众多的亲人相遇

Oederin sangi onjin kulaiji

期待着美好一天的到来

Oender yike zanden mode nabeqilehu ge kulaiji

期待着高大的紫檀枝叶盛开

Orgen yiki ared olen cugelerhuge kulaiji

期待着庞大的乡亲相聚

Jilin dmedke jiholengte oder

一年中的吉祥之日

Jiregel yiket geqin qini cugelersen oder

宾客如云般的一天

Sarin dmedke san oder

一月中的美好之日

Saihen yike elegen qini cugelersen oder

亲人欢聚一堂的一天

Aleten haiqin tailege naiji

打开黄金铸成的剪刀，

Anger honger orwo orbooji

剪去你灵气的胎发

---

① 林育生：《德都蒙古婚俗》（蒙文版），呼和浩特，内蒙古文化出版社，2014。

Am nasen qini urtetuhe boleteha!

祝你长命百岁！

Mengen haiqin tailege naiji

打开白银铸成的剪刀

Mengke hare orwo orbooji

剪去你乌黑的胎发

Menke yike nase ge zoglehu boletehaa!

祝你长命富贵！

Om sanhan amegulang boletegai

吉祥如意！

　　剪完胎发后，孩子的父母敬献"德吉""巴彦松"，设全羊席招待客人。剪发礼结束后，孩子父亲要带着孩子到前来参加剪发礼的亲戚家拜访，此时，亲戚们将在仪式上指认给孩子的牲畜送给被剪胎发的孩子。如今这个习俗在海西蒙古族中还保留着。

　　海西蒙古族剪发礼具备传承歌曲、祝赞词的重要作用，其传统的祝词和民歌的内容丰富，涉及面广，反映劳动人民的生产经验、生活习俗及长辈对晚辈的关心呵护和寄托等，蕴含着教育、哲理、思想等方面的艺术思维特征，对了解和研究青海海西蒙古族历史文化、民间信仰具有一定的史料价值和学术价值。2006 年 11 月，海西蒙古族剪发礼被批准列入青海省第一批省级非物质文化遗产代表作名录。

五、蒙古族祭敖包

　　"敖包"是蒙古族的重要祭祀场所，源于原始时代人们为找到聚居点所建筑的标志。[1] 在古代，蒙古人认为万物有灵，因而山川、树木、土地、火等都是崇拜祭祀的对象。其中以自然崇拜为其主要内容的祭敖包就是民间最普遍的祭祀活动。[2] 蒙古族信仰藏传佛教以后，祭敖包仪式也融入了藏传佛教的内

---

[1]　跃进：《柴达木民间文化——海西州非物质文化遗产》，西宁，青海人民出版社，2012。

[2]　高娃：《论蒙古族传统体育的起源》，载《内蒙古师范大学学报（哲学社会科学版）》，2008（1）。

容，如写祭祀敖包的经文，使敖包成为佛教活动的组成部分。在藏传佛教的影响下，敖包的建筑及祭祀仪式也增添了很多佛教色彩。

图3-13　祭敖包（那音太提供）

蒙古族的祭祀可能源于古代的祭山，没有山或离山较远的地方，人们就"垒石像山，视之为神"。这种山只是"像山"，不是自然的山，是人用石头堆起来的，所以蒙古语称"敖包"，意为"堆"。[①]蒙古族祭敖包的仪式一般在农历五月中旬举行，有的在六月上旬举行，有的则在秋季举行。海西蒙古族通过"祭敖包"保留了自己独特的传统文化，也融入了风土人情、生态保护意识、和谐理念及竞技比赛、群众文化、生产生活技巧等内容，不断丰富牧民群众的文化生活，是庆祝丰收成功、祈祷风调雨顺的盛会。海西蒙古族敖包祭祀、庆典习俗因其文化特色及其不断发展的活态形式，于2007年4月被批准列入青海省第二批省级非物质文化遗产代表作名录。

六、蒙古族民间祭火

祭火神是蒙古族最古老的祭祀活动之一，也就是祭祀火神及灶神。蒙古族人认为，火是纯洁的象征和神灵的化身，火神、灶神是氏族、部落和家庭

①　高娃：《论蒙古族传统体育的起源》，载《内蒙古师范大学学报（哲学社会科学版）》，2008（1）。

的保护神，也是赐予人们幸福和财富以及人丁兴旺、传宗接代的希望。① 青海蒙古族一般是在正月各家各户祭火，集体祭火一般在农历腊月二十三举行。祭奠火神时需要准备一些供品，如羊胸叉、奶食品、酒等。到了掌灯时分，要在灶膛内填入红柳根、香柏片，上面盖干牛粪，将灶火点燃，并对着火焰向火神祈福。民间祭火仪式体现了蒙古族的生活状况、行为方式等方面的重要特点。蒙古族祭火源于萨满教，因此，它又是原始宗教信仰的一种遗俗，蒙古族民间祭火习俗仪式为研究蒙古族历史、宗教、民俗等提供了非常宝贵的非物质文化遗产原始资料。2009 年 9 月，"海西蒙古民间祭火"被批准列入青海省第三批省级非物质文化遗产代表作名录。

图 3-14　西宁蒙古族祭火仪式

七、德都蒙古全席

德都蒙古历史文化彰显着青藏高原深厚的文化底蕴。德都蒙古在长期的游牧生活中形成了独具特色的蒙古族饮食文化。"德都蒙古全席"是青海蒙古族最古老、最隆重的宴席，一般只在盛大聚会、隆重宴会、接待贵宾、节庆婚庆时摆设。德都蒙古一直保留着祭天、祭地、祭祖先的古老习俗，祈求苍

---

① 荣丽贞：《蒙古族的祭灶祭火习俗》，载《内蒙古社会科学（文史哲版）》，1988（6）。

天平安、大地平安、人畜平安。"德都蒙古全席"是德都蒙古最具代表性的饮食习俗，有着自己独特的历史背景和文化内涵，保留着较为完整的蒙古族宫廷习俗。"查干伊德"（白食）为主的"德都蒙古全席"是德都蒙古习俗文化的最高境界，是蒙古族"宫廷盛宴"习俗的"活化石"。"三拜"（拜天、拜地、拜祖先），全席"三颂"（巴彦松颂词、全羊赞词、托闹格祝词），全席"三歌"（颂政歌、宗教歌、宴会歌）是"德都蒙古全席"重要组成部分。"德都蒙古全席"综合了德都蒙古三大宴席，即须弥尔席（白食盛宴）、全羊席（红食盛宴）、托德席（素食盛宴）。

图 3-15　德都蒙古全席（海西州文化馆提供）

"德都蒙古全席"完整地保留了蒙古族原生态文化，对研究蒙古族历史、宗教、文学、艺术等具有重要的价值，具有鲜明的民族特色和地方特色。因此，在打造"德都蒙古全席"品牌、促进文化旅游产业发展方面有着很高的社会价值和经济价值。2013 年 9 月"德都蒙古全席"被批准列入青海省第四批省级非物质文化遗产代表性项目，2021 年 6 月被列入第五批国家级非物质文化遗产代表性项目名录。

八、蒙古族"查干萨日"（春节）习俗

蒙古族把春节称为"查干萨日"（意为白月），是蒙古族最重要的传统节日，相当于汉族的春节和藏族的藏历新年。蒙古族认为，白色代表事物的开端和源泉，崇尚白色，把它作为美好和吉祥的象征。

从腊月开始，蒙古族群众家家户户宰羊宰牛、打扫卫生、缝制新衣、准备年货。大年三十是最忙碌的一天，白天要炸油饼，也叫"吉祥馍"，这是祭天仪式，也是过大年的主要食物。晚上包饺子，而且邻居之间还要互送饺子，品尝各家年夜饭。包饺子时还要特意包几个馅内有许愿物的饺子，柏树叶象征"长命百岁"，青盐象征"多才多艺"，钱币象征"富有"，纸片象征"成才"，糖象征"甜蜜生活"。吃上包有许愿物的饺子就会非常欢喜，大家共同向他表示祝贺。

图 3-16　青海蒙古族献哈达拜年（英木措提供）

初一清晨早早起床，男女老少身穿节日盛装，女主人烧茶，并把新烧的年茶"德吉"拿来敬天、敬地、敬火神。男主人煨桑，为自家供奉的佛敬献供品、净水、点香，并磕头祈福。还要将一个烫净毛的羊头垫在蒙古包门槛上，叫"额日古陶鲁嘎扎胡"，即扳开羊颌骨，在羊头上放两个吉祥油炸馍，羊鼻孔插柏树枝，额头上划开三角加酥油，装饰好的羊头摆放在蒙古包

门头上，直到正月十五，象征着吉祥如意。接着，全家人互献哈达拜年，互敬德吉，品尝年茶。家里的拜年仪式结束后，开始去亲戚和邻居家拜年、饮酒、唱歌、喝"年茶"。过"查干萨日"时，牧民家家都要在桌上摆放"须弥尔""查嘎""德吉"奶食、油炸馍、糖果等。大年初一，不看病、不吃药、不吵架、不骂人、不说不吉利话。这些习俗，不仅在牧民家中一直保留，在城市的蒙古族家中也沿袭这一传统。

青藏地区蒙古族有着自己独特的历史背景和生活、生产方式。经过漫长的历史演变，产生了独特"查干萨日"（春节）习俗，代代相传，流传至今。2017 年 12 月，蒙古族"查干萨日"习俗被批准列入青海省第五批省级非物质文化遗产代表性项目。

九、德都蒙古"洗礼"仪式

德都蒙古婴儿洗礼习俗源远流长，是从古至今每一个德都蒙古人都必须经历的人生第一宴。德都蒙古婴儿洗礼起源时间早，是德都蒙古人生的第一个重大礼俗。1509—1559 年东蒙古进入青海，1636—1645 年西蒙古进驻青海，经过历史演变，产生了东、西蒙古融合的以西蒙古婴儿洗礼为主的德都蒙古洗礼习俗，因此，在德都蒙古洗礼赞词、祝词、歌谣中讲述的是迁移历史、英雄事迹等，而且德都蒙古婴儿洗礼每一首赞词、祝词和歌谣都以口耳相传的方式一代又一代地流传至今，每一个德都蒙古人家的洗礼仪式都相同，不分男孩女孩，不分富裕贫穷。

洗礼在新生儿脐带脱落后举行，要邀请主要亲属、近邻及"包吉额吉"（接生婆）参加，家人要宰羊准备宴席，客人均带上自己的祝福和礼物。洗礼开始，在盆中盛入温水，放少许盐和羊骨头汤以及柏树叶、羊踝骨、髌骨、跟骨、小白石头、小黑石头等，由婴儿的祖父或祖母、父母或"包吉额吉"为新生儿进行洗浴。用盐水洗，意味着婴儿像盐一样成为有利于他人的人，且盐能消炎，增强耐寒力。用带羊髌骨和跟骨的骨汤洗浴，祝福孩子长得结实。加入柏树叶寓意像柏树一样长命百岁，永葆青春，柏树叶还具有消炎作用。让婴儿用左脚踩（蹬）一下白石头，祝愿孩子像石头一样结实，用右脚踩（蹭）一下黑石头，祝愿孩子长大后战胜一切困难和邪恶。给孩子洗浴后，请喇嘛或长辈给其起名。起名后，来客观察婴儿的五官、体态后，用吉祥的语言祝福婴儿，并在婴儿的额头上抹上酥油，将带来的礼品敬递至父母手中，随后宴席开始。客人临走时，主人要向"包吉额吉"、乳娘等重要人物表达谢意，赠送哈达、茯茶等礼物。

德都蒙古婴儿洗礼具有珍贵的人类学、民族学、民俗学研究价值，德都蒙古婴儿洗礼深深扎根于德都蒙古生活习俗之中，是极具地方特色和民族特色的民俗活动。2017 年 12 月，德都蒙古"洗礼"仪式被批准为青海省级第五批省级非物质文化遗产代表性项目。

第四节　传统技艺及医药文化遗产

传统技艺遗产是非物质文化遗产的重要内容，也是非物质文化遗产与旅游融合发展的重要组成部分。作为活态性流变的蒙古族传统手工技艺是蒙古族民族气质和民族符号的代表。在青藏地区蒙古族聚居区分布着众多的传统手工技艺遗产，它们是在蒙古族人民日常生产生活中形成并历代相传，具有一定历史和文化底蕴的技巧和艺术，主要指蒙古族的建筑和手工技艺。传统医药是一个与现代医药相对应的概念，是历史上流传下来的医药经验和诊疗技术，是医药界不可多得的宝贵财富。青藏地区蒙古族有着丰富的传统技艺和医药文化遗产。

一、蒙古包制作技艺

作为游牧民族，蒙古族在历史上是一个逐水草迁徙的民族，在不断迁移的过程中产生了一种独特的居住方式——蒙古包。从蒙古包的制作材料和制作方式来看，它凝聚着蒙古民族的智慧与技艺。作为游牧民族，蒙古族生活在自然条件相对恶劣，夏天热、冬天冷、春秋多风的草原环境下，蒙古包能够满足蒙古族游牧生活的需要。蒙古包有很长的历史，古时候称蒙古包为"穹庐""毡帐"或"毡房"等。在不同历史时期和不同地区，蒙古包的制作和搭建方法有所不同，具有一定的地方特色。蒙古包是青藏地区蒙古族重要的生活用具。蒙古包易拆易装，便于搬迁，展现了蒙古族特有的建筑艺术，是游牧生活赋予蒙古人的生存智慧。

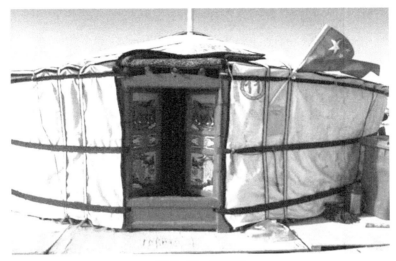

图 3-17　蒙古包

图 3-18　蒙古包内室

蒙古包的木架部分由天窗（蒙古语称"哈日亚次"）、顶杆（蒙古语称"乌尼"）、栅栏（蒙古语称"铁日莫"）、门四大部分构成。① "哈日亚次"（天窗）由六根八面弯木组成，接头胶粘，构成圆框，凿有与包顶杆数相同的方孔，并用驼皮条捆扎坚固，一般用较好的木头，如檀木或榆木制作。蒙古包"乌尼"（顶杆）是上细下粗的圆木杆，上端呈方形，下端钻一个小孔，系一个毛绳圈，以便将其挂在栅栏围架上。"乌尼"是蒙古包的肩，上连天窗，下接栅栏。"铁日莫"（栅栏）是一条整杆和十二对长度不等的半杆组成网格状活动架子。栅栏具有伸缩性，高矮大小均可调整，使得蒙古包有大有小、可高可矮。栅栏多用红柳制作，轻而不易折，钻孔不开裂，受潮不变形，粗细一样，高矮相等。这样做成的毡包不仅符合力学要求，外形也匀称美观。蒙古包门包括门框、门扇两部分，门扇有两个，包门和栅栏立起来后，把两孔大小调节好，栅栏的高度就是门框的高度。蒙古包门必须向东或东南开，这与古代蒙古族崇尚太阳、朝日之俗有关。当然，这不仅是一种信仰，更多的是一种智慧，因为青藏地区蒙古族居住在高寒地带，冬季多西北风，包门朝向东或东南可抵御严寒风雪。此外，青海海西蒙古族的蒙古包内没有顶柱，风大时为防天窗倾斜，临时用顶柱杆，蒙古语称"巴嘎那"，意为撑天窗。

蒙古包所用的毛毡是由羊毛制成的白色毛毡。主要有天窗蒙毡，为四角毡，蒙古语称"额尔克"，呈正方形，四角都要缀带子，有调节包内空气、冷暖及光线的作用。包顶外毡为扇形拼毡，蒙古语称"德格布日"，覆盖"乌尼"（顶杆），一般由毛毡制成，大小由天窗的正中心到侧壁的距离决定。包顶内毡，蒙古语称"察木次"，与包顶外毡大体相同，主要是防止下雨下雪时包内漏水。栅栏围毡，蒙古语称"托日尕"，就是围绕栅栏的那部分毡子，呈长方形，里外两层。门帘，长方形，用两三层毡子纳成，多为白色，镶蓝边，并纳上各种蒙古元素的图案。脚围，蒙古语称"伊日格布其"，是一层长方形拼毡，长度与蒙古包底脚周长相同。挂毯，蒙古语称"可希格"，置于蒙古包内侧的长方形毯，用于挡风和装饰。除此之外，还有带子、围绳、压绳、绷绳、坠绳等发挥不同作用的毛绳，既能保持蒙古包的稳固坚定，又能延长其

---

① 跃进：《青海海西蒙古族风俗文化》，西宁，青海人民出版社，2009。

使用寿命。①

随着社会经济文化的发展和人们生产生活方式的改变，青藏地区蒙古族逐渐从游牧生活过渡到定居生活，住所也从蒙古包转化为砖房和大院子。现在牧民一般不住传统的蒙古包，将蒙古包保存在自家的库房中，只在那达慕或旅游经营点使用。2013 年 9 月，"蒙古包制作技艺"被批准为青海省第四批省级非物质文化遗产代表性项目。2017 年 10 月，被甘肃省选入第四批省级非物质文化遗产代表性项目名录。2021 年 6 月，青海省黄南州河南蒙古族自治县推送的"蒙古包营造技艺"被列入第五批国家级非物质文化遗产代表性项目名录。

二、肃北蒙古族马头琴制作

马头琴是蒙古民族重要的乐器之一，也是中华民族文化艺术的一块瑰宝。它以造型独特、音质优美、历史悠久享誉海内外，是蒙古民族音乐文化的象征，有着深远的文化渊源和人文底蕴。它还是一种独具特色的民族民间工艺精品，具有极高的保存和收藏价值。肃北马头琴的制作程序复杂，选料考究，是肃北蒙古族人民在长期生产生活中不断完善发展、世代传承、巧夺天工的民族手工技艺。马头琴是一种两弦的弦乐器，有梯形的琴身和用马头装饰的琴柄，是蒙古族人民喜爱的乐器。相传有一位牧人舍不得死去的马，用其腿骨为柱，头骨为筒，尾毛为弓弦，制成二弦琴，并按马的模样雕刻了一个马头装在琴柄顶部，因此得名。

肃北马头琴的制作工艺具有悠久的历史和渊源。马头琴是一种弓拉弦鸣乐器，琴体全长 70 厘米左右，琴箱长 20 厘米，下宽 18 厘米左右，由共鸣箱、琴头、琴杆、琴弦和琴工等部分组成，属于指板类开支的拉弦乐器。它最突出的特点是琴箱的面、背两面都蒙皮膜，这与一般的拉弦类乐器有显著的不同。琴身为木质，长约 1 米，共鸣箱扁平且呈梯形，以马皮或羊皮蒙面，面上绘有图案。琴杆上部左、右两侧各安一弦轴，拉弓以藤条和马尾做成。马头琴的制作工艺比较复杂，选用白松、枫木、梧桐木、巴西乌木、缅甸红

① 跃进:《青海海西蒙古族风俗文化》，西宁，青海人民出版社，2009。

木等木料，经过几十道工序加工而成。早期传统的马头琴制作工艺简单，多为本地的马头琴手就地取材，自制娱乐用，由于音量比较小，只适合于在室内演奏。随着时代的发展，经过马头琴大师色拉西改造的马头琴音域得到扩大，既保持了传统马头琴原有的柔和、深厚的音色，又增加了清晰、明亮的特点。① 这项改革对肃北本地的马头琴制作加工技艺产生了巨大的影响，推动了肃北地区马头琴制作工艺向科技化、现代化方向发展。

图3-19　马头琴深受蒙古族喜爱（那音太提供）

　　肃北马头琴制作技艺和演奏技巧在整个甘肃省少数民族民间文化中占有重要地位，是肃北蒙古族传统文化的缩影，具有突出的历史、文化价值。发掘、抢救、保护肃北马头琴制作技艺，对继承和弘扬民族优秀文化、传承优

① 周勤琴：《蒙古族马头琴音乐》，载《参花（文化视界）》，2012（2）。

秀的民族传统手工技艺、保护与传承非物质文化遗产具有深远的意义。2006
年 9 月，"肃北县蒙古族马头琴制作技艺"被评为甘肃第一批省级非物质文化
遗产代表性项目。

图 3-20　马头琴制作技艺传承人传授技艺（肃北蒙古族自治县文化馆提供）

三、肃北雪山蒙古族马上用具制作技艺

在肃北蒙古族自治县，马上用具的制作技艺精湛，选料考究，是肃北蒙
古族人民在长期的生产生活中不断完善发展和世代传承的，集皮革加工、金
属工艺、编织扎制、美术设计装饰于一体的民族手工技艺。[1]肃北蒙古族马上
用具主要有马鞍、马笼头、马嚼子、马绊、马鞭子等，其中以马鞍的制作加
工最为重要。马鞍的制作加工主要以优质木材、银、铜、铁等金属材料为骨
架，用动物的皮毛、绒线加工制作成鞍软垫、鞍鞒边、鞍鞴、鞍花、鞍座垫
等配件和装饰物。马头上佩带的马笼头、马嚼子是用皮革和毛织品加工制作
而成，不但漂亮，而且结实耐用。目前有许多马上用具已经成为收藏价值极
高的工艺品和文物。据《肃北蒙古族宗教志》记载："土默特的俺答汗致送明

---

[1]　常洁琨：《甘肃少数民族非物质文化遗产的分类保护研究》，兰州，兰州大学博士学位论文，2017。

朝皇帝的国书是一件很有价值的古代文书，国书的内容是关于土默特人送往北京的列行贡品，文字中提到的俺答汗赠送明朝皇帝镂刻的金鞍、马勒和箭筒。"清朝时期，肃北蒙古族的银器和马鞍具艺术更为发达，用银、铜等金属制作的工艺品很多，一部分成为满足统治阶级的奢侈品，一部分则在民间广为流行，作为鞍饰和服饰使用，或者是生活中受人珍视的日用品。蒙古族爱马，对马上用具制作有着特别的讲究，牧民们常说："好马还得好鞍配"，马鞍、鞍软垫、鞍鞒、鞍鞒边、鞍鞠、鞍花、鞍座垫、鞍辔等，都用不同材料和纹饰来装饰。

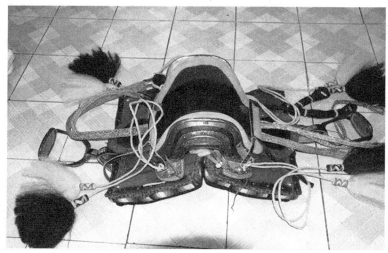

图 3-21　肃北蒙古族马鞍（肃北蒙古族自治县文化馆提供）

如今，在牧区出门"以马代步"的现象已不常见了，马上用具自然受到冷落。随着人们生活水平的提高和生活方式的转变，在城镇定居的蒙古族牧民日益增多，马上用具的使用日益减少。过去一些制作、加工马上用具的能工巧匠和民间老艺人相继去世，继承和弘扬马具文化的人才所剩无几，本地出产的马上用具已濒临消失。马具文化及马具传统制作工艺的濒危状况令人担忧，亟待加强保护和发掘。肃北蒙古族马具文化在整个甘肃省少数民族民间文化中占有重要地位，是甘肃肃北蒙古族传统文化的重要组成部分。作为一种古老的民族民间艺术形式，马具文化的历史地位和艺术价值不容置疑。马具文化的发掘、抢救和保护，对于研究肃北蒙古族的生产发展史具有非常重要的历史文化价值。2006 年 9 月，"肃北雪山蒙古族马上用具制作技艺"被评为甘肃省第一批省级非物质文化遗产代表性项目。

四、蒙古族"托德"制作技艺

"托德"，又称"齐拿马勒"，是一种高原蒙古族的传统民间美食。青藏地区蒙古族的饮食文化丰富且别具特色。长期以来，在周边民族（汉、藏、回等民族）饮食文化的影响下，逐渐形成了具有地域特色的蒙古族面食文化。当地人传说，古时的牧民由于生活贫苦，敬拜祖先时无法献祭全羊，就用面粉与酥油等原料制作了一种食物代替，这就是"托德"。

"托德"制作方法独特，将面粉和水揉好并擀成饼状，用水煮熟，捞在碗或盘子里，放上酥油、曲拉、糖，用手揉成酥面，做成大方块水油饼，其上用五彩斑斓的糖豆摆成吉祥图案，寓意平安、吉祥，被装饰一番的"托德"才算真正拥有了灵魂。"托德"要与全羊席一起摆好，成为德都蒙古全席的一部分。大家吃完全羊后，将"托德"切片分食。按照惯例，切下的第一块供奉祖先，第二块献给长辈，敬老尊贤是蒙古族亘古不变的礼仪。"托德"味美可口，是青海海西蒙古族剪发礼、婚礼等筵席上的主要食物。2017 年 12 月，乌兰蒙古族"托德"制作技艺被列入青海省第五批省级非物质文化遗产代表性项目。

图 3-22　蒙古族"托德"

五、海西蒙医铜银烙疗法

蒙古族长期居住在寒冷的北方高原地区，生存的气候条件以及游牧生活方式使得当地人容易患上风湿病，为了治疗疾病，他们创造并运用银烙、铜烙等具有鲜明民族特色的传统疗法。这种疗法近 400 年来在德都蒙古民间广泛使用并流传至今。[①] 蒙医铜银疗法即蒙医传统外治治疗方法，是蒙古族群众生产生活经验的总结和聪明智慧的结晶，是一种与蒙古族生产生活方式相适应的独特的治疗技术。铜银烙是蒙古族民间流传至今的特殊的医疗器械，可由黄金、白银、铁、铜、青铜铸造而成。由于最常用的材料是铜和银，所以统称为"铜银烙"。铜银烙疗法具有疗效独特、携带方便等特点，广泛应用于蒙医治疗。铜银烙疗法是在指定穴位进行温热刺激，从而达到预防和治疗疾病目的的一种疗法，有其独特的功能：软化包块、消除栓塞、行气止痛、吸收瘤疬、愈合伤口、去腐生新、消肿祛湿、协调五脏六腑及保持大脑思维敏捷。铜银烙疗法是一项比较独特的非物质文化遗产，具有一定的代表性和地方特色、民族特色，能够代表蒙古族古老的传统医疗方式。2009 年 9 月，铜银烙疗法被批准为青海省第三批省级非物质文化遗产代表性项目。

六、蒙医正骨疗法

蒙医正骨疗法是历代正骨医学家积累的具有民族特色的治疗各类骨折与关节脱位、软组织损伤等一系列病症的疗法。其方法简练、疗效明显，只有经过长时间的临床经验和刻苦锻炼，才能掌握其真谛，达到机触于外、巧生于内、手随心转、法从手出的程度。蒙医正骨疗法的特点是治疗师重视人体生理功能的内在作用，保护人体骨骼的完整性，最大限度地发挥组织器官的自愈能力，使伤者受伤部位及早愈合、恢复正常功能。

蒙古族是马背民族，游牧生产过程中免不了会发生骨折、脱臼的情况。蒙医将患者错位的骨头通过巧妙的手法进行复位治疗，如果有骨折则通过特

---

① 跃进：《柴达木民间文化——海西非物质文化遗产》，西宁，青海人民出版社，2012。

定手法摸出具体的部位。蒙医正骨疗法分整复固定、按摩、药浴治疗、护理和功能锻炼等六个步骤进行，环环相扣。蒙医正骨疗法与现代医学相比，具有方法简便、器械简单、费力少、治愈快等特点。接（正）骨复位治疗常用白酒、夹板、缚带、大颗粒盐、绷带、棉花、膏药等常用工具和辅助药品。蒙医正骨疗法具有传统的民族文化价值和医学价值，需要进行保护与传承。2013 年 9 月，蒙医正骨疗法被列入青海省第四批省级非物质文化遗产代表性项目，其传承人陶·巴特尔已经是家族传承的第四代传承人。

　　蒙医学历史悠久，是传统医学不可或缺的一个组成部分。除了以上两种医药文化遗产外，还有独特的海西蒙医震动复位疗法、青盐药用技艺、灸疗、马奶酒疗法等医药文化遗产。

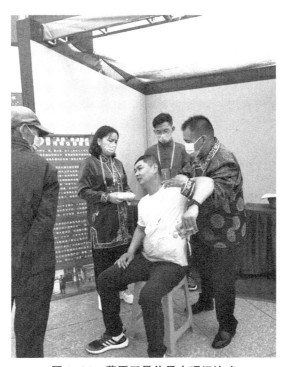

图 3-23　蒙医正骨传承人现场治疗

第五节　传统体育及游艺文化遗产

一、青海蒙古族达罗牌

达罗牌是青海海西蒙古族的一种传统娱乐棋牌。达罗牌分为 64 张、100 张、120 张三种，分别可以供两人和四人玩。达罗牌的样式分为"花牌""铜牌""生肖牌"三种形式。达罗牌的点数是 1 ~ 12。达罗牌的"花牌"上绘制了各式各样的蒙古族传统吉祥图案。达罗是一种有趣的传统游戏，通过这种娱乐方式可以了解蒙古族的历史、民俗、文化。蒙古族达罗是蒙古族文化艺术的重要表现方式，它具有民族特色、地域特色、文体特色和竞技特色，作为一种文化遗产，有必要保留下来并进行保护与传承。2009 年 9 月，青海蒙古族达罗牌被批准为青海省第三批省级非物质文化遗产代表性项目。

图 3-24　达罗牌（传承人提供）

二、德都蒙古"布格"围棋

"布格"围棋是蒙古族民间益智游戏的一种，与围棋类似。"布格"种类很多，主要有"胡日嘎布格""裕裢布格""谢日格布格""萨德格布格"等五种，其中"胡日嘎布格"流行最广。多使用"挤""占""围""吃"等战术，两个人对局，席地而坐，如果没有棋盘便可以在地上画一个棋盘，用小石子和羊粪蛋代替棋子，两个稍大的石子代表"布格"，意为"鹿"，24个羊粪蛋代表"胡尼"，意为"羊"。规则是"胡尼"围住"布格"，"布格"越出包围圈即算胜利，所跳过的"胡尼"即被吃掉，反之，若围死"布格"则胜。

2013年11月，德都蒙古"布格"围棋被批准列入青海省第四批省级非物质文化遗产代表作名录。

图 3-25　德都蒙古"布格"围棋（乌希勒提供）

三、乌兰蒙古族金桩子游戏

金桩子游戏，蒙古语称"阿拉腾尕达斯陶嘎拉幕"，是一种古老的娱乐活动，于民国前期流传至青海海西州乌兰地区。与其他的蒙古族传统风俗不同，金桩子是融合了辩论、舞蹈、演唱等多种形式的民间游戏，它既展现了青海蒙古人的粗犷与勇武，也蕴含着这片高原上的生活气息。《泽仁库》是金桩子游戏中的民歌，汉语译为"父亲的儿子"，是游戏中对于胜利者的称呼。夕阳下，一根象征力量的金色木桩钉在草地上，年轻的蒙古族男子以此为界，分成两个阵营，挑战者必须凭借自身的力量和技巧将对方阵营的所有人一一摔开，才能获得最后的胜利，赢得"泽仁库"的称号。

　　2011 年，金桩子登上了中央电视台节目《民歌中国》的舞台，这一蒙古族娱乐活动走进了大众的视野，成为青海省海西州乌兰县最鲜活、生动的文化符号。2017 年 12 月，乌兰蒙古族金桩子游戏被列为青海省第五批省级非物质文化遗产代表性项目。

第四章　青藏地区蒙古族非物质文化遗产
分布及价值

第一节　青藏地区蒙古族非物质文化遗产分布

在联合国教科文组织发布的《非物质文化遗产公约》中，对"非物质文化遗产"的界定是，非物质文化遗产是指被各社区、群体，有时是个人，视为其文化遗产组成部分的各种社会实践、观念表述、表现形式、知识、技能以及相关的工具、实物、手工艺品和文化场所。这种非物质文化遗产世代相传，在各社区和群体适应周围环境以及与自然和历史的互动中，被不断地再创造，为这些社区和群体提供认同感和持续感，从而增强对文化多样性和人类创造力的尊重。[①]青藏地区是多民族聚居地，除蒙古族外，汉族、藏族、回族、撒拉族、土族等很多民族长期繁衍生息于此。因而，青藏地区不仅承载着青藏高原各民族交往、融合的民族文化，更是多民族非物质文化遗产分布较密集的区域。青藏地区蒙古族非物质文化遗产是青藏高原蒙古族人民创造力、想象力、智慧和劳动的结晶，包含了很多随时代迁徙而容易泯灭的文化记忆，是人类文化多样性的生动展示。它们类型多样，内容复杂，具有鲜明的高原地域文化和民族文化特征，即独特性、活态性、传承性、流变性、综合性、民族性和地域性等特点。以下围绕结构类型与空间性两个方面分析青藏地区蒙古族非物质文化遗产的分布特征。

---

① 联合国教科文组织：《保护非物质文化遗产公约》。

一、结构类型分布

我国非物质文化遗产确定为十大类，分别是民间文学，传统戏剧，曲艺，传统医药，民俗，传统音乐，传统舞蹈，传统美术，传统体育、游艺与杂技，传统技艺。以下主要以国家级、省级、州级非物质文化遗产代表性项目为数据来源，分析青藏地区蒙古族非物质文化遗产结构性类型分布。

青藏地区蒙古族非物质文化遗产项目共计 142 项，其中国家级非物质文化遗产代表性项目 9 项、省级非物质文化遗产代表性项目 34 项[1]、州（市）级非物质文化遗产代表性项目 99 项。由于同一非物质文化遗产代表性项目往往同时存在于不同的地区，因此，本章为了更精细地研究青藏地区蒙古族非物质文化遗产的地域性，按行政区划的不同以及该非物质文化遗产的原生地进行统计，在此主要以国家级、省级、州（市）级三个级别的非物质文化遗产代表性项目做统计分析。在 142 项青藏地区蒙古族非物质文化遗产代表性项目中，民俗类非物质文化遗产代表性项目数量最多，有 38 项，约占总量的 26%；传统技艺类非物质文化遗产代表性项目有 35 项，约占总量的 24%；民间文学类非物质文化遗产项目有 28 项，约占总量的 20%；传统音乐类非物质文化遗产项目 16 项，约占总量的 11%；传统医药、传统美术和传统体育、游艺及杂技类非物质文化遗产代表性项目都是在 10 项以内；传统舞蹈、曲艺类非物质文化遗产代表性项目各 1 项，且都是在肃北地区，传统戏剧类非物质文化遗产项目目前为空白。综合分析，当前青藏地区蒙古族非物质文化遗产代表性项目类型以民俗、传统技艺和民间文学为主，传统音乐、传统医药、传统体育及游艺、传统美术类项目为次，传统舞蹈、传统戏剧和曲艺类项目稀缺。

---

[1] 由于"蒙古包制作技艺"是由海西蒙古族藏族自治州和黄南州河南蒙古族自治县同时申报，所以保护单位有两个，即格尔木市文化馆和河南县文化馆，因此该项目统计了两次。

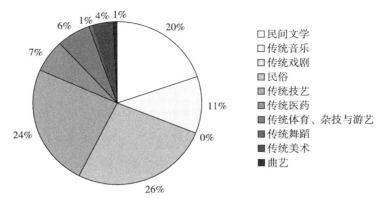

图 4-1 青藏地区蒙古族非物质文化遗产代表项目类型结构分布表

二、空间分布特征分析

青藏地区蒙古族非物质文化遗产，从地域格局看，多分布在历史文化悠久的蒙古族聚居区域，主要分布在青海省海西蒙古族藏族自治州、黄南藏族自治州河南蒙古族自治县、海北藏族自治州及甘肃肃北蒙古族自治县四个区域，形成了不同区域特色的非物质文化遗产。从这四个区域不同级别的蒙古族非物质文化遗产代表性项目看，依次是青海海西、甘肃肃北、青海河南、青海海北。其中青海省海西蒙古族藏族自治州无论是从数量及文化资源的丰富性而言，都居于主要地位（见图 4-2）。

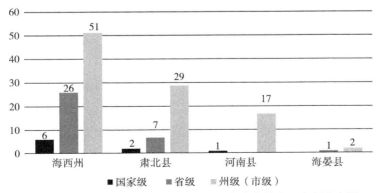

图 4-2 青藏地区蒙古族非物质文化遗产代表性项目空间分布图

文化遗产是一个国家和民族历史文化成就的重要标志，是重要的历史文化载体和人类历史发展的见证，也是一个国家、一个民族长期积累形成的物质文明和精神文明，具有时代性、不可再生性和不可替代性，具有符号和象征的意义，与人类的文化感情、群体认同具有密切的联系，是属于整个国家乃至世界的共同财富。非物质文化遗产产生和与其生成的"地方"或"区域"相连，地方是文化产生的土壤，是文化展演的舞台，也是文化存续的依托。文化也在深刻影响和作用于地方，文化的创造与地方的创造构成了互为、互动的关系。所以，当我们聚焦于青藏地区蒙古族非物质文化遗产时，首先必须对孕育这些文化遗产的区域有所了解。

（一）以青海海西为中心的蒙古族非物质文化遗产

海西历史悠久、文化底蕴厚重，其民俗、历史独具特色，绚丽多彩。海西蒙古族非物质文化遗产作为一种民间文化或民间传统，是海西蒙古族群众的集体智慧的结晶，在海西历史文化中享有重要的位置。海西蒙古族非物质文化遗产表现形式异彩纷呈，涉及面非常广，在这一地域范围内，有着异常丰富的非物质文化遗产，包含宗教文化、民俗文化、民间工艺等各文化层面，是海西蒙古族人民宝贵的共同财富。青海海西州有国家级非物质文化遗产代表性项目 7 项，其中蒙古族非物质文化遗产代表性项目就占 6 项，分别为民间文学 1 项、民俗 3 项、传统音乐 1 项、传统医药 1 项。省级非物质文化遗产代表性项目有 32 项，其中蒙古族非物质文化遗产代表性项目 26 项，占总数的 81%，分别为民间文学 3 项，民俗 7 项，传统医药 4 项，传统美术 3 项，传统音乐 1 项，传统技艺 5 项，传统体育、游艺与杂技 3 项。州级非物质文化遗产代表性项目有 76 项，其中蒙古族非物质文化遗产代表性项目有 51 项，占总数的 67%，分别为民间文学 13 项，传统音乐 6 项，传统技艺 14 项，民俗 12 项，传统医药 5 项，传统体育、游艺与杂技 1 项，传统美术 1 项。县级非物质文化遗产代表性项目 359 项。国家级代表性传承人 4 名（已故 2 名）、省级代表性传承人 41 名（已故 5 名）、州级代表性传承人 208 名。省级传承基地 2 所（"德都蒙古全席"省级非物质文化遗产传承基地、"海西蒙古族刺绣"省级生产性保护示范基地）。省级文化生态保护实验区 1 个，即德都

（海西）蒙古文化生态保护实验区。

为了对海西蒙古族非物质文化遗产有一个更清晰的了解和认识，特列图表如下。

表 4-1　青海海西蒙古族非物质文化遗产分布表①

主要遗产类型	代表性非物质文化遗产项目	主要分布地区
民间文学遗产	汗青格勒	海西蒙古族藏族自治州
	德都蒙古巴颜松祝赞词	海西蒙古族藏族自治州
	青海蒙古族格斯尔传说	海西蒙古族藏族自治州
	辉特美日根特木尼的传说	海西蒙古族藏族自治州
	昆仑山的传说	格尔木市
	海西蒙古族祝词	乌兰县
	金子海的传说	乌兰县
	额尔斯日巴特尔	海西蒙古族藏族自治州
	布仁汗的台吉木额尔登	海西蒙古族藏族自治州
	呼尔乌力格尔	海西蒙古族藏族自治州
	德都蒙古民间谚语	德令哈市
	骑三岁黑马的布克吉尔格勒	德令哈市
	巴德尔汗台吉传	德令哈市
	青海蒙古族方言	德令哈市
	却图汗的传说	德令哈市
	茶卡蒙古语	乌兰县
	大柴旦蒙古族祝赞词	大柴旦行政委员会
民俗遗产	那达慕	海西蒙古族藏族自治州
	德都蒙古全席	海西蒙古族藏族自治州
	茶卡盐湖祭湖	乌兰县
	海西蒙古族婚礼	海西蒙古族藏族自治州
	蒙古族祭敖包	海西蒙古族藏族自治州
	海西蒙古民间祭火	海西蒙古族藏族自治州
	海西蒙古族剪发礼	海西蒙古族藏族自治州

---

① 主要参考海西州国家级、省级、州级非物质文化遗产代表性项目名录。

主要遗产类型	代表性非物质文化遗产项目	主要分布地区
民俗遗产	德都蒙古"洗礼"仪式	海西蒙古族藏族自治州
	蒙古族"查干萨日"（春节）习俗	海西蒙古族藏族自治州
	贺新蒙古包仪式	海西蒙古族藏族自治州
	台吉乃儿古姓氏	格尔木市
	德都蒙古全羊席习俗	海西蒙古族藏族自治州
	蒙古族"麻勒色德尔勒呼"习俗	格尔木市
	蒙古族"烙印"习俗	德令哈市
	蒙古族"腌畜"习俗	德令哈市
	德都蒙古"羊肩胛肉"习俗	德令哈市
	德都蒙古民间占星术	德令哈市
	德都蒙古查干伊德节	德令哈市
	蒙古族全羊席制作及上席食用礼仪	都兰县
	德都蒙古姓氏及其传统	都兰县
	乌兰蒙古族"成吉思汗诞辰"祭祀	都兰县
传统音乐遗产	蒙古族民歌	海西蒙古族藏族自治州
	青海蒙古族长调音乐	海西蒙古族藏族自治州
	尕斯湖畔的芨芨草	格尔木市
	德都蒙古"拉莉"（情歌）	德令哈市
	德都蒙古马头琴演奏技巧	海西州蒙古族藏族自治州
	特布德昭的落成	格尔木市
	大柴旦蒙古族长调	大柴旦
	德都蒙古伊克力	海西州蒙古族藏族自治州
传统技艺遗产	蒙古包制作技艺	格尔木市
	牦牛酥油、曲拉制作技艺	海西州蒙古族藏族自治州
	马奶酒制作技艺	海西州蒙古族藏族自治州
	蒙古族牛羊皮绳编织技艺	格尔木市
	乌兰蒙古族"托德"制作技艺	乌兰县
	"堆绣"技艺	德令哈市
	凯木里格制作技艺	都兰县
	蒙古族铁、银匠技	海西州蒙古族藏族自治州

续表

主要遗产类型	代表性非物质文化遗产项目	主要分布地区
传统技艺遗产	蒙古族毡绣技艺	格尔木市
	格尔木蒙古族马奶酒酿制技艺	格尔木市
	德都蒙古皮革鞣制技艺	德令哈市
	德都蒙古"曲拉"制作技艺	德令哈市
	德都蒙古青稞炒面制作	德令哈市
	都兰蒙古族传统服饰技艺	都兰县
	都兰蒙古族马奶酒酿制技艺	都兰县
	乌兰蒙古族传统手工制作技艺	乌兰县
	乌兰蒙古族羊皮袄制作技艺	乌兰县
	德都蒙古族"须弥尔"制作技艺	海西蒙古族藏族自治州
	乌兰蒙古族灌羊肠习俗	乌兰县
传统医药遗产	海西蒙医震动复位疗法	海西蒙古族藏族自治州
	海西蒙医铜银烙疗法	海西蒙古族藏族自治州
	蒙医正骨疗法	海西蒙古族藏族自治州
	海西民间青盐药用技艺	海西蒙古族藏族自治州
	蒙医包缠疗法	海西蒙古族藏族自治州
	"槟榔七味散"熬制技艺	德令哈市
	德都蒙古蒙医药用动植物	海西蒙古族藏族自治州
	蒙医软伤治疗法	海西蒙古族藏族自治州
	德都蒙古脑震荡诊疗法	乌兰县
	德都蒙古蒙医药用动植物	海西蒙古族藏族自治州
传统美术遗产	海西蒙古族木雕	格尔木市
	海西蒙古族服饰制作工艺	海西蒙古族藏族自治州
	海西蒙古族刺绣	海西蒙古族藏族自治州
	都兰唐卡绘制	都兰县
传统体育、游艺及杂技	青海蒙古族达罗牌	格尔木市
	德都蒙古布格围棋	格尔木市
	乌兰蒙古族金桩子游戏	乌兰县
	大柴旦那达慕赛马会	大柴旦行政委员会

（二）以甘肃肃北县为中心的蒙古族非物质文化遗产

肃北悠久的历史孕育了丰富多彩的民族文化，蒙古族服饰、饮食、歌舞等民间文化独具特色，浮雕、绘画、银器制作工艺久负盛名，岩画、壁画、烽燧、城堡等文化古迹异彩纷呈。肃北蒙古族自治县有着丰富的自然资源，如党河峡谷、透明梦柯冰川、盐池湾自然保护区等，人文资源更不用说，独特的雪山蒙古族文化就是当地的一块金字招牌。近几年，肃北蒙古族自治县已成功申报非物质文化遗产保护项目 99 项，国家级非物质文化遗产代表性项目 2 项，其中 1 项为民俗类、1 项为民间文学类；省级非物质文化遗产代表性项目有 7 项，其中传统音乐 1 项、传统技艺 3 项、民俗 3 项；市级非物质文化遗产代表性名录 29 项，其中民间文学 8 项、传统技艺 5 项、传统音乐 4 项、民俗 8 项、传统美术 1 项、传统舞蹈 1 项、传统戏曲 1 项；县级非物质文化遗产代表性名录 61 项。公布代表性传承人 160 名，其中，国家级代表性传承人 1 名、省级代表性传承人 3 名、市级代表性传承人 18 名、县级代表性传承人 138 名。具体分布情况如表 4-2 所示。

表 4-2　肃北县蒙古族非物质文化遗产分布表

主要遗产类型	代表性非物质文化遗产项目	主要分布地区
民间文学遗产	肃北蒙古族祝赞词（国家级）	肃北蒙古族自治县
	肃北蒙古族民间口头文学	肃北蒙古族自治县
	肃北蒙古族民间故事	肃北蒙古族自治县
	肃北蒙古族民间歌谣	肃北蒙古族自治县
	肃北蒙古族民间传说	肃北蒙古族自治县
	肃北蒙古族民间笑话	肃北蒙古族自治县
	肃北蒙古族民间谚语	肃北蒙古族自治县
	肃北蒙古族民间谜语	肃北蒙古族自治县
	肃北蒙古族汗青格勒英雄史诗	肃北蒙古族自治县
传统舞蹈	肃北蒙古族扬西格舞	肃北蒙古族自治县
传统体育、游艺与杂技	肃北蒙古族古象棋	肃北蒙古族自治县
传统美术	肃北蒙古族刺绣	肃北蒙古族自治县

主要遗产类型	代表性非物质文化遗产项目	主要分布地区
传统音乐	肃北蒙古族长调（省级）	肃北蒙古族自治县
	肃北蒙古族民歌	肃北蒙古族自治县
	肃北蒙古族陶布秀尔演奏	肃北蒙古族自治县
	肃北蒙古族依克勒	肃北蒙古族自治县
	肃北蒙古族马头琴演奏	肃北蒙古族自治县
传统技艺	肃北蒙古族马头琴制作技艺（省级）	肃北蒙古族自治县
	肃北蒙古族马上用具制作技艺（省级）	肃北蒙古族自治县
	肃北蒙古族蒙古包制作技艺（省级）	肃北蒙古族自治县
	肃北蒙古族银饰加工制作技艺	肃北蒙古族自治县
	肃北蒙古族手工密缝毡毯制作技艺	肃北蒙古族自治县
	肃北蒙古族传统奶食品手工加工	肃北蒙古族自治县
	肃北蒙古族驼奶手工加工技艺	肃北蒙古族自治县
	肃北蒙古族铁器加工技艺	肃北蒙古族自治县
民俗遗产	肃北蒙古族敖包祭祀（省级）	肃北蒙古族自治县
	蒙古族服饰（国家级）	肃北蒙古族自治县
	肃北蒙古族婚礼（省级）	肃北蒙古族自治县
	肃北蒙古族那达慕大会（省级）	肃北蒙古族自治县
	肃北蒙古族婚俗	肃北蒙古族自治县
	肃北蒙古族过年习俗	肃北蒙古族自治县
	肃北蒙古族洗娃娃习俗	肃北蒙古族自治县
	肃北蒙古族剪胎发习俗	肃北蒙古族自治县
	肃北蒙古族献哈达礼节	肃北蒙古族自治县
	肃北蒙古族丧葬习俗	肃北蒙古族自治县
	肃北蒙古族狩猎	肃北蒙古族自治县
	肃北蒙古族肩胛骨肉风俗传说	肃北蒙古族自治县
传统戏曲	肃北蒙古族秦.眉户.陇剧	肃北蒙古族自治县

（三）以河南蒙旗为中心的蒙古族非物质文化遗产

河南蒙古族自治县是青海省唯一的蒙古族自治县，俗称“河南蒙旗”，受地理位置影响，河南蒙古族自治县的周围全部是藏族传统文化氛围非常浓厚的区域，在漫长的历史进程中，蒙古族深受藏文化影响，其生产方式、风俗习惯等方面与周边藏族高度一致，成为蒙古文化与藏文化高度融合的地区，使河南蒙旗成为一片非常特殊的文化地带。蒙古族文化与藏族文化融合，使河南蒙古族自治县形成了独特的民族风情，当地蒙古族在语言、服饰、饮食、习俗等方面发生了很大的变化。目前，国家级非物质文化遗产代表性项目1项，即"蒙古包营造技艺"。黄南州州级项目中河南县立项17项，省级及州级项目共计18项，其中传统技艺7项，传统音乐2项，民俗4项，民间文学1项，传统体育、游艺与杂技4项。除此之外，河南县级非物质文化遗产代表性项目也有很多，如河南县第三批县级非物质文化遗产代表性项目名录，共有185项。具体而言，在河南的蒙古族自治县拥有以下一些具有代表性的非物质文化遗产：

表4-3 河南蒙古族自治县蒙古族非物质文化遗产代表性项目统计表

主要遗产类型	代表性非物质文化遗产项目	主要分布地区
传统技艺遗产	蒙古包营造技艺	河南蒙古族自治县
	蒙式鹿皮袄制作技艺	河南蒙古族自治县
	蒙古族"偶兰"制作技艺	河南蒙古族自治县
	蒙古族擀毡技艺	河南蒙古族自治县
传统技艺遗产	河南县"苏和泽"	河南蒙古族自治县
	河南蒙旗牛羊毛手工编	河南蒙古族自治县
	牛马鞍制作技艺	河南蒙古族自治县
传统音乐遗产	蒙古族民间长调	河南蒙古族自治县
	拉伊	河南蒙古族自治县
民俗遗产	蒙古族蕨麻宴席	河南蒙古族自治县
	蒙古族祭敖包仪式	河南蒙古族自治县
	蒙古族幼童剃头仪式	河南蒙古族自治县
	蒙古族婚俗	河南蒙古族自治县
民间文学遗产	河南蒙旗仙女湖的传说	河南蒙古族自治县
传统体育、游艺与杂技	太凯游戏	河南蒙古族自治县
	河南县那达慕赛马	河南蒙古族自治县
	藏式举重袋（抱沙袋）	河南蒙古族自治县
	蒙古族（拉巴牛）比赛	河南蒙古族自治县

（四）以海晏县为中心的蒙古族非物质文化遗产

海晏县隶属于青海海北藏族自治州，位于青海省东北部，是黄河重要支流——湟水河的发源地，湟水源头，北接祁连县、门源县，东邻大通县、湟中县，南接湟源县、共和县，西邻刚察县。

海晏县辖 4 乡 2 镇 29 个行政村 7 个社区，县内有汉、藏、蒙古、回、土等 9 个民族，少数民族人口占总人口的 48%。海晏地区的蒙古族主要集中在托勒、哈勒景两个蒙古族乡。

据史料记载，海晏地区的蒙古族最早出现是在南宋后期，蒙古汗国军队进占西宁州，接着又占据了青海湖四周，并在此留兵屯牧。明末清初，固始汗率领和硕特部由新疆北部徙居青海，海晏又为和硕特游牧地。清雍正初仿蒙古札萨克制度，将青海境内的蒙古族各部落统一编为 29 旗，并划定了各旗的游牧地界，驻牧海晏地区的蒙古族共有 9 旗。

自蒙古族进入青藏高原后，就在劳动和生活过程中创造着极具地方特色的民族文化，形成了独特的地方文化。特别是在环青海湖地区和湟水源头地区长期与藏族、汉族等兄弟民族连片而居的青海省海北州蒙古族，其民间文化独具特色、内容丰富，具有浓郁的草原游牧生活气息和藏传佛教的文化内涵。在环湖地区聚居的蒙古族中，处于青海湖北岸、湟水源头的海晏县哈勒景乡、甘子河乡的蒙古族，他们基本保持着较浓郁的蒙古族民风民俗，也具有独特的地方特色，与海西蒙古族的民俗文化相比较存在一定差异性。特别是迁新居、婚嫁、节庆、那达慕大会、新年、剪发礼等仪式中的海晏蒙古族民间颂词就是一大特色文化，包含着蒙古族人民的道德观念和生存信仰。目前，海晏县蒙古族有非物质文化遗产省级项目 1 项、州级项目 2 项、县级项目 5 项。

表 4-4　海晏县蒙古族非物质文化遗产代表性项目分布

主要遗产类型	代表性非物质文化遗产项目	主要分布地区
民间文学遗产	海晏县蒙古族民间颂词	海晏县
传统音乐遗产	金银滩马头琴	海晏县
传统美术遗产	海晏蒙古族刺绣	海晏县

第二节　青藏地区蒙古族非物质文化遗产的特征及价值

人类文化遗产离不开基本的物质要件、地理方位和地方所属。当我们探讨某一个文化事象时，必须深入到产生这个文化的地方、族群和历史中寻找依据。青藏地区蒙古族非物质文化遗产是生活在这一地域范围内的蒙古族的文化原生形态，类型多样，内容复杂，并随着社会的发展而延伸，具有典型的高原民族文化特征，在现代文明的冲击下，生存力较为脆弱。这也就赋予了青藏地区蒙古族非物质文化遗产多重价值，如社会价值、文化价值、科学研究价值和旅游经济价值等。

一、青藏地区蒙古族非物质文化遗产的特征

（一）生态文化特征

任何一个民族的文化都离不开其生计模式及其所处的生态环境，不同的自然地域环境造就不同类型的民族文化，也为塑造民族属性提供了内在的物质基础。青藏地区蒙古族长期生活在青藏高原，其主体是生活在草原上的以游牧为主要生产方式的牧民。他们从事游牧生产，逐水草而居，既是游牧生产的主体，也是游牧文化产生的主力。德都蒙古族游牧文化建立在高原生态系统之上，居住在青藏高原的蒙古族人民，不仅积累了很多人与自然和谐相处的生活经验和情感体验，而且在长期的游牧实践中逐渐创造出一整套适应青藏高原自然环境的独具特色的生产生活方式、社会制度、文学艺术、风俗习惯、游牧祭祀、节日文化、哲学观念及宗教信仰意识。例如，颇具特色的德都蒙古族居住文化——蒙古包，是蒙古族游牧文化最典型的外部特征；种类繁多的德都蒙古族饮食文化，都是基于游牧生产方式而形成的饮食品种，主要有白食（奶食）习俗、粗食（普食）习俗、红食（肉食）习俗等；在交通上，蒙古族被誉为马背民族，大范围地移动游牧，马无疑是草原上最重要

的交通工具；在文学艺术方面，蒙古族的文学艺术大多以自然界的山水、树木、动物为题材，包含着对自然界、对生命的崇拜与敬仰以及追求人与自然和谐共生的理念。因此，蒙古族游牧文化最主要的特征是它的生态文化特征。从这个意义上看，蒙古族游牧文化中无不透露出以"敬畏生命，尊重自然，和谐共存"为核心思想的生态文化特征。

（二）高原地域文化特征

非物质文化遗产存在于一定的地域，该地域独特的自然生态环境、文化传统、宗教信仰、生产生活方式，以及日常生活习惯、习俗文化等从各个方面决定了该地域文化的特点和传承，即典型地代表了该地域的特色，离开了该地域，便失去了其赖以存在的土壤和条件。① 青藏地区蒙古族非物质文化遗产依托的是青藏高原这一特殊地域，该地域特征主要表现为地域辽阔、雪山纵横、江河湖泊众多、高海拔、空气稀薄、气候寒冷。特殊的地形地貌和较为严寒的气候，造就了青藏高原标志性的产业——畜牧业，即唯有选择畜牧业才有生存的可能。青藏地区的蒙古族主要从事畜牧业，他们与严酷的自然环境不断抗争、适应，在这一漫长过程中蒙古族创造了具有鲜明高原特色的游牧文化，包括大量的非物质文化遗产，诸如逐水草而牧的生产方式，以牛羊肉、炒面以及奶制品为主食的饮食习俗，以蒙古包为代表的草原居住文化，以牛羊皮为主料，以珊瑚、玛瑙、银饰和刀具为装饰品的服饰文化，以那达慕、歌舞、节庆、婚丧嫁娶仪式等为代表的民俗活动，以敬畏并顺从自然、尊重生命等为特征的生态观、审美观等都无一例外地深深地烙上了青藏高原地域特征。青藏地区蒙古族非物质文化遗产存在于青藏地区居住的蒙古族群体之中，受到高原地区自然生活环境和社会环境的影响，有着显著的地域性。比如，青藏地区蒙古族服饰与内蒙古等其他地区的蒙古族服饰不完全相同，与周边的藏族服饰有某些相似之处。这种差异也在一定程度上反映了青藏地区蒙古族文化的地域特点。除此之外，由于自然环境的差异，在青藏高原不同地域内形成了具有不同内容和特色的非物质文化遗产。以蒙古族祝赞词为例，不同地区的吟唱风格存在差异，青海海西的祝赞词韵律丰富、情感饱满，

---

① 王文章：《非物质文化遗产概论》，北京，文化艺术出版社，2006。

青海海北的祝赞词韵律单一、平淡，类似于藏族的短调。

（三）多元文化特征

青藏地区蒙古族在长期的历史发展进程中，继承和发扬本民族的传统文化，创造出适宜于青藏高原生活的德都蒙古文化。研究青藏地区蒙古族非物质文化遗产就会发现，多元交会、互补共融的文化特质较为突出。实际上，一个地方文化多元性的形成与该地区所处的位置、大规模的人口迁徙、杂居等因素都有很大关系。以青海省河南蒙古族自治县为例。该区域是一片非常特殊的文化地带，其周围全部是藏族传统文化氛围非常浓厚的区域。在历史上，生活在此地的各民族既有矛盾、冲突，又有相互的交流、兼容、影响和依存，他们在矛盾中共存，在和谐中发展，共同构筑起具有本地域特色的多元共融的民族文化。[①] 比如，藏戏在河南蒙古族自治县蒙古族村落中的传承及历史演化，反映出蒙古族认同藏戏的文化背景与信仰特征，充分体现了蒙古族文化所具有的包容性。非物质文化遗产可以共享并传承，它使这种共享不再囿于时空的限制，可以在不同地域、不同民族之间共享，实现非物质文化的价值和意义。

二、青藏地区蒙古族非物质文化遗产的价值

非物质文化遗产的价值主要体现为对人类社会所产生的重要功能和作用，它存在于非物质文化遗产本身与人类的相互关系中。青藏地区蒙古族非物质文化遗产资源丰富，既有历史文化资源也有教育伦理资源，既有科学知识资源也有审美艺术资源，这些资源中必然蕴藏着多种功能，如认识历史、传承文化、审美体验、增加科学知识、培养和谐观念等。然而这些功能的多样性决定了青藏地区蒙古族非物质文化遗产的多维价值体系，即历史文化价值、社会和谐价值、科学研究价值、审美艺术价值、教育价值、旅游经济价值等。

---

① 王昱：《青海历史文化与旅游开发》，西宁，青海人民出版社，2008。

（一）历史文化价值

历史文化价值是非物质文化遗产价值体系中的核心价值，是它的价值准则。青藏地区蒙古族非物质文化遗产承载着丰富的蒙古族历史文化，反映了青藏地区蒙古族群众的集体生活，世世代代流传下来的蒙古族文化活动及其成果，因而具有不容忽视的历史文化价值。通过青藏地区蒙古族非物质文化遗产可以了解特定历史时期蒙古族的生产发展水平、社会组织结构和生活方式、人与人之间的相互关系、道德习俗及思想禁忌，有助于人们更真实、更全面地去认识过去的历史和文化。青藏地区蒙古族非物质文化遗产鲜活、生动地记录了蒙古族的聪明才智及创新发展，充分体现了民族智慧及民族文化的灵魂，是认识青藏地区蒙古族文化史的"活化石"，极其珍贵。具体而言，其历史文化价值主要体现在以下三个方面。

首先，青藏地区蒙古族非物质文化遗产具有活态性，是鲜活的文化。这些非物质文化遗产是生活在青藏高原的蒙古族人民生活中的独特文化智慧和原生态的文化基因，对其保护与传承，既有利于蒙古族文化的传承与发展，也有利于整个民族文化生态的规划与建设。

其次，青藏地区蒙古族非物质文化遗产中蕴含着蒙古族传统文化的精髓，反映着青藏高原蒙古族的文化身份和特色，体现蒙古族的历史文化发展轨迹，同时也展现出青藏高原蒙古族的思维方式、审美方式及鲜明的文化价值。

最后，青藏地区蒙古族非物质文化遗产是人类文化多样性的生动展现，体现出丰富而充实的人类文化。生活在青藏高原的蒙古族的民族文化，具有独特的价值和独特的文化传统，在维系、保护、促进民族文化多样性方面具有不可或缺的重要作用，同时，在推动多民族发展进步、铸牢中华民族共同体意识中具有特殊作用。

（二）社会和谐价值

社会和谐价值是非物质文化遗产价值体系的价值目标，它在推动社会协调发展、调节人际关系过程中体现出某种特殊的作用。非物质文化遗产是积累、传承文化并加以创造发展的一种社会文化形态，是规范人们思想观念、行为方式的一种基本力量，它有利于人与社会和谐、全面、平衡地发展，具有重要的社会价值。[①] 青藏地区蒙古族非物质文化遗产中含有大量的蒙古族传统伦理道德资源。伦理道德是促进个体与社会和谐相处的平衡机制，为人类社会生活的平衡运行提供基本的秩序和保证，是协调个体关系、化解社会矛盾的基本调节方式和手段。[②] 挖掘传承青藏地区蒙古族非物质文化遗产中的与人为善、尊老爱幼、明礼诚信、天人合一等美好向善的伦理道德内容，对当今和谐社会建设具有很大助益。强调和谐思想，是蒙古族一以贯之的传统思想，也是青藏地区蒙古族继承本民族传统文化的一个重要内容。这种和谐思想包含三个方面。

首先，青藏地区蒙古族非物质文化遗产体现了以人为本的理念，有利于人的自我和谐、人与人的和谐及人与社会的和谐。人是和谐社会最基本、最主要的构成要素，人的自我和谐是整个社会和谐的基础与前提。作为一种活态的文化遗存，青藏地区蒙古族非物质文化遗产生动、直观地彰显了蒙古族人民为了生存与发展而顽强拼搏的创造力以及自觉性和主动性，同时，民族文化中蕴含的大量积极向善的伦理观影响着该民族的价值观，充分体现了以人为本的价值和意义。青藏地区蒙古族民俗文化遗产中更多地强调了人与人之间的诚信、友爱和互助等伦理准则和礼仪规范，为人与人的和谐及人与社会的和谐提供了文化基础。

其次，青藏地区蒙古族非物质文化遗产蕴含着天人合一的生态意识，有助于人与自然和谐相处。青藏地区蒙古族非物质文化遗产中积累了生存智慧，蕴含着人与自然和谐共生的生态哲学，传递着尊重自然、爱护自然、顺应自然的生态意识。比如，蒙古族人与自然和谐的思想渗透在民间文学中，形成了一定的理论形态、概念范畴、思维方式以及蒙古族特有的时代精神风貌，它与成吉思汗的"长生天"思想、儒家的"天人合一"的思想有许多相似之处。[③] 青藏地区蒙古族文化遗产中的英雄史诗、民间故事、传说等民间文学及其他文化遗产中都深刻地反映出蒙古族人民崇尚自然的文化特质。

---

① 王文章：《非物质文化遗产概论》，103 页，北京，文化艺术出版社，2006。
② 韩基灿：《浅议非物质文化遗产的价值、特点及其意义》，载《延边大学学报（社会科学版）》，2014，27（4）。
③ 贾晞儒：《德都蒙古文化简论》，北京，民族出版社，2014。

最后，青藏地区蒙古族非物质文化遗产传递的文化认同有利于增强民族凝聚力，维系民族团结，构建和谐社会。群体认同、民族认同、社会认同是人类和谐社会建设的核心和目标，而文化认同则是实现社会和谐的重要基础。生活在青藏高原的蒙古族有着自己独特的非物质文化遗产，它们不仅反映共同的心理结构、思维习惯、情感体验、生活风俗及世界观等内容，而且对其生活方式、思维价值取向，进行规范和制约。能促进民族共识和文化认同，成为维护社会稳定、团结友爱、艰苦奋斗的精神动力，具有重要的社会和谐价值。

（三）科学研究价值

许多非物质文化遗产本身含有相当程度的科学因素和成分，具有科学研究的价值，为进行科学的文化研究提供了基础。[1] 青藏地区蒙古族非物质文化遗产是原生态的、非文字的、活态的、口传的民间文化知识体系，既可以丰富人们的认知方式，增加认知内容，又能够深化和拓展人们的认知能力，具有相当重要的科学价值。具体而言，青藏地区蒙古族非物质文化遗产的科学研究价值主要表现在以下两个方面。

一方面，青藏地区蒙古族非物质文化遗产是青藏高原蒙古族历史的产物，是对历史上不同时代的蒙古族生产力发展状况、与其他民族相融交流的独特民俗文化及生存发展的科学知识的原生态的保留和反映，存留了蒙古族人民当时的思想认识水平、生活情感态度、科学发达程度、风俗信仰禁忌等社会历史文化内容，因而具有较高的科学研究价值。

另一方面，青藏地区蒙古族非物质文化遗产本身就具有相当高的科学含量和内容，有较多的科学成分和因素。在青藏地区蒙古族非物质文化遗产中，最具代表性的就是以蒙医药为代表的传统蒙医药遗产和各种各样的传统手工技艺遗产。因此，我们要充分认识青藏地区蒙古族非物质文化遗产所具有的科学研究价值，积极地保护、传承和深入研究，从而更好地丰富人类的历史文化知识，提高人们的科学认知水平。

---

[1] 王文章：《非物质文化遗产概论》，97页，北京，文化艺术出版社，2006。

（四）审美艺术价值

审美艺术价值决定着非物质文化遗产价值体系的价值取向。青藏地区蒙古族非物质文化遗产中有着丰富的审美资源，其表演艺术类及传统技艺类的非物质文化遗产具有极高的艺术审美价值，是进行文化艺术研究的宝贵资源。丰富多彩的非物质文化遗产展现了青藏地区蒙古族的生活风貌、审美情趣和艺术创造力，审美价值极高。

首先，非物质文化遗产中大量的艺术作品是历史上不同时代、不同民族人民劳动和智慧的结晶，是按照当时的审美标准、审美风尚创造的艺术产品。它们能流传至今说明其审美水平和创造美的能力得到了历史上不同时代人的认可、接受、赞美和欣赏，有极高的审美价值，也值得今天的人们去认识、欣赏和研究。[①] 青藏地区蒙古族非物质文化遗产中有很多手工技艺、如蒙古包、马头琴、刺绣、服饰、木雕等非物质文化遗产项目都具有重要的审美价值，它们反映和表现了蒙古族群体杰出的艺术才能。

其次，青藏地区蒙古族非物质文化遗产中的艺术创造与艺术形式不仅打动人类心灵，也能触动人类情感。通过青藏地区蒙古族非物质文化遗产中的艺术作品，我们可以形象地看到当时蒙古族在青藏高原所发生的历史事件及其与藏族、汉族等其他民族之间的文化交流与融合，蒙古族的生存状态和生活方式、生活习俗以及思想情感、艺术创作方式和特点。例如，蒙古包的结构有一个比较一致的标准和规则，构成了一个完整、协调的美学造型，体现了青藏地区蒙古族人民的心灵之美和巧妙的构思以及对美好生活的向往。

最后，青藏地区蒙古族非物质文化遗产本身所具有的文化艺术创作的素材，为新的文艺创作提供了取之不竭的源泉。比如青藏地区蒙古族民间文学、民歌长调等文化遗产项目中有很多优秀作品就是从非物质文化遗产中孕育出来的，很好地发挥了青藏地区蒙古族非物质文化遗产的审美再造功能，充分利用了蒙古族非物质文化遗产的审美艺术价值。在青藏地区蒙古族非物质文化遗产中，不仅有海西蒙古族英雄史诗《汗青格勒》、蒙古民歌等具有极高审美价值的民间文学、表演艺术类非物质文化遗产等具有审美价值，而且蒙古

---

① 韩基灿：《浅议非物质文化遗产的价值、特点及其意义》，载《延边大学学报（社会科学版）》，2014，27（4）。

族服饰、刺绣、木雕等遗产也普遍涉及美德内容，具有重要的审美艺术价值。

（五）教育价值

非物质文化遗产的教育价值并不仅仅指教育在非物质文化遗产保护与传承中所发挥的功能，还主要指非物质文化遗产中所蕴含的教育价值功能，对于弘扬我国优秀的传统文化，提升人们的综合素质有着独特的作用和意义。青藏地区蒙古族非物质文化遗产中有着丰富的教育资源，是培育民族道德观、是非观和人生观的重要途径和手段。

青藏地区蒙古族民间故事以朴实、生动的语言，讲述人物故事或者从生活体验中塑造人物形象和故事情节，阐明某种哲理，表明该赞美什么、贬斥什么，以启发人们向善、向美，营造良好的社会风尚和社会文明。[1]在青藏地区蒙古族民间故事中，不仅可以看到蒙古族人民的经济生活、阶级关系、思想观念和风俗习惯等，而且可以反映出青藏地区蒙古族宽容、勤劳、诚信、团结、和谐等传统美德和高尚品德。

青藏地区蒙古族群众中广为流传的谚语具有"通俗的语言，深刻的道理"[2]的特点，从思想内容上看，有反映热爱家乡、尊老爱幼的，有提倡团结友爱、勤劳勇敢、艰苦奋斗的，有反映热爱知识、刻苦学习、追求真理的，还有坚持扬善惩恶、崇尚忠实诚信的，内容十分丰富，形象、生动地告诉我们许多人生的道理和知识、经验，具有深刻的启迪和教育意义。

（六）旅游经济价值

由于非物质文化遗产具有不可再生性、稀缺性和唯一性等特点，由此形成了优质而丰富的旅游资源，对提升当地的社会文化地位有着积极的作用。青藏地区蒙古族非物质文化遗产由于其内容与形式的独特性、种类的丰富性以及呈现的神秘、神奇、原始等特征，使其具有很高的观赏价值、科考价值，进而形成了众多的现实人文旅游景观，如德都蒙古族独特的服饰景观、饮食景观、歌舞景观、节日习俗景观、手工技艺景观及宗教活动景观等。

---

① 贾晞儒：《德都蒙古文化简论》，北京，民族出版社，2014。
② 贾晞儒：《德都蒙古文化简论》，北京，民族出版社，2014。

　　青藏地区蒙古族原生态的非物质文化遗产具有可参与性。例如，那达慕、祭湖、祭火、祭敖包等风俗仪式都可以为广大游客展现及体验独特的民族文化。在旅游开发中通过深入挖掘非物质文化遗产的文化内涵，开发符合需求的旅游产品，将有利于体现其经济价值，也将为非物质文化遗产的保护提供必要的经济支撑。因此，在非物质文化遗产旅游开发中，要秉承科学、合理、适度的原则，在保护中利用，在利用中进一步丰富它的艺术、科学、历史和社会价值，使其更加适应社会的发展。必须指出的是，开发和利用这些旅游文化资源时应当根据非物质文化资源的特点，考虑到遗产及遗产地的承载力，遵循文化的发展方向性原则、景区文化定位原则、地域与民族特色原则和可持续发展原则等一系列基本原则，显示人们的理想追求和价值观念，在创新中突出地方特色、民族特色及文化定位，保持区域旅游持续发展的强劲势头。①

---

① 邸平伟：《青藏铁路非物质文化遗产与旅游——以西宁至格尔木段沿线及周边为例》，北京，民族出版社，2012。

第五章　青藏地区蒙古族非物质文化遗产保护与传承现状

青藏地区蒙古族非物质文化遗产历史悠久，数量众多。近年来，青海及甘肃等地区的蒙古族非物质文化遗产保护工作在国家及地方政府的正确领导下，在挖掘、普查、确认、抢救、保护、研究、宣传、弘扬、传承等方面取得了明显成效。

第一节　主要做法及成效

一、挖掘整理收效明显

为了进一步挖掘和保护青藏地区蒙古族非物质文化遗产，不断增强文化自信，传承文化底蕴，青海省海西蒙古族藏族自治州、海北藏族自治州、黄南州河南蒙古族自治县及甘肃省肃北蒙古族自治县等地区深入挖掘蒙古族民间文化遗产。近年来，在非物质文化遗产挖掘、保护、管理、传承工作中，坚持"保护为主、抢救第一、合理利用、传承发展"的方针，健全机制、突出重点，强化措施、整体推进，通过加强非物质文化遗产保护及管理，继承和弘扬地方民族优秀传统文化。各级文化部门工作人员采取走访、查阅资料、实地录音录相拍照等形式，广泛调查、搜集非物质文化遗产项目，了解其地理环境、历史渊源、主要特征、重要价值、濒危状况。

　　笔者于 2014 年 7 月 2 日前往海西州民族文化中心，拜访了群众艺术馆研究员跃进，针对海西州民族民间文化遗产的抢救保护工作进行访谈。他提到：海西州非物质文化遗产保护的挖掘、收集工作始于 1986 年 6 月。民族民间文化遗产抢救保护工作实质就是抢救、保护非物质文化遗产工作。自 1985 年以来，海西州文化工作者就参加了"中国民间文学三套集成"工作。1988 年 6 月至 1991 年 10 月，他们深入基层，搜集整理了大量的民间文学，编辑翻译了《海西民间故事》《海西民间谚语》《海西民间歌谣》三本内部资料书，填补了海西蒙古族民间文学汉文翻译的空白，为海西州抢救、保护民间文化遗产工作打下了基础。之后又参与编辑整理了《中国曲艺音乐集成·青海卷》《中国民间舞蹈集成·青海卷》《中国民间故事集成·青海卷》等，编写了其中有关蒙古族民间曲艺、民间舞蹈、民间故事等内容的章节。2003 年 6 月，编辑出版了《青海蒙古族格斯尔传说》和《青海蒙古族祝赞词》两本书，填补了青海蒙古族格斯尔传说没有文字记载的空白。海西州在抢救、保护蒙古族非物质文化遗产过程中得到了当地政府部门的大力支持，出版了很多有关非物质文化遗产的书籍。其中具有典型意义的是 2008 年由内蒙古教育出版社出版的《青海蒙古族民间口头文学集锦》（上下册，蒙古文版）150 万字，在内蒙古、新疆等蒙古族人口集中地区受到重视，被誉为"德都蒙古青史"。另外，与西北民族大学的额尔登别力格教授合著的《青海蒙古族民间文学研究》（蒙古文版）一书受到了省内外专家和读者的好评。以上这两本书出版之后，很多蒙古学专家、学者开始关注海西蒙古族文化遗产。此后还出版了《青海蒙古族民间艺人》、《海西那达慕》（画册）、《柴达木历史与文化》、《瀚海友情》、《青海土尔扈特蒙古人》等民间文化书籍。2009 年出版的《青海海西蒙古族风俗文化》（汉文版）一书全面介绍了海西蒙古族的风俗文化，受到海西州政府的重视。

　　从 2003 年 7 月开始，在全国启动"中国民族民间文化保护工程"的背景下，海西州文化部门继续有目的、有计划地在全州范围内对许多民间艺人进行采访，挖掘并搜集了大量资料，先后出版了《青海蒙古族民间口头文学集锦》（上下册）、《青海蒙古族民间文学研究》、《青海蒙古族民间艺人》、《海西那达慕》（画册）、《柴达木历史与文化》、《瀚海友情》、《青海土尔扈特蒙古人》、《青海蒙古族民间故事精选》（汉文版）、《德都蒙古情歌》、《蒙古族少儿故事》（汉文版）等有关非物质文化遗产的图书、画册及青海蒙古族长调音乐《呼和苏里的骏马》（DVD），为海西州非物质文化遗产的保护和研究提供了不可多得的文史资料。海西州专门成立《海西非物质文化遗产丛书》编委会，组织有关专家、学者，先后编辑出版了《海西非物质文化遗产丛书》13 本，其中大多数论及蒙古族非物质文化遗产。如 2009 年出版的《青海海西蒙古族风俗文化》是一本全面介绍海西蒙古族风俗文化的汉文书籍，得到了海西州政府的重视。后又编辑出版了《柴达木民间文化》（汉文版）、《德都蒙古民间传说》（汉文版）、《海西民歌"花儿"》（汉文版）等。2019 年出版发行了《海西非物质文化遗产丛书》，其中包括跃进编辑的《汗青格勒史诗口头传统文化》和《德都蒙古历史简编》、巴音斯格力编辑的《德都蒙古传统器具文化》、巴特尔编辑的《德都蒙古部落姓氏文化》及东梅编辑的《德都蒙古民间禁忌》，在全省历史文献和民俗、民间文学领域产生了广泛的影响。《海西非物质文化遗产丛书》的出版发行对继承和弘扬海西州民族文化艺术的优良传统、发展民族文化、加强民族团结、丰富人民群众的文化生活以及落实科学发展观、构建社会主义和谐社会和经济建设具有一定的现实意义。同时，对海西州非物质文化遗产抢救、保护工作和各民族的政治经济、历史文化、宗教信仰、风俗习惯具有一定的研究价值。此外还出版了《德都蒙古情歌》（CD）、《德都蒙古民歌精选》（CD）、《德都蒙古服饰》等非物质文化遗产影像资料，还有国家级非物质文化遗产专项资金项目"柴达木民间文化""汗青格勒史诗口头传统文化""德都蒙古文化"等研究成果。

甘肃省肃北蒙古族自治县对本地区蒙古族文化的挖掘较早。20 世纪 50 年代，组织民族研究方面的学者和民族工作者，在肃北进行了广泛深入的调查，编写了《肃北蒙古族社会历史调查》和《肃北蒙古族自治县地方概况》两本资料。[1] 1989 年，肃北蒙古族自治县组织编纂出版《肃北蒙古族自治县志》、《肃北蒙古族宗教志》（克那木格著）、《肃北蒙古婚礼和格言集》（诺·丹巴编著），还有乔吉布、窦步青、山西、巴图门克等地方文化人士收集整理的《肃北民间英雄史诗》《肃北蒙古民间故事》《肃北蒙古人民歌辑录》《肃北蒙

---

[1]　韩积罡：《甘肃肃北蒙古族文化传承与发展》，秦皇岛，燕山大学硕士学位论文，2016。

古民间故事传说》《肃北文史资料集》等，这些材料以蒙汉两种语言从不同
侧面描述了肃北蒙古族的传统文化，不但对了解肃北蒙古族文化提供了宝贵
的材料，而且对保留和传承肃北蒙古族传统文化也起到了积极的作用。改革
开放以后，逐渐有了对肃北蒙古族文化进行系统性研究的著作和学术论文。
2004 年，李玉宁编著出版了《甘肃蒙古族文化形态与古籍文存》。2006 年，
由查干扣主编，高木齐格、李玉宁、乔吉布、克那木格编写的《肃北蒙古人》
由民族出版社出版。2020 年，由肃北蒙古族自治县政协编辑的《肃北民歌》
（《肃北文史》第六辑）（内部资料）发行。[①]肃北蒙古族自治县政协文史工作
者与蒙古族文学爱好者全·乔吉布老先生深入各乡镇、村蒙古族群众中，广
泛搜集资料，精心筛选、整理了具有代表性的 76 首民歌，用蒙古、汉两种文
字记录歌词，配以曲谱，不仅挖掘、保存了肃北蒙古族民间音乐作品，也为
社会各界人士了解肃北民族文化提供了依据。

总体上说，这些工作成果客观、全面地记录了德都蒙古非物质文化遗产
代表性项目的内涵、表现形式及其存续状况，为人们了解、研究，进而开展
保护、传承和传播工作留下了宝贵资料。

二、普查申报成果突出

近年来，青海及甘肃肃北坚持"保护为主、抢救第一、合理利用、传承
发展"的保护方针，以普查申报为基础，以宣传展示为载体，以传承发展为
目标，健全机制、强化措施，推进非物质文化遗产保护和传承工作。普查工
作是非物质文化遗产保护中的基础工作。青藏地区蒙古族非物质文化遗产的
普查申报工作主要在青海海西州、海北州、黄南州河南蒙古族自治县及甘肃
省肃北蒙古族自治县实施。

自 2008 年青海海西州非物质文化遗产普查工作开展以来，按照"不漏
村镇、不漏项目、不漏种类"的工作要求，坚持深入牧区、深入牧户开展普
查工作。截至 2018 年，青海海西州共普查登记 13 大类 449 项非物质文化遗

[①] 韩积罡：《甘肃肃北蒙古族文化传承与发展》，秦皇岛，燕山大学硕士学位论文，2016。

产保护项目、293 名非物质文化遗产传承人。[①] 坚持以特色促申报，以申报促保护，截至目前，海西州申报的非物质文化遗产名录及其代表性传承人名录项目中，被列入国家级非物质文化遗产代表作名录项目（蒙古族）有 6 项，代表性传承人 4 名（已故 2 名），省级非物质文化遗产代表作项目蒙古族 28 项，代表性传承人 41 名（已故 5 名），省级非物质文化遗产项目传承基地 2 所，州级非物质文化遗产代表作项目蒙古族 51 项，代表性传承人 208 名，州级非物质文化遗产项目传承基地 30 多所，县级非物质文化遗产代表作项目 300 余项。[②] 2017 年，成功申报省级文化生态保护实验区"德都（海西）蒙古文化生态保护实验区"。2019 年，德令哈德园文化旅游产业发展有限公司、德令哈陶尔根文化艺术品有限公司等四家单位获批第一批省级民族手工艺品加工生产扶贫基地。2020 年，德令哈陶尔根文化艺术品有限公司获批省级非物质文化遗产扶贫就业工坊。积极落实非物质文化遗产项目文化扶贫工程，让更多的农牧民受益于非物质文化遗产，让非物质文化遗产走进现代生活。

甘肃省肃北蒙古族自治县非物质文化遗产普查范围涵盖 11 个门类 31 个项目，共收集整理包括"民间文学""民间美术""民间音乐"等普查项目原始书籍（记录稿）129 本（篇）、音像资料 275 盘（张）、实物道具 1 件（把），完成普查重点项目录像资料 78 分钟、光盘 25 张。编纂文字资料计 3 万多字，顺利完成肃北蒙古族自治县非物质文化遗产普查工作任务，为今后进一步完善肃北"非遗"项目数据库提供了翔实可靠的原始资料。[③] 2016 年，《甘肃省肃北蒙古族自治县非物质文化遗产保护条例》获批。截止目前，肃北已公布非物质文化遗产项目 99 项，其中被列入国家级非物质文化遗产项目 2 项、省级非物质文化遗产项目 7 项、市级非物质文化遗产项目 29 项、县级非物质文化遗产保护项目 61 项。已公布的代表性传承人共 74 人，其中国家级代表性传承人 1 人、省级代表性传承人 3 人、市级代表性传承人 19 人、县级代表性传承人 51 人[④]。

---

① 吴婷婷：《我州普查登记 226 项非遗项目》，载《柴达木日报》，2018-12-03。
② 以上数据资料来源于海西州非物质文化遗产传承保护中心。
③ 赵心园：《肃北蒙古族自治县少数民族非物质文化遗产与保护》，兰州，西北民族大学博士学位论文，2018。
④ 以上数据资料为实地调研肃北蒙古族自治县蒙古族非物质文化遗产时获取。

三、组织机构逐步完善

2008 年 8 月，青海省海西州投资兴建民族文化活动中心，这是在 1976 年成立的海西州群众艺术馆的基础上建设的，2011 年 5 月 1 日正式开馆运营。中心建筑面积 30476 平方米，工程投资金额 2.7 亿元，是集展示、会议、娱乐、健身等为一体的综合性文化活动中心。2019 年 10 月，建立海西州文化馆，同时挂牌成立海西州非物质文化遗产传承保护中心。非物质文化遗产传承保护中心是负责海西州非物质文化遗产保护传承工作的业务部门，内设非物质文化遗产传习所、非物质文化遗产实物陈列馆、非物质文化遗产档案室、非物质文化遗产数据库（海西州非物质文化遗产网站）等保护机构，安排了专职人员从事非物质文化遗产保护研究工作。其工作范围及主要职责是拟定海西州非物质文化遗产研究和保护总体规划及分布实施计划，制定海西州非物质文化遗产抢救、保护的技术标准和工作规范，组织开展海西州非物质文化遗产的挖掘、整理、抢救、保护和研究工作。海西州民族文化活动中心创办"海西州非物质文化遗产网"，整理、完善了海西州非物质文化遗产数据库。

除此之外，大力推进社会力量参与保护非物质文化遗产。2010 年，注册成立非营利机构柴达木民族文化传播中心，下设德都蒙古文化研究部、德都蒙古文化培训部、海西州非物质文化遗产传承基地、非物质文化遗产生产性保护部、天驹影视音乐制作部、汗青格勒乐团、海西藏族文化传播发展部、巴音河西岸艺术长廊部等，创办了柴达木民族文化网站、柴达木文化公众微信平台。民族文化活动中心联合有志于民族文化发展交流的团体和各界人士，抢救保护和搜集整理非物质文化遗产，使中心真正成为增进各民族之间的交流交往的纽带，为弘扬各民族优秀文化做出自己的贡献。该中心的业务范围主要包括搜集整理、拍摄录制、编辑出版非物质文化遗产作品，传承、传播发展民族音乐，编辑出版民族音乐专辑，建立非物质文化遗产数据库，传播、开发非物质文化遗产产品，发展民族文化产业和民间手工艺术品、民族服饰产业，推进民族文化交流、民族文化艺术人才培训，建立民族文化人才与作品库，拍摄录制民俗文化专题片，建立柴达木民族文化图片库，推进现代民族文化艺术交流与传播发展。目前，该中心已成功录制、拍摄、编辑、出版了德都蒙古民歌专辑《呼和苏里的骏马》原创音乐专辑《都兰之歌》、原创歌曲集《相聚那达慕》、青年歌手利特尔专辑《我的故乡柴达木》、百米绘画长卷《汗青格勒》、摄影画册《海西那达慕》等。汗青格勒乐团录制完成了德都蒙古英雄史诗《汗青格勒》、德都蒙古民歌《嘎斯湖畔的芨芨草》、德都蒙古情歌《不要丢下我就走》等。策划、承办了 2013 年德都蒙古春节晚会"金色德令哈·汗青格勒之乡"，2014 年创办了首届德都蒙古新春歌会"汗青格勒之乡·聚宝盆的祝福"，2015 年打造并上演歌舞剧"寻找汗青格勒"，2016 年拍摄完成纪录片《德都蒙古查干萨日》。德都蒙古民族工艺制作中心致力于开发柴达木民族工艺，研发和制作雕塑、浮雕、工艺玻璃、民间手工艺、刺绣、编织、石雕、书画摄影等民族工艺。2017 年，民族文化活动中心被青海省妇女联合会评为"青海省妇女手工作品示范基地"。此外，民族文化活动中心积极参与海西蒙古族非物质文化遗产的申报及传承工作。2016 年 6 月 11 日，"海西州非物质文化遗产传承基地"挂牌成立。海西州非物质文化遗产传承基地主要分非物质文化遗产传承基地传承区、非物质文化遗产传承基地创意区、非物质文化遗产传承基地体验区三个部分。传承区作为列入国家、省、市（州）、县四级名录的非物质文化遗产代表性项目免费传承、传习和传播场所，对传承项目进行统一宣传、统一招收徒弟、统一开展传习和传播工作。创意区重点打造手工艺类等非物质文化遗产项目，专业技术人员对传承人的业务技能进行辅导，协助创意设计非物质文化遗产产品，传承与生产非物质文化遗产创意产品。①体验区以德都蒙古民歌、德都蒙古长调音乐、德都蒙古拉利（情歌）、德都蒙古英雄史诗等优秀艺术形式展示和打造民族艺术品牌。

　　2004 年，肃北蒙古族自治县成立民族民间文化遗产普查临时机构，将民族民间文化遗产的保护范围从以民间文学为主扩展到了与传统文化表现形式相关的所有文化空间，非物质文化遗产保护中心应运而生。2009 年，非物质文化遗产保护中心正式开馆，总占地面积达 5237 平方米，其中设有非物质文化遗产保护成果展、毛类制品手工艺传习所、剪纸艺术传习所、马上用品制作技艺传习所、刺绣工艺传习所、手工密缝毡毯制作技艺传习所、传统游戏夏尔传

---

① 德期道玛：《让非遗活在当下在活态中传承》，载《柴达木日报》，2016-06-18。

习所等展厅，陈列了雪山蒙古族服饰、蒙古族密缝毡毯、马上用品、夏孕等代表性非物质文化遗产项目，通过非物质文化遗产代表作之间的空间组合、视觉场景展示和综合服务功能相配套等途径，以"记忆、传承、快乐、和谐"为宗旨，为参观者营造零距离感受肃北蒙古族自治县非物质文化遗产代表作魅力的场景。除此之外，还设置美术创作室、音乐培训室、文创展厅、工艺美术培训室等展厅，为肃北蒙古族自治县的非物质文化遗产保护工作奠定了坚实基础。总投资 1200 万元的肃北蒙古族自治县非物质文化遗产保护中心数字演艺厅即将完工并投入使用。数字演艺厅总建筑面积约 4680 平方米，具备会议、电影、演绎三大功能。在非物质文化展示中心开展非物质文化遗产项目的展览、演示、制作、加工、销售，分不同主题集中展示肃北雪山蒙古族生产生活、服饰饮食、宗教信仰、语言文字、婚庆习俗、民族工艺、民族医药等非物质文化遗产。除此之外，肃北蒙古族自治县支持各级非物质文化遗产代表性传承人建立传习所或传承人工作室。2020 年，肃北蒙古族自治县四馆合一，打造非物质文化遗产生产性保护示范基地，将 70 多个传习所集中起来，免费提供场地，实现所有重点项目都有一个较规范的传习所的目标。[1]

四、逐步建立制度性保障

首先，非遗保护法规建设不断加强。为了深入贯彻依法治国方略，把法治建设作为非遗保护工作的重中之重。2011 年正式实施的《中华人民共和国非物质文化遗产法》为非物质文化遗产的立法保护提供了制度保障。随着《中华人民共和国非物质文化遗产法》的正式颁布实施，全国 26 个省、区、市随之颁布了非物质文化遗产保护条例，许多有立法权的市、县出台了本区域的非物质文化遗产保护地方性法规，一些地方还出台了非物质文化遗产代表性项目保护的专项法规，各地设立了非物质文化遗产处和非物质文化遗产保护中心等，非物质文化遗产从抢救保护过渡到建章立制时期。为了保护和传承青藏地区蒙古族非物质文化遗产，相关地区也在不同程度地推进非物质文化遗产的立法保护工作。例如，《青海省非物质文化遗产条例》于 2021 年 9

---

[1]　杨帆：《守护精神家园　尽展文化风采》，载《酒泉日报》，2020-08-19。

月 29 日由青海省第十三届人民代表大会常务委员会第二十七次会议通过，并于 2021 年 12 月 1 日施行，内容共 7 章 56 条。《甘肃省肃北蒙古族自治县非物质文化遗产保护条例》于 2016 年 11 月 24 日由甘肃省第十二届人大常委会第二十七次会议通过，由肃北蒙古族自治县人民代表大会常务委员会颁布实施。条例共有 6 章 44 条，针对肃北蒙古族自治县非物质文化遗产保护现状和亟待解决的问题，在非物质文化遗产保护范围、调查申报、传承与传播、保护措施和法律责任等方面做出了具体规定，具有较强的针对性和可操作性。青海省的海西州、黄南州河南县等蒙古族聚居区实施与非物质遗产保护有关的法律法规和地方性管理办法，如 2018 年 2 月施行的《青海省非物质文化遗产保护办法》、2019 年印发的《非物质文化遗产传承发展工程实施方案》《青海省省级非物质文化遗产代表性传承人认定管理办法》等。

其次，建立较为完备的四级名录体系，从而为非物质文化遗产项目的有序申报、保护和传承提供了制度性保障。四级名录体系是指为使中国的非物质文化遗产保护工作规范化，国务院发布《关于加强文化遗产保护的通知》并制定"国家＋省＋市＋县"四级保护体系，要求各地方和各有关部门贯彻"保护为主、抢救第一、合理利用、传承发展"的工作方针，切实做好非物质文化遗产的保护、管理和合理利用工作。截至目前，青海省及甘肃肃北蒙古族自治县在原普查申报的基础上进一步建立和完善了本地区非物质化遗产四级名录体系建设和档案的建立健全工作，已建成四级非物质文化遗产名录体系。青海省海西州已公布的蒙古族非物质文化遗产项目 381 项，其中国家级非物质文化遗产代表性项目 6 项、省级非物质文化遗产代表性项目 26 项、州级非物质文化遗产代表性项目 51 项、县级非物质文化遗产代表性项目 300 项。青海海晏县已公布的蒙古族非物质文化遗产代表性项目 8 项，其中省级非物质文化遗产代表性项目 1 项、州级非物质文化遗产代表性项目 2 项、县级非物质文化遗产代表性项目 5 项；青海省河南蒙古族自治县已公布的蒙古族非物质文化遗产代表性项目 118 项，其中国家级 1 项、州级 17 项、县级 185 项；甘肃省肃北蒙古族自治县已公布的蒙古族非物质文化遗产代表性项目 99 项，其中国家级非物质文化遗产代表性项目 2 项、省级非物质文化遗产代表性项目 7 项、市级非物质文化遗产代表性项目 29 项、县级非物质文化遗产保护项目 61 项。

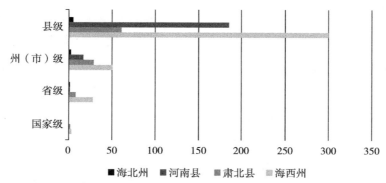

图 5-1　青藏地区蒙古族主要聚居区非物质文化遗产项目四级名录

五、非物质文化遗产保护传承意识及能力显著提升

为切实提高各类非物质文化遗产代表性传承人的法制意识和思想水平，增强非物质文化遗产传承的责任担当，提升非物质文化遗产保护传承能力，进一步促进传统工艺更广泛地走进现代大众生活，达到见人、见物、见生活，各个地区都开始强化非物质文化遗产宣传，加大非物质文化遗产项目传承人培训力度。近几年，青海海西州以"文化遗产日""百姓舞台""柴达木之夏""非物质文化遗产展演周"为平台，通过图片、实物展示及原生态演唱等方式弘扬传统文化，继承和保护民间文化遗产。同时，通过非物质文化遗产民俗陈列馆和传习所展厅，展示全州非物质文化遗产代表作及其传承人名录的基本情况，利用"那达慕"、"孟赫嘎拉"、牧民文化节等民间文化活动，活态性展示、保护、传承非物质文化遗产相关项目，进一步激发传承人和民间艺人的积极性和参与度，为推动全州非物质文化遗产保护营造良好氛围。①2018 年 5 月，青海师范大学美术学院举办"省级非物质文化遗产传承人群研修研习培训计划——青海师范大学蒙古族刺绣培训班"，海西州 40 多名蒙古族刺绣传承人及刺绣从业者参加了本次培训，为期 15 天。2018 年 6 月 25—29 日，海西州非物质文化遗产传承保护中心举办了海西州"三区人才"第三届蒙古族民歌（合唱）培训班。2018—2019 年，举办了四期海西州国家级非物质文化遗产项目"蒙古族民歌"培训班，参训人员每期 40 ~ 50 人。2018 年 12 月，海西州选派多

① 吴婷婷：《我州普查登记 226 项非遗项目》，载《柴达木日报》，2018-12-03。

名非物质文化遗产传承人参加了由青海省文化和新闻出版厅举办的中国非物质文化遗产传承人群研修研习培训计划——"青海民族大学石刻传承人群培训班"，培训班为期 1 个月。2019 年 11 月 15—20 日，举办了海西州省级非物质文化遗产代表作名录民族刺绣类培训班，来自全州各地区的刺绣传承人及民间艺人 150 多人参加了培训。2019 年 8 月 13—19 日，在都兰县巴隆乡举办为期一周的 2020 年海西州"三区"人才支持计划文化工作者毡绣培训班，为当地 40 多名蒙古族刺绣传承人及刺绣爱好者传授技艺、开阔眼界。

肃北蒙古族自治县通过举办非物质文化遗产展演活动，进一步宣传和普及肃北的非物质文化遗产知识，增强全社会非物质文化遗产保护意识，集中展示肃北非物质文化遗产保护成果和丰富的非物质文化遗产资源。肃北蒙古族自治县于 2020 年举办非物质文化遗产保护传承培训班，邀请省、市非物质文化遗产研究专家进行现场培训，县文化系统相关人员和全县非物质文化遗产代表性传承人 100 余人参加培训。近几年，肃北蒙古族自治县组织省、市、县级非物质文化遗产传承人开展了蒙古族服饰培训班、蒙古族祝赞词培训班、银器制作技艺培训班、汗青格勒培训班及皮毛加工培训，培训人员达到 200 余人。

总体上来说，这些活动的开展有效增强了大家的文化参与感、获得感和认同感，向社会充分展示了青藏地区蒙古族文化遗产的魅力，同时帮助传承人强基础、拓眼界、增学养，增强了传承人及民间艺人的文化自信。

第二节　青藏地区蒙古族非物质文化遗产传承方式

一、非物质文化遗产传承走入学校——记《汗青格勒》传承方式

少数民族非物质文化遗产的活跃与发展离不开教育，尤其是学校教育的传承，学校教育是非物质文化遗产传承最为核心和有根本性的举措。把非物质文化遗产传承教育纳入学校正规教育，可以从一定程度上继承和发展优秀的传统文化，使民间文化的传承后继有人，同时也使广大少数民族青少年学

生学习本民族传统文化，有利于学生个人的发展，也有利于学校的发展。

《汗青格勒》作为海西蒙古族英雄史诗主要是以说唱方式表现的"活态"文化遗产。然而，随着科学技术的进步和市场经济的繁荣及主流文化的影响，人们的文化生活日益丰富和多样化，对英雄史诗的关注越来越少，尤其是青少年，其生活观念和欣赏理念发生了变化，许多人对传统英雄史诗表现出了冷淡的态度，对传统文化知之甚少。随着城镇化进程的加快，农牧民接触电视、网络、手机等高科技产品的机会和时间越来越多，加上忙于各种生产经营活动，对传统民间艺人讲故事、传说和英雄史诗失去兴趣，很少有人欣赏艺人说唱表演，更少有人学习这种口传文化。因此，英雄史诗说唱和演唱的民间艺人普遍年龄偏高，出现断层现象，急需保护和传承。

图 5-2　小学生与艺人一起演唱《汗青格勒》（乌席勒摄）

为此，海西州政府于2007年建立海西州非物质文化遗产保护工作联席会议制度，统一协调解决非物质文化遗产保护工作中的重大问题。在联席会议成员单位职责中，州教育局负责推动非物质文化遗产保护内容进校园、进课堂。在海西州府所在地德令哈市有一所蒙古族学校——德令哈市民族学校，该校是德令哈市唯一一所十二年一贯制兼顾民族幼儿教育的民族学校，《汗青格勒》的传承在该校幼儿园及中小学教育中得到了较好的发展，由老艺人配合相关部门的工作，利用学生假期，走进学校授课，培养了一批又一批说唱小艺人，并在舞台上进行表演，表现了孩子们对蒙古族传统文化的传承和发扬及对时代文明的追求。除此之外，还在其他县的民族中学组织学生学习《汗青格勒》英雄史诗说唱艺术。如今，这些学校成为英雄史诗的传承基地，学校将蒙古族非物质文化遗产作为兴趣小组纳入学校平时的教学中，作为学生们学习民族文化的兴趣课程，内容广泛，有"祝赞词"、"马头琴"、"德都蒙古长调"、"蒙古象棋"、"夏嘎"（骨节）、"陶布绣尔"（乐器），等等。部分学校每周选择一天作为民族文化传承日。肃北蒙古族自治县多年来始终坚持开展"民族文化进机关进校园"活动，肃北蒙古族服饰、祝赞词、持续开展以长调等非物质文化遗产项目为主要活动内容的课间活动，传承人带着自己的独门绝技，给广大干部群众及学生群体传经送宝，爱护民族文化、尊重传承人的社会氛围日渐浓厚。①

图 5-3　小学生在民俗课上演唱史诗

---

① 杨帆：《守护精神家园　尽展文化风采》，载《酒泉日报》，2020-08-19。

二、传承人传承非物质文化遗产——访省级传承人秋日青

传承人是非物质文化遗产保护与传承的载体，尊重和保护传承人，关注他们的生存状态，提高他们的社会地位和经济地位，支持和保障传承人开展传承活动，是各级政府部门应该重视的一项工作。

在青海蒙古族聚居的地区，中华人民共和国成立前很少有蒙古族识字懂文，许多民俗和民间文学主要是依靠民俗活动及口述形式流传下来。当然不是通过每一个人来传播的，有的人会讲故事，有的人不会讲故事，有的人会祝词，有的人不会祝词，有的人会唱民歌，有的人却不会，等等。在这种情况下，民间逐步形成了一支以中老年为主体的会讲故事、会颂词、会唱歌的民间艺人队伍。他们是青海蒙古族民间文学的直接创作者、继承者和传播者，他们的原生态作品表达了本地域、本民族的纯真感情，经过历代相传，集中了无数劳动者的智慧和创造，表达了他们对美好生活的向往。他们为本民族优秀文化的继承和发展做出了不可磨灭的贡献。因此，青海海西州各级政府部门非常重视，先后申请并成功审批 254 名国家级、省级、州级蒙古族非物质文化遗产代表性传承人。除此之外，为了及时抢救和保护非物质文化遗产，海西州群众艺术馆研究员跃进在对海西州民间艺人的简历及学习过程进行全面调查、搜集、整理的基础上，编写了《德都蒙古民间艺人》（蒙古文版）一书，书中收录了已去世和年长老艺人的资料，成为研究民间艺人及民间文化的珍贵资料。为了使现有的文化得以传承，海西州十分重视由民间艺人传授文化遗产。

2014 年 7 月 1 日，笔者去德令哈市敬老院对一位有名的老艺人秋日青进行访谈。秋日青，1939 年 12 月 30 日出生于克鲁沟旗蓄集乡的牧民家庭，他是家中的长子，父亲叫那昂日瓦，是一位猎人，母亲叫瑶木吉格，是一位牧民。他爷爷是一位有名的民间艺人，既擅长民歌，也会吟诵祝赞词。父亲在其家乡也是一位有名的猎人及木匠。中华人民共和国成立前，他和家人来到藏族聚居区，他在藏族人家放羊。中华人民共和国成立后，全家回到故乡，除了放羊外也耕种少量的田地维持生计。他曾在湟源牧校学习两年的兽医专

业，毕业后回到家乡从事兽医工作。1969—1971 年，秋日青成为蓄集乡人大代表。他在当地不仅是一位有名的兽医，还是对民间故事、歌谣及颂词都很擅长的民间艺人。他自幼从父母那里学习了很多蒙古族民间故事、传说、民歌、祝赞词以及英雄史诗。在许多节日庆典上，他受邀作为"伊若勒齐"（善于辞令的祝颂者）吟唱，为人们送上祝福，献上吉祥的诗篇。

图 5-4　省级代表性传承人秋日青在养老院

采访过程中，秋日青与笔者的交流愉悦，笔者是蒙古族，能用蒙古语与老艺人交谈，沟通没有障碍，能深刻地理解老艺人的所思所想。以下为笔者与秋日青老人的谈话记录。

　　笔者：伯伯，您是多大开始学会说唱的？谁教会您的？

　　秋日青：我是 21 岁左右开始学习的。我的爷爷很擅长说唱，也会唱祝赞词，我的母亲会唱民歌及长调，是他们教会我说唱、祝赞词、唱歌等。

　　笔者：在您小的时候，说唱史诗的人多吗？

　　秋日青：多，那时我们一有时间就听长辈们讲"图吉"（英雄史诗）。

笔者：现在，在您家族里除了您会唱以外，是否还有其他亲戚会说唱？

秋日青：我在自己家族内收了一些徒弟，有一个 25 岁的侄女，名叫伊西措，她学会了说唱史诗并且表现优秀。

笔者：您现在是如何向他人传授这些蒙古族风俗文化的，是去学校教吗？

秋日青：主要是在节日上展演，还有就是在婚礼、剪发礼等特殊场合被邀请的比较多。有时也被学校邀请，多次到民族学校给幼儿园小孩、小学生、初中生上课，给整个一个班级包括老师，先给他们教，之后，老师们根据录制的教学记录自己学会再教给学生。现在很多人都是用现代科技产品录制之后学习。另外，从海北州来了三位年轻人，与我一同住在民族文化中心一周左右，学习祝赞词、婚俗、剪发礼等德都蒙古族风俗，将内容以文字形式进行记录、录制，以便回去学习。

笔者：给报酬吗？如果报酬低会不会影响您的授课效果？

秋日青：给呢，呵呵！即使没有报酬，也不会有什么影响，我仍会热情地传授。

笔者：什么时间政府工作人员开始了对您的采访和关注？您觉得现在也仍然受到政府的重视吗？

秋日青：好像是从 1988 年之后，已经不太记得了。这两年，更是采访次数多。昨天，我和另外 7 个艺人共 8 人应民族文化中心之邀，在柯鲁柯湖畔进行说唱，工作人员录像，受到盛情款待，我也喝醉了，呵呵！对了，还有我的很多荣誉证书也被文化中心借走了，说要登记。

通过与秋日青的交流，笔者可以深切地感受到老艺人的自信与满足。民间艺人获得了社会的尊重和认可，他们获得很大的精神鼓舞。由于秋日青单身一人，没有子女，享受到"五保户"待遇，当时已在敬老院生活了六年之久。他始终致力于民间文化的传承。

2019 年 7 月 9 日，笔者再一次来到德令哈市敬老院看望老艺人秋日青，并对他进行了第二次访谈。老艺人依然身体硬朗，有说有笑，还给学生们唱起了蒙古长调。在交流中他告诉笔者，他现在是名正言顺的传承人了，2014 年 12 月他被评选为第三批省级非物质文化遗产的代表性传承人，政府发放补助，传承史诗、民俗等蒙古族传统文化，有很多个人或单位邀请他传授蒙古族民俗文化或者带队参加比赛。这位 80 多岁的老人依然将蒙古族文化遗产的传承作为他实现人生价值的一个支撑点。

三、非物质文化遗产的舞台化

非物质文化遗产是一种活态文化遗产，活态文化遗产的保存绝不是放在博物馆内保存，而是保存其固有的生命活力。[①] 非物质文化遗产的保存方式尽管多样，但最主要也是最完整的保存方式就是对非物质文化遗产的活态进行保存，同时借助文字、图片、录音、录像等能够长期保存的媒介和数字化信息技术对非物质文化遗产的制作技艺、流程等进行记录、收集、分类、编目等，建立全面、系统的档案资料库。

非物质文化遗产的舞台化是以舞台表演的形式将非物质文化遗产活态化，让更多的群众了解这种文化遗产。当"舞台化"一词出现在非物质文化遗产保护中时，很多学者往往持反对态度，认为非物质文化遗产的舞台化是非民间化，是商业化、利益化，丢失了其原真性。当今在外来文化的冲击下，青少年更热衷于学习和欣赏流行文化，对本民族文化遗产了解甚少。在这样的背景下，非物质文化遗产的舞台化不仅能够使各民族群众，尤其是青少年开始关注与学习传统文化，而且对艺术工作者而言也是重要的传承过程。2014 年 7 月 2 日，笔者去海西州民族文化活动中心采访青海省优秀专家跃进先生，他介绍了海西州蒙古族非物质文化遗产的抢救、挖掘、整理、出版等工作，还谈到传承的有效途径，他说传承是难度最大的工程，非物质文化遗产的传承方式之一就是舞台化。

---

① 陈海根：《保护好少数民族非物质文化遗产》，载《实践（思想理论版）》，2008（10）。

海西蒙古族非物质文化遗产多次以舞台化的方式展演。如2011年3月14日，中央电视台音乐频道《民歌中国》栏目播出专题节目《放歌海西》，以海西蒙古族和藏族歌舞为主，节目首次将非物质文化遗产《阿拉腾嘎德斯》及国家级非物质文化遗产《汗青格勒》搬上荧屏，展现了德都蒙古独特的文化艺术形式。2012年7月31日下午，汗青格勒艺术团在柴达木影剧院举行首场汇报演出，演员们使用传统蒙古族乐器现场弹唱，通过缓慢抒情的描述、激情昂扬的说唱，将《汗青格勒》史诗演绎到了一个新的高度。2013年，由八省区协作委办公室、中共海西州委员会、海西州人民政府主办，中共德令哈市委、德令哈市人民政府、内蒙古电视台、柴达木民族文化传播中心承办的《金色德令哈·汗青格勒之乡》——2013德都蒙古春节晚会是德都蒙古人奉献给广大观众的精神盛宴。它不仅是蒙古族年俗庆典的一种延续与渲染，更是文化与艺术的提升和创新。这次舞台演出最让笔者印象深刻的是国家级非物质文化遗产代表性传承人苏克老人与一群蒙古族儿童共同说唱《汗青格勒》的节目。节目中主持人现场采访苏克老人，他含着眼泪说："我从儿时开始学习《汗青格勒》，是它给了我生活的勇气，使我战胜了很多的困难，坚强地活下来，是英雄史诗让我这个盲人站在了这个舞台上，现在被批准为传承人，我也有义务传习好《汗青格勒》"。2014年，网络系列新春歌会《吉祥海西·放歌柴达木》于2014年春节期间与广大电视、网络公众见面。内蒙古卫视蒙古语频道同期在黄金时段播出《汗青格勒之乡·聚宝盆的祝福》。为了更好地传播柴达木原创歌曲，柴达木民族文化传播中心将新春歌会制作成DVD，发送到农村牧区，丰富了广大农牧民的文化生活，发挥了社会组织的正能量作用。

2015年1月16日，歌舞诗剧《归途·寻找汗青格勒》在长沙首演，这是一台将古老的德都蒙古民歌、史诗与现代舞蹈相结合，以传统文化与现代都市生活相互交融，交叉叙述的歌舞剧。舞者演绎了一个生活在都市的蒙古族青年走出都市寻找蒙古族文化，遇到德都蒙古长调、情歌、摇篮曲、酒歌和猜拳歌，随后又遇到德都蒙古英雄史诗《汗青格勒》，终于寻找到了文化之魂，演绎出精彩绝伦的舞蹈《汗青格勒》。歌剧展现了蒙古族生产生活方式变迁中保留下来的文化记忆，如打酥油、加工羊皮、那达慕摔跤，以及制作套马绳、马鞭、皮革马鞍等非物质文化遗产，同时也展示了德都蒙古长调音乐

《初秋》、德都蒙古短调音乐《阿拉腾布鲁格》、德都蒙古情歌《枣红马》、德
都蒙古酒歌《初升的太阳》、德都蒙古猜拳歌，等等。

图 5-5　歌舞诗剧《归途·寻找汗青格勒》长沙首演

2019 年 12 月 17 日，海西州传统文化再次登上央视舞台，参加由中央广
播电视总台央视财经频道录制的《魅力中国城——魅力盛典》节目，展示了
海西蒙古族刺绣传承人的一幅传统与现代相融合、刺绣工艺与羊毛毡艺相融
合的毡绣作品；著名的蒙古族长调歌手（传承人）演唱的蒙古长调，展示了
与内蒙古长调不同的具有高原文化的青海蒙古长调；由非物质文化遗产传承
人现场介绍了国家级非物质文化遗产代表性项目"那达慕"最传统的竞技项
目"男儿三技"——赛马、摔跤、射箭；展示了花费三年时间搜集整理的马
印羊皮卷，上面记录了 2500 个不同的马印图案，是非常独特的文化形式。以
上事例说明当地政府在资金投入、政策倾斜等方面对传统文化的继承和发展
给予了大力支持，使海西蒙古族非物质文化遗产的舞台化得以成功实施。

四、民族传统节日成为文化传承的课堂——那达慕和"孟赫嘎拉"文化旅游节

民族传统节日是一个民族长期形成的文化内容的缩影，是各民族多样性

文化得以集中表现和传承的重要途径，具有重要的文化传承功能。

那达慕是青藏地区蒙古族的传统节日，具有体系完整、节俗鲜明的特征，在传承蒙古族民俗文化方面具有独特的历史贡献和功能。青海海西州成立以来，当地政府在大力发展各项体育事业的基础上，有组织地定期或不定期地举办那达慕大会。1983 年 8 月，举办了第一届那达慕——乌兰县首届那达慕大会。此后的五年中组织举办了中小型那达慕大会三十余次。现在，海西蒙古族各地区根据不同情况，几乎每年举办一次那达慕大会，在全州范围内一般是每四年举办一次。为了传承那达慕文化，海西州人民政府拨专款举办了七届那达慕大会。那达慕大会的文化内容越来越丰富多样，日益成为集祭祀、竞技、娱乐、经贸交流为一体的群众性娱乐活动。然而，由于牧区村社结构调整、机制转换、草原承包、牧民居住分散等原因，制约了以群众自发为基础的小型那达慕的举办。同时，由于海西地域辽阔、经济相对落后、人们传统观念的转变及多元文化冲击等原因，很多那达慕大会的传统项目失传或处于濒危的境地。为了保护这一传统节日，当地政府将海西州那达慕大会列为海西州盛大的民族节日，确定了固定的经费、固定的时间、固定的组织机构和承办办法。群众文化部门引导群众传承发展那达慕及其传统项目；起草海西民族民间文化保护条例，立法保护民族文化遗产；成立海西州民族民间文化保护工程领导小组，成立由文化、教育、科技、民族宗教、广播电视等不同部门人员组成的海西那达慕文化保护工作组；将发展海西蒙古族那达慕与民族文化产业相结合，建立以传承和发展为目的的民族文化产业运行机制，使这一文化遗产得以继承和发展。除了海西地区以外的蒙古族聚居区，近几年也在积极举办规模不同的那达慕大会。海北州分别于 2016 年、2019 年在海晏县及皇城蒙古族乡举办了两届那达慕大会。

2020 年 8 月 3 日，黄南藏族自治州河南蒙古族自治县迎来了第二十一届那达慕暨草原牧民运动会。河南蒙旗的那达慕大会已逐步发展成为集交流民族文化、传播草原文化、活跃农牧民文化生活、展示旅游特色文化的盛会式，深受各族群众的喜欢。2019 年 8 月 16—18 日，第三届丝绸之路那达慕暨八省区"孟赫嘎拉"文化旅游节在甘肃省肃北蒙古族自治县盛大召开，来自内蒙古、青海、新疆等八个省区共 800 余名运动员参赛。

　　"孟赫嘎拉"文化旅游节是近几年出现的为了丰富牧民群众的文化生活，传承发展民间文化而创办的新型群众文化节。"孟赫嘎拉"是蒙古语，意为永不熄灭的火。这一节日是海西州群众艺术馆和柴达木报社为丰富牧民文化生活创办的一项活动。与蒙古族传统节日那达慕所不同的是，"孟赫嘎拉"文化旅游节不设摔跤、赛马、射箭等项目，而是以诗歌朗诵为主，并且仅限于牧民参加比赛。自 2002 年在都兰巴隆地区首次举办以来，已在八省区范围内推广，目前已经成功举办了十八届，激发了德都蒙古族群众诗歌创作的热情，涌现了一批民间艺人和优秀诗歌作品，文化节也从当初单一的诗歌朗诵，逐年推陈出新，不断丰富内容，拓展到如今的长调、说唱、赞词、拉利等不同风格的表演项目。"孟赫嘎拉"文化旅游节是富裕起来的牧民精神文化生活的真实写照，已经成为草原牧民交流文化、继承传统、展示才能的最佳平台，尤其在挽救和保护民族民间文化遗产、加强牧区精神文明建设、发展民族文化事业方面起到了重要的作用。第十一届"孟赫嘎拉"文化旅游节与第六届蒙古族那达慕有机融合，更加凸显出节日的传承功能。

图 5-6　民间社团举办的骆驼文化艺术节

　　2019 年 8 月 16 日晚，第三届丝绸之路那达慕（肃北蒙古族自治县）暨2019 八省区"孟赫嘎拉"文化旅游节"德都蒙古全席"文化艺术盛宴在甘肃省肃北县举行。肃北蒙古族祝赞词传承人山西吟诵了《巴彦颂祝赞词》《全羊席祝赞词》，歌手演唱了节庆颂政三首歌《在可汗身边》《西藏昭的安宁》《巴音耐日图》，生动地再现了"德都蒙古全席"的盛大过程，充分展示了完整的德都蒙古原生态宴席文化。

除此之外，还举行了两届环"情人湖"骆驼大赛、骆驼文化节，这样的节日深受当地百姓欢迎，节日仪式一年比一年隆重，参与人数一年比一年多，大大增强了当地人的文化自信和文化自豪感，慕名而来的外地游客在节日活动中也获得了愉悦的体验。青海蒙古族那达慕的举办不仅给当地居民带来了经济收入，也使当地居民自发地参与到传承民俗文化中去，经过几年的发展，许多传统已在潜移默化中回归到人们的日常生活中。

五、传承基地成为有效的传承载体

传承基地是非物质文化遗产社会传承和传播的重要平台，是长远文化战略发展的重要载体，标志着非物质文化传承活动的进一步深化，可使非物质文化遗产传承工作实现"各美其美，美人之美，美美与共，天下大同"的文化价值。

乌席勒（又名吴星），原海西州文化馆馆长，退休后自己创办非营利机构——柴达木文化传播中心，致力于蒙古族文化艺术的保护与传承工作。现担任青海省非物质文化遗产协会秘书长、海西州非物质文化遗产传承基地负责人。他多年来潜心研究青海蒙古族那达慕，于 2008 年被认定为省级代表性传承人。以下为笔者对乌席勒的访谈记录。

笔者：现在海西州蒙古族非物质文化遗产保护与传承的整体情况如何？请您简单介绍一下海西州非物质文化遗产传承基地的传承功能。

乌希勒：青海省海西州非物质文化遗产项目十分丰富，种类齐全，其中以蒙古族非物质文化遗产项目居多。截至目前，海西州蒙古族非物质文化遗产已经有 5 个项目入选国家级非物质文化遗产代表性项目，28 个项目入选省级非物质文化遗产代表性项目。当然还有州级项目、县级项目等，已经形成非物质文化遗产代表性四级名录体系。单从全国蒙古族非物质文化遗产项目数量统计来看，海西州并不占优。但文化从来不以体量和数量取胜，而在于工作上是否具有超前意识、非物质文化遗产资源是否具有鲜明的特点、保护和传承是否有序、是否探索出了自己的保护路径，有时甚至是以少胜多。从工作层面看，青海海西州非物质文化遗产工作至少具有起步早、起点高的特点。当非物质文化遗产概念尚未引入中国的20世纪80年代，我们州文化界的有识之士就启动了《汗青格勒》口述记录工程，留下了很珍贵的第一手资料。为加强对非物质文化遗产的保护和传承力度，海西州非物质文化遗产传承基地于2016年登记，同年6月11日挂牌成立，占地面积有3000多平米，坐落于海西州民族文化活动中心三楼。当时，我是以柴达木文化传播中心这个非营利机构的名义申请的基地。基地主要是为非物质文化遗产传承人提供传承、传播、生产、创意和发展的空间，帮助四级传承人创造价值，更好地传承发展蒙古族非物质文化遗产。目前，基地设有传承馆、创意馆、体验馆和非遗创意设计工作室、巴音河西岸艺术长廊。入驻传承基地的蒙古族非物质文化遗产项目较多，有那达慕、民间手工艺、接骨复位、木雕、蒙医药、唐卡、德都蒙古拉利（情歌）、德都蒙古全席、德都蒙古洗礼等传承人，还有国家级非物质文化遗产代表性项目《汗青格勒》传承团体汗青格勒乐团等近三十人，但是也有不稳定的特点，做得比较好的传承人继续在传承的同时也有收益，创收不好的必然会退出，可持续性是一个很突出的问题。

笔者：借助基地这个平台，办了哪些活动？

乌希勒：海西州非物质文化遗产传承基地为传承和弘扬独具民族特色的非物质文化遗产项目，通过举办列入省级非物质文化遗产名录的海西蒙古族木雕及蒙古包制作技艺培训班、列入省级名录羊毛毡制作技艺扶贫培训班等，培训海西地区传承人与贫困农牧民一百余人。还举办了列入省级非物质文化遗产名录的海西蒙古族木雕和列入州级非物质文化遗产名录的羊毛毡手工制作作品展示、海西非物质文化遗产实物展示、都兰县巴隆乡科尔牧业村手工艺品展示等。为了实现非物质文化遗产数字化，我们还录制了非物质文化遗产纪录片《德都蒙古查干萨日》、非物质文化遗产抢救性纪录片《诺日布牌》等。除此之外，非物质文化遗产传承基地还设有体验区。在这里，游客不仅可以体验非物质文化遗产语言和音乐类项目，还可以品鉴民族传统饮食等，体验民族文化的魅力。

图 5-7　海西州非物质文化传承基地（乌希勒摄）

笔者：您觉得非物质文化遗产传承基地的功能体现在哪里？它对非物质文化遗产传承人的传承工作带来了什么影响？

乌希勒：我们在这里打造一个平台，就是让传承人在温馨、安静的环境里发展、传承手艺，这是我们最初的目标。有了这个平台，我们就要为传承人服务，让传承人创造的产品产生社会和经济效益。同时，基地是海西州推进非物质文化遗产保护、传承、展示，体验民族传统文化和销售非物质文化遗产产品的重要窗口。所以说，平台是非物质文化遗产传承的重要基石，它可以为传承人做宣传、做设计，提升影响力等。我们要将基地、文化传播中心与企业的性质区别开，我们是非营利机构，基地是在传承非物质文化遗产的基础上，让传承人有一定的经济收入，要考虑传承人的生计和发展问题。如果连传承人的温饱问题解决不了，传承人怎么会考虑到传承的问题呢？所以，我们一定是在保护的基础上，如何走创新之路，这是关键。

笔者：接下来您对非物质文化遗产传承基地的可持续发展有什么新的思路？

乌希勒：下一步，基地将把非物质文化遗产传统技艺与现代人的需求相结合，创作非物质文化遗产衍生产品，打造海西非物质文化遗产品牌。当然，这个领域主要是在手工艺方面，所以，我们将建设全面融合的体验馆，将史诗、长调、民歌、祝赞词、谚语等非物质文化遗产都纳入进来，因为它们不需要空间，但提供一个体验的平台也是一个传承路径的探索。我们从今年开始要做一个大的转变，计划与高校美术学院合作，建立非物质文化遗产创客基地，现在我们已经成立了非物质文化遗产产品设计工作室，把非物质文化遗产方面的东西做成现代成品，发展成一个产业链。当然，在做产品开发的同时一定要把非物质文化遗产本身所具有的东西保护好，有些非物质文化遗产濒临失传。非物质文化遗产一定是活态的保护、活态的传承，基地作为非物质文化遗产有效传承的载体，一定要发挥好它原本的功能。通过这样的升级建设工作，提升传承人的非物质文化遗产产品生产创作能力，实现创造性转化、创新性发展。

另外，我也打算与高校相关专业协商建立实践基地，更好地为民族文化遗产传承做出贡献，同时，也让当代大学生在实践中得到锻炼。很多珍贵的文化遗产资料只是做了记录，还需要进一步整理，这项工作任务非常艰巨，懂得民族语言文字的大学生完全可以胜任整理工作。比如说，我那里有很多民歌及史诗方面的第一手记录资料，但由于时间等其他原因还没有来得及将它们整理成文字资料。目前，仅仅整理了我在20世纪80年代做田野调查时记录的著名史诗传唱家乌子尔老人口传作品的十分之一而已，对其进行汉译，出版发行了《汗青格勒》一书，书的后面还附带一张由乌子尔老人传唱的CD光盘。

笔者：您是怎么走上非物质文化遗产保护的道路？

乌希勒：我从事的非物质文化遗产保护工作是与国家非物质文化遗产保护事业同步的。2003 年开始，我在文化馆时就是负责这方面的工作，当时还不叫非物质文化遗产，是民族民间艺术保护工程，2004 年中国加入了联合国教科文组织《保护非物质文化遗产公约》，2005 年开始我们就已经开始申报项目，当时我记得申报了民歌项目。后来在国家级第一批非物质文化遗产代表性项目中成功申报了《汗青格勒》，在扩展项目中又成功申报了"那达慕"。现在，我虽然已经退休了，但仍然在这条路上行走。

通过几个小时的访谈，笔者深切地感受到乌希勒对民族文化、对艺术有着一颗炽热之心，他将毕生的精力奉献给民族文化艺术的传承和发展。传承基地是非物质文化遗产社会传承和传播的重要平台，是长远文化战略发展的必然要求，标志着非物质文化传承活动的进一步深化，可使非物质文化遗产传承实现"各美其美，美人之美，美美与共，天下大同"的文化价值。

六、传统体育非物质文化遗产的活态传承路径——青海蒙古达罗牌个案调查

传统体育非物质文化遗产是非物质文化遗产的重要组成部分。青海蒙古族达罗牌是蒙古族非物质文化遗产的代表性项目，具有民族特色、地域特色、文体特色和竞技特色，对其进行活态保护与传承尤为重要。随着我国乡村振兴战略的实施，民族地区的社会经济发展迅速，农牧区生产生活方式发生变化，使得非物质文化遗产的生存土壤和相关生态系统退化、传承方式脆弱，普遍面临生存环境萎缩、传承人青黄不接、保护路径不顺畅、文化生态失衡等困境，如何维系和创造非物质文化遗产传承的文化空间和环境，使其走上可持续发展道路，是少数民族文化发展中亟待解决的问题。

（一）概述
达罗牌作为蒙古族传统棋牌流传于青海省蒙古族聚居地区，其玩法类似于

国际上的桥牌及扑克牌。这种棋牌在蒙古族群体中流传，并以"达罗"命名。由于达罗牌出现的时间久远，加之 20 世纪 60 年代以来文化变迁的冲击，这种曾流传于青海蒙古族贵族阶层的游艺几乎失传，直至近 10 年，达罗牌在非物质文化遗产保护实践中得以恢复和发展。"达罗"（daluu）在汉语中称为"天牌"或"骨牌"。达罗牌有"十二生肖牌"和"十二眼牌"两种类型，其样式为"筒牌""花牌""生肖牌"三种，达罗牌上的蒙古族传统吉祥花牌图案、十二生肖图案等具有相当高的艺术性，蕴含了蒙古族传统图案艺术及蒙古族萨满教文化的象征意义。达罗牌一般分为 64 张、100 张、120 张等不同玩法，但有些地区牧民家里也有 70 多张的，分别可以供 2 ~ 8 人玩。达罗牌不仅具有独特的游戏特点，而且集益智性、趣味性、博弈性于一体，具有内涵丰富、底蕴悠长的蒙古文化特征，是蒙古族传统文化宝库中的一个重要组成部分。因此笔者认为，研究达罗牌需要了解蒙古族的娱乐文化心理，更能从中探究青海蒙古族的生产生活方式、宗教信仰、民俗、艺术、天文、历史文化等。达罗牌作为增长智力的棋类，千百年来与蒙古族的家庭教育、社会教育相结合，对青少年的智力开发、家庭娱乐、文化传承都发挥了重要的作用。然而，随着时代的变迁和多元文化的冲击与融合，民间传统游艺面临消亡的危机，玩达罗牌的人很少。达罗牌的保护与传承，对研究青海蒙古族的历史变迁和文化风俗具有深远的意义，它作为一种文化现象，作为蒙古族的文化遗产应该保护与传承。2009 年 9 月，达罗牌被批准为青海省第三批省级非物质文化遗产代表作名录。

（二）历史沿革

每一种文化的产生及其形成的文化模式，与衍生这种文化的自然地理环境和人文社会环境有着密切的联系。同时，也与每一个民族的形成发展密切相关。换言之，一个民族的生存环境和人文社会环境决定着一个民族的兴衰及其本质特征，也与其文化紧密地联系在一起，而且为文化提供了衍生的土壤。达罗牌是青海蒙古族一项传统的棋牌游戏。台吉乃尔扎撒旗是达罗牌最早的流传区域。原属台吉乃尔旗的蒙古人目前主要分布在格尔木的乌图美仁乡、德令哈市郭勒木德镇及茫崖行委花土沟镇等地区，是蒙古民族和硕特部的一部分，因历史上他们长期群落独居，礼俗风尚独具特色，在当地蒙古族中比较流行达罗牌游戏，中华人民共和国成立后曾一度失传。改革开放后，这种棋牌游戏慢慢得到恢复，并在其他蒙古族地区，如海西乌兰等地也有老人会玩这种游戏，但仍然存在着失传的危机。

图 5-9　玩达罗牌的牧民

图 5-8　达罗牌（传承人巴拉桑提供）

在濒临失传后，达罗牌于 2003 年 8 月，在青海省民族民间工艺美术展上亮相，受到与会专家的关注。这是达罗牌在失传多年后第一次与观众见面。这次展示的是一位 16 岁的青少年，受到父亲的影响，根据父亲巴拉桑所著的《台吉乃尔旗志》一书中有关达罗牌的记载制作的。96 块长约 5 厘米、宽约 3 厘米的红柳根制成的小模板上，用绿颜色的染料仔细地描画出各种各样的图案。由于没有实物参考，这副牌具有珍贵的参考价值，现摆放在青海省博物馆。关于达罗牌所产生的年代，很多专家研究认为，达罗牌是伴随着蒙古族西迁传入青海省海西地区的。

（三）道具器械

达罗牌的游戏方式是 2 ~ 8 人席地而坐，把牌藏捏在手中玩的游戏（图 5-9）。达罗牌娱乐性较强，作为蒙古族非物质文化遗产，列入杂技与竞技类。达罗牌在类型上可分为"十二生肖牌"和"十二眼牌"两种，样式上可分为"筒牌""生肖牌""花牌"三种形式，"筒牌"类似于麻将中的"饼子"，蒙古族称其为"眼牌"，不同的是，麻将中的点数是从一到九，而达罗牌的点数较复杂，它是从二到十二，但有些牌的点数相同，样式也不同，如有八个点（眼）的"筒牌"分为"花八"和"切八"两种，其大小不一，"花八"大于"切八"。"筒牌"的功能主要是比大小。另外，在达罗牌中还有描绘蒙古族各种传统的吉祥图案的"花牌"，这些不同图案的"花牌"蒙古语称为"栋""佳嘎斯""额勒哉""赛热""尧格荣""达罗""岚兹""佳格斯"等。每个图案都有其艺术特色，并被赋予了特殊的含义。例如，"额勒哉"是蒙古族几何图案中绳结纹样的主要形式之一，具有吉祥的寓意，因此被称为"吉祥结"，在蒙古族装饰纹样中占有非常重要的地位，运用范围极为广泛，是蒙古族服饰、刺绣、银饰等工艺中经常使用的装饰纹样。再如，"董"是白海螺，代表佛陀的三条颈项，佛陀法音广大、悠扬，如白海螺般清净美好。如今在一些蒙古族家庭中也有"董"，作为一种宗教器物使用。从牌的大小实力看，"花牌"的实力要大于"眼牌"，"花牌"也有大小之分。笔者曾在海西州乌兰县两个牧民家里看到了有三四十年历史的达罗牌，是牧民们在孩童时期仿照当地老人们玩的牌手工制作的比较粗陋的木质达罗牌（图 5-10）。在长约 5 厘米、宽约 3 厘米的长方形木片上，用红、绿两种颜色的染料染成各种各样的图案。笔者在实地调查中见到的达罗牌为"十二眼牌"，总数为 72 张，有 2、4、5、6、7、8、9、10、11、12 个眼等 11 种"眼牌"（其中"八眼牌"有"花八"和"切八"两种），每一种 4 张，总共 44 张。另外还有"栋""佳嘎斯""额勒哉""赛热""尧格荣""达罗"等按大小排列的"花牌"7 种，每种 4 张，总共 28 张，总计 72 张。

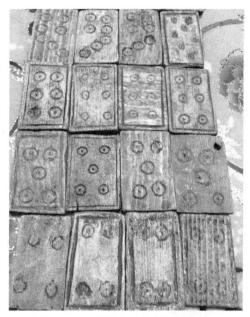

图 5-10　牧民小孩自制的达罗牌

"十二生肖牌"属于更高一级的竞技项目，其样貌就是在一块块小木板上雕刻出精美的十二生肖图像，是最早在蒙古族皇宫贵族中流传的一种娱乐棋牌，甚至作为赌博工具来使用，材质有金、银，也有象牙，制作工艺非常精美。当它从贵族中慢慢流传到民间时，其材质也发生了变化，多由木料或骨头简单雕刻而成，并且不再作为博具使用，而是单纯地作为一种娱乐项目。游戏中牧民们通常用漂亮的十颗骨节或小石头象征财产，如十粒白石头代表十只"丰衣足食的吉羊"。"十二生肖牌"是"十二生肖"与"花牌"的组合，总共有 64 张牌，其中 4 张不同的"花牌"为"尧格荣""岚兹""赛热""栋"4种，每种花牌4张，共16张，12张不同生肖图案的牌各4张，共48张。

（四）比赛形式

达罗牌比赛一般在海西蒙古族各种传统节日，如那达慕等节日中作为竞技项目举行，比赛地点室内室外均可。2009年，海西蒙古族藏族自治州第五届那达慕大会暨第七届柴达木"孟赫嘎拉"文化节上增加了数个非物质文化遗产的参赛项目，其中就有达罗牌表演赛。但由于失传的时间较长，加之各个地区对牌的称谓及其规则存在差异，因此，作为竞技项目并没有完全普及实施。

达罗牌一般有两种比赛形式，一种是双人比赛，其规则主要是用"眼牌"加点数来比大小。另一种是多人比赛，其规则主要是用"眼牌"加"花牌"或"十二生肖牌"加"花牌"的形式，搭帐篷数来定输赢，其参赛选手可以是4人、6人、8人不等。

1.牌的张数

达罗牌一般是以64张牌作为基数，以4张牌为一组来增加牌数，增加到百位，最多达到中华麻将数。如"十二生肖牌"的张数：每个生肖4张，12个生肖为48张。"花牌"有"尧格荣""岚兹""赛热""栋"4种，每个花牌4张，共16张，总计为64张。当然在此基础上可以增加花牌的数量来增加整副牌的数量。

2.洗牌、摆牌、抓牌、出牌

首先，参赛选手一起把牌全反扣过来，使牌面朝下，双手搓动牌，使牌均匀而无序地运动，注意避免相同或相连的牌集拢在一起。洗牌时，主要是搓动自己面前的牌，把自己面前的牌推向中央，在牌桌中央搓动，与麻将的洗牌方式非常相似。其次，将四张牌上下摆在一起为一墩并顺序摆成一排牌墙或者分为四节摆放到四边。再次，由庄家抓牌，一次抓一墩，一圈为一轮，直到抓完所有的牌。最后，庄家以单、双、三张等形式出牌，然后下家以大小吃牌，如果手中的牌不能吃上家牌时，以小牌作为垫牌，以四张牌搭一顶帐篷，最后以帐篷数量最多的作为比赛的胜者。

（五）达罗牌传承人

巴拉桑，蒙古族，1955 年出生于青海省格尔木市乌图美仁乡的一个牧民家庭，曾在格尔木市民族中学任教，现已退休。五十多年前，他从周边年长者那里听说蒙古族传统达罗牌几乎失传的消息后，多次走访老一辈达罗牌爱好者，根据老人们的描述，逐渐恢复了台吉乃尔达罗牌。之后，他进行了常年的调查，记录达罗牌的游戏规则，获得了有关达罗牌的许多知识。2010 年，他被评为青海省级非物质文化遗产代表性项目"青海蒙古族达罗牌"代表性传承人。如今，传承人巴拉桑从事民族学、教育学、民族民间教育文化等研究工作。为蒙古文化的挖掘、传承与发展做出了很多贡献。经过几十年的艰辛努力，巴拉桑复原了台吉乃尔达罗牌及游艺规则，得到了民俗专家的好评。笔者于 2020 年 10 月 5 日再次拜访巴拉桑，在问及达罗牌在当地的保护传承情况以及经常开展的实践活动时，他谈道：

蒙古族达罗牌，2009 年申报并列入青海省省级非物质文化遗产代表性项目名录，我是在第二年，也就是 2010 年被认定为青海省级非物质文化遗产项目代表性传承人。作为传承人，这几年围绕着达罗牌也做了一些事。记得 2012 年时，我就写了申请传承基地的报告，后来到 2017 年，我再一次申请，这次申请成功，被海西州文体广电局批准，"青海达罗牌保护研究传承基地"正式挂牌，在海西州专设青海达罗牌工作室。名称上之所以突出保护、研究、传承三个核心词，而不是单纯"传承"一个词，意味着这个基地不仅承担传承的责任，还要以保护和研究作为传承的基础。因此，基地也承担了保护和研究的职能。为此，不仅仅有我本人对达罗牌进行研究，还有一些专家学者对其做了研究，写进了他们的书中。比如，跃进老师的书中有介绍达罗牌的，还有曹娅丽老师负责，你参与执笔的《中国体育非物质文化遗产（青海卷）》一书中也有关于达罗牌的研究成果。最近还有青海大学体育部的教授们多次访谈我，他们也在研究这项民族传统游艺。

图 5-11　达罗牌的传承人巴拉桑（左二）与家人

2018 年，海西州安排非物质文化遗产传承人及民间艺人近 30 人去蒙古国国际蒙古文化艺术节上进行交流，当时我展示了青海蒙古族达罗牌。就在那一年，这个基地通过考核被评为州级优秀传承基地。2019 年 11 月 1 日，我随同州长应邀到北京参加由国家民族事务委员会主办，省民宗委、民族文化馆承办的"美丽中国·和谐家园"系列展之"大美青海——新中国成立 70 周年青海民族自治地方发展成就展"。在展会上，我展示了达罗牌及其研究成果，也详细介绍了青海达罗牌的历史渊源和发展历程。除此之外，这几年也先后参加了 10 次蒙古族文化相关研讨会。

当问及在达罗牌的传承与发展方面的新的想法或思考时，他说道：

目前，就传承工作方面，我以收徒、节日比赛、参与研究等方式发展了 66 位传承人。除了我之外，包括州级传承人 4 人以及一些民间第四代艺人、获奖的参赛选手、爱好者，等等，队伍逐渐扩大。当然，为了使青海蒙古族达罗牌的传承范围更大、传播面更广，还与格尔木市民族中学及德令哈市民族学校合作，准备推动"非遗进校园"，作为特色课程开发。另外，我还打算在 7 个县城成立"青海蒙古达罗牌"传习工作室，以培养优秀的县级传承人。

巴拉桑的传承工作室不仅对这一有着近 500 年历史的古老游艺达罗牌进行研究，更希望努力将其发展为民族牌、高原牌、生态牌、地域牌、文化牌等特色牌。同时，他也希望政府、社会能够给予更大、更多的支持，使其尽快走向非物质文化遗产数字化的新路，让世人认识这一蒙古族非物质文化遗产项目。

（六）达罗牌活态传承路径探讨

1. 保护传承人的知识体系

传承人是非物质文化遗产的传承主体。无论是口头传统的讲述者，传统音乐、舞蹈的表演艺术家，民俗文化的组织者、实施者，还是技艺精湛的传统手工艺大师，也无论是传统医药的实施主体，还是传统体育、游艺与杂技的参与者，可以说，技艺及知识就在他们身上，他们掌握的技能、技术、经验、知识、信仰与习俗等都是保障非物质文化遗产生命力的核心所在。因此，活态保护的关键就是保护传承人群内化在身体和大脑中的不同知识形态。① 传统体育、游艺与杂技类非物质文化遗产传承人的知识体系是由不同的知识形态构成。根据迈克尔·波兰尼的隐性知识理论，人类的知识有显性知识和隐性知识两种，显性知识即以书面文字、图表和数学公式加以表述的一种类型的知识。而未被表述的知识，如我们在做某事的行动中所拥有的知识就是隐性知识。② 传统体育、游艺与杂技类非物质文化遗产传承人在长期的训练、实践及积淀中形成了难以复制和获取的隐性知识，如棋牌类项目中，参与者所掌握的技能及熟练程度以及精确的计算和逻辑分析能力，还有丰富的经验认知等。达罗牌的传承人及参与者同样具有这样的隐性知识。

达罗牌不仅是一种传统体育、游艺与杂技类非物质文化遗产项目，同

---

① 孙发成：《活态保护视阈下传统手工艺人的知识体系及其传承》，载《民俗研究》，2022（1）。
② 孙发成：《活态保护视阈下传统手工艺人的知识体系及其传承》，载《民俗研究》，2022（1）。

时也是一种手工技艺与手工艺产品，在木牌上雕刻有很多蒙古族传统图形、符号。比如达罗牌中的"花牌"有"尧格荣""岚兹""赛热""栋""佳嘎斯""额勒哉"等蒙古族传统吉祥图画；"十二生肖牌"在规格相同的木牌上雕刻着不同的生肖图案。达罗牌一般由掌握木雕技艺的艺人制作，在制作过程中包含着以技艺操作流程、步骤为代表的程式化知识和以个体技巧、经验为代表的技能性知识。以上这些知识形态就构成了达罗牌传承人及蒙古族木雕艺人的知识体系。在活态保护视角下，掌握这些知识体系的传承人必然是首要的保护对象，而保护的具体内容应该是达罗牌传承人及民间手工艺人掌握的与其技艺传承相关的各种知识，这些知识构成了一个具身于传承人的知识体系。尽管某些知识可以通过文字影音等方式记录、传播，但这种脱离具身性而存在的非物质文化遗产项目难以保证其延续性和丰富性，因此，只有依附于人的身体和头脑，才可以活态传承。

2. 保护活态传承的文化空间

"文化空间"有广义和狭义的概念，广义上可以把它理解为一种研究视角、理论视角，狭义上的"文化空间"就是指非物质文化遗产的一种类型。"非物质文化遗产视角下的文化空间，强调空间、时间、文化实践三个维度的叠加，不能简单理解为'唯物'空间，而是一种时空伴随的文化实践复合体。"① 仔细分析这三个维度便可得知，空间即场所，文化实践就是在这个场所内社区及社区居民或民众参与的文化实践活动，时间就是一定场域内的文化实践活动所遵循的一定时间和周期规律。达罗牌活态传承的文化空间正是体现在周期规律的节日文化空间中，如那达慕。那达慕是蒙古语，意思是娱乐、节日、游艺等。它是蒙古族最为重要的传统节日，其节日主题以蒙古族传统游牧文化和民间信仰为基础，逐渐演化为集体竞技、民俗文化表演、民间手工艺展演、服饰、饮食、歌舞、仪式等内容于一身的盛大集会，成为民族文化传衍、交流的重要途径和载体。② 青藏地区蒙古族那达慕起源于青海蒙古族二十九旗的祭祀活动——祭海。祭海起源于唐朝天宝十年（751 年），当

---

① 萧放、席辉：《非物质文化遗产文化空间的基本特征与保护原则》，载《文化遗产》，2022（1）。
② 贺喜焱：《"那达慕"的传承与创新研究——以青海省海西州"那达慕"为例》，载《青海师范大学学报》，2014（5）。

时皇帝册封青海湖神为"广阔公",并派遣使臣礼祭。元宪宗曾于宪宗四年（1254年），召集蒙古族的王公，在青海湖东，日月山会盟祭海、祭天。祭完前往湟源扎藏寺协谈会盟之事，再举行跑马打靶、歌舞等文体活动。后来逐渐发展为群众性集会、传统节日，每年农历七、八月间，在牧草繁茂、牲畜肥壮的季节举行。那达慕大会的竞技项目包括传统的男子三项，即赛马、摔跤和射箭。目前，那达慕的竞技项目已经拓展到赛骆驼、蒙古象棋、布格、达罗牌等传统体育、游艺项目，还有民间手工艺、服饰、祝词、说唱、诗歌、民歌、拉利（情歌）、书法、摄影、骏马装饰等，其娱乐项目及民俗文化非常丰富，具有深刻的文化内涵。那达慕作为蒙古族传统的节日文化活动，是当今蒙古族人民十分喜爱的具有群众性娱乐特点的传统民俗文化，具有广泛、深刻的文化内涵。随着蒙古族历史文化的弘扬与发展，那达慕也展示出现代社会风貌，表现出崭新的时代精神，成为民族传统文化与现代文化交汇产生的新的文化空间。[①] 那达慕对传承民族传统文化、培养民间文化传承人有着不可估量的作用。

除了那达慕节日文化空间以外，在青海海西地区还有很多类似的带有时空文化实践复合体特点的节日。"孟赫嘎啦"文化节是近几年出现的为了丰富牧民群众的文化生活，传承发展民间文化而创办的新的群众文化节。[②] 主要以诗歌朗诵为主题，各种游艺类非物质文化遗产项目为辅，并且仅限于牧民参加比赛。在这样的节日，我们仍然能看到牧民席地而坐玩达罗牌的景象。因此，这样的节日文化空间既有一定的规制性，也有民众共建、共享的特点，是一个共享包容的开放性场域。

随着现代社会经济的发展，以及城镇空间规划的限制，传统文化空间的保护及延续会受到不同程度的挑战。因此，要加强保护那达慕等节日文化空间，让达罗牌有延续其生命力的生态环境。

3. 建立以社区为载体的活态传承模式

"社区"一词是德国社会学家滕尼斯提出的，他将社区作为社会学的一个

---

① 仙珠：《青海蒙古族非物质文化遗产保护与传承研究——以海西蒙古族藏族自治州为例》，载《青藏高原论坛》，2006（4）。

② 仙珠：《德都蒙古非物质文化遗产保护与发展的可持续发展研究》，载《柴达木开发研究》，2017（3）。

范畴来研究。他认为，社区内居住的人口具有同质性，并且他们之间关系亲密、互帮互助、具有人情味。滕尼斯在更大程度上突出了社区意识及社区认同感，是基于亲密的邻里关系或血缘关系。费孝通教授把英文"community"翻译为"社区"，他对社区概念表述为："社区是若干个社会群体或社会组织聚集在某一地域里形成的一个在生活上相互关联关系的大集体"。[①] 综合国内外学者的观点可以得出结论，社区实质上就是一个区域性社会，是社会的缩影，是一定区域内人们的生活共同体。那么非物质文化遗产保护中的"社区"是如何界定的呢？ 2003 年《保护非物质文化遗产公约》中，首次将"社区、群体和个人"的提法用于文化遗产的正式文书之中："承认各社区，尤其是原住民、各群体，有时是个人，在非物质文化遗产的生产、保护、延续和再创造方面发挥着重要作用，从而为丰富文化多样性和人类的创造性作出贡献。"该公约的价值是将非物质文化遗产的价值赋权于社区，由社区来认定，也就是由遗产的持有者及实践者来界定某个非物质文化遗产项目的价值。社区在非物质文化遗产保护这一语境中指的是"直接或者间接地参与实践和传承非遗项目的施行者和传承人"，从这个层面看，联合国教科文组织在公约中提出的社区与以地域要素为核心的社区概念有所不同，它所指涉的并非地理空间，而是指向非物质文化遗产的实践者，而且其中不仅包括非物质文化遗产的直接实践者，还包括间接施行和传承非遗的人，换句话说，并非直接传承人的某一非遗项目的听众，也是社区的一部分。[②] 从这个角度来理解社区，我们就可以对联合国教科文组织强调社区重要性的意义有更进一步的认识——非遗保护的最终目标，实际上还是在于保护那些实践和传承相关非遗项目的人，保护这些人对自己文化的自豪感和自主权。[③] 非物质文化遗产保护会让社区及群体感受到因为自己的文化而受尊重的情感，有助于增强社会凝聚力，激发认同感和责任感，从而实现文化自信。

达罗牌作为青海蒙古族聚居区流传的一种活态文化，不仅仅是由代表性

① 娄成武、孙萍：《社区管理学》（第四版），北京，高等教育出版社，2020。
② 杨利慧：《以社区为中心——联合国教科文组织非遗保护政策中社区的地位及其界定》，载《西北民族研究》，2016（4）。
③ 安德明：《非物质文化遗产保护中的社区：涵义、多样性及其与政府力量的关系》，载《西北民族研究》，2016（4）。

传承人掌握其核心内容，还有很多当地蒙古族群众也参与这项游艺活动或竞技项目中，尽管有些群体或个人对其一知半解，但出于社区共同体的认同，当地民众共同参与，共同履行延续其生命力的使命。达罗牌作为一种竞技型游艺，需要两人或四人进行交流互动，不仅是传承人独立持有的知识，更是社区内部文化实践的结果。近年来，在青海蒙古族地区内的各个社区，由一些民间组织或牧民群体自发组织的很多不同类型的传统文化活动逐渐兴起，如赛马会、骆驼文化节、祭火节、民间手工艺品展示会等，这些活动不仅使当地社区、群体和个人的主体性得以发挥，主动参与、实践并传承很多非物质文化遗产项目，同时也得到了当地政府部门的政策与资金支持。这些活动唤起了民众对非物质文化遗产保护的重视。

非物质文化遗产的活态传承是全世界共同关注的课题。任何一种非物质文化遗产项目都不能离开其历史背景、生存环境、族群意识、民俗文化、宗教信仰等因素，非物质文化遗产的活态传承需要完整地把握其发展脉络。青海蒙古族达罗牌作为蒙古族非物质文化遗产，是蒙古族历史乃至中华民族历史长河中创造并积淀下来的文化资源，它具有民族特色、地域特色、文体特色和竞技特色，是一种文化现象，体现了青海蒙古族独特的生产生活方式、风俗文化、心理意识及思维模式等，具有民族性、民俗性、竞技性、多元性和艺术性，反映了青海蒙古族人民的智慧。从保护传承人的知识体系、保护活态传承的文化空间、建立以"社区"为载体的活态传承模式三个维度探索青海蒙古族达罗牌的活态传承路径，可以使其生命力得到延续，使活态的文化遗产焕发更加强大的生命力。

七、民族服饰——肃北蒙古族服饰田野调查

（一）概述

服饰是民族文化的显性特征，是构成民族文化的要素之一。生活在甘肃省肃北蒙古族自治县的蒙古族，其服饰是游牧文明的标志性符号，蕴含着厚重的生态文化意涵，承载了游牧民族独特的审美意识与审美追求，成为几千年游牧文明的实践成果和经验积累的文化遗产。肃北蒙古人在长期

的生产生活实践中发挥自己的聪明才智，并不断吸收兄弟民族服饰的精华，逐步完善和丰富自己民族传统服饰的种类、款式风格、面料色彩、缝制工艺，创造了不同于其他蒙古族地区的服饰，为蒙古族乃至整个中华民族的服饰文化增添了灿烂的光辉。2006年肃北蒙古族服饰被列入甘肃省首批省级非物质文化遗产名录，2008年6月被列入第二批国家级非物质文化遗产代表性项目名录。

（二）蒙古族服饰的种类

　　肃北蒙古族传统服饰是在漫长的历史发展进程中劳动人民因地制宜，在原卫拉特蒙古服饰的基础上创新和改进的蒙古族特定的民族服装。肃北蒙古族服饰种类和款式较多，有"德吾勒"（皮袍，用成羊皮制作的大襟长袍），"凯木勒格"（毡袍，是一种用薄毡子做成的雨衣），"乌其"（羔皮袍，用绸缎、布料加以罩面），"拉布西格"和"特尔勒格"（普通袍子，主要用绸缎和棉布料做成的加层长袍。），"次格德格"（长坎肩），夏格拉特长袍（传统斜领袍服，在缝制镶边时用藏区特有的氆氇、貂皮、水獭皮等做边饰）等。在肃北地区生活的蒙古族认为帽子是和衣服一样重要的装束。肃北蒙古族传统的帽子种类有"扎拉图马拉嘎"（红缨尖顶帽也叫肖布格尔玛拉嘎）、"布拉干玛拉嘎"（貂皮帽）、"套尔次格"（老年人夏季戴的帽子）、"特格日古勒"（冬季戴的帽子）等，另外还有凉帽、毡帽、毛线帽子、头巾等。肃北蒙古族服装还有很多配饰，无不表现出蒙古族注重庄重、华丽的修饰理念，也是蒙古族服饰的一大特色。例如，蒙古族已婚妇女戴的辫套，蒙古语称"乌斯奈格尔"，是用黑布面红布里制作，两头嵌有织锦，绣有各种图案花纹，下端缀双红缨或黑缨，两条辫套正面各嵌有精致图案的圆形银牌六至八枚。若无银牌，则用丝线刺绣代替。蒙古族妇女将头发梳成两条辫子并把辫子装入辫套内，辫套垂于胸前，压于腰下，长及膝盖。护身符称"嘎吾"，是佩戴式的佛龛，还有以红色珊瑚、绿松石、琥珀等宝石串联而成的项链及金银耳环（"艾格木克"）等。蒙古族成年男子除着装外，还佩带有火镰、餐刀、鼻烟壶、褡裢、哈不塔格（碗袋）、嘎吾（护身符）、烟袋套、耳环、手镯和戒指。蒙古族服装按性别、年龄可分为男子服装、妇女服装、中老年男子服装、中老年妇女服装、媳妇服装、少女服装、青年男子服装、少年服装、儿童服装，按穿着场合可分为宗教服装、礼仪服装、便服、生活服、劳动服、婚礼服，等等，按穿着时间可分为冬季服装、夏季服装、春秋季服装。

图 5-12　肃北县蒙古族服饰

（三）蒙古族服饰的基本特征

肃北蒙古族传统服装具有浓郁的高原特色，以袍服为主，便于骑乘。长袍身段肥大，袖长，多蓝、红、黄、绿色。男子长袍基本款式为翻领、斜领右衽、服饰的滚边以水獭皮、沿边线等作为装饰，用肃北传统服饰独有的图案做装点。肃北传统服饰以镶边工艺著称，主要以富有光泽的各种丝线镶彩色花边的刺绣工艺或以精美绸缎做贴花工艺做沿边，用各色丝线绣出彩虹色彩，走线细腻，色彩灿烂。男女长袍下摆均不开衩。新娘礼服"才格德格"和"奥克其尔"前后都有开衩，绲边雍容华贵。肃北蒙古服装配饰图案多变，配色适当，与具有鲜明对比性或互补性的原色配合使用，通过高纯度色彩的强烈对比烘托服装整体效果。多以红、黄、绿绸缎做腰带。一般男性传统服饰长度到膝盖，女性传统服饰长至脚面，束身得体，凸显女性线条之美，散发女性稳重、修长、高雅的气质。

图 5-13　肃北蒙古服饰

　　从肃北蒙古族的物质生产和生活方式的发展进程来看，肃北蒙古族服饰最初的御寒保暖功能与青藏高原蒙古族聚居区地势较高、气候相对寒冷的地理特点有关。蒙古族服饰文化作为游牧文化的内容之一，在一定程度上反映了其经济、文化生活的面貌，在服饰的样式、色彩、纹样等方面形成了独具特色的美学特征。肃北蒙古族服饰制作工艺离不开刺绣。刺绣是以彩色的丝线、棉线、驼绒线、牛筋，在各种绸布、皮革上根据不同的用途绣出不同的精美图案，制成精致的纹样装饰在服饰的任意部位，使蒙古族服饰、刺绣完美地融为一体。镶边刺绣中最具特色的是"夏格拉苏"，这种刺绣不仅工艺独特，而且牢固结实。

　　蒙古族服饰制作技艺依附于本土文化，也记载着蒙古族历史、信念、理想和审美情趣，表现出一个民族一个时代各个阶层的文化修养和精神面貌。①

（四）传承与发展

　　随着生产方式及生活方式的变迁，蒙古族人逐水草而居的游牧生活基本上被定居生活所取代，作为蒙古族传统文化组成部分的传统服饰也很少出现在人们日常生活中。肃北蒙古族民间的许多手工艺人致力于传统服饰的继承

①　包荣华：《千禧蒙古族刺绣艺术中的构成要素》，载《中国艺术》，2012（1）。

和创新。其中，60多岁的娜仁其其格多年来刻苦钻研，辛勤劳动，在肃北蒙古族传统服饰的传承、保护和发展方面做出了突出贡献，她是国家级非物质文化遗产代表性项目蒙古族服饰的代表性传承人。她出生在肃北一个普通蒙古族牧民家庭。13岁开始接触缝纫技术，她边学文化，边钻研服装裁剪技术，逐渐掌握了现代服装和蒙古族传统服装裁剪和缝纫知识，近几年主要经营民族服饰和民族工艺品的开发传承。娜仁其其格的蒙古族服饰制作技艺来自家族内的母系传承，家族几代女性中有多位精于蒙古族服饰制作，这一技艺在家族女性间代代传承从未中断。娜仁其其格自幼年起接受母亲的教导，习得、打磨出一手精湛的蒙古族服饰制作技艺，她制作的蒙古族服饰被誉为"穿在身上的艺术"和"活着的传承"。作为国家级非物质文化遗产代表性传承人，她掌握了有关蒙古族服饰丰富的知识和精湛的技艺，是蒙古族服饰文化的承载者和传递者，是蒙古族服饰活态传承的代表性人物。近十几年来，娜仁其其格和她的团队制作的蒙古族服饰分别在青海、内蒙古、甘肃、香港等地举行的服饰展览与比赛中获得广泛赞誉。2018年11月19—21日第十五届蒙古族服饰艺术节总决赛中，肃北蒙古族传统服饰获得银奖。2019年8月17—18日，第三届"丝绸之路那达慕"暨2019八省区"孟赫嘎拉"文化旅游节在肃北举行。服饰评比赛中青海和肃北的9支代表队参赛，娜仁服饰队获得了第一名。服饰比赛全方位地展示了蒙古族传统民族服饰之美，旨在进一步传承和弘扬蒙古族服饰文化，促进文化与旅游的深度融合发展。娜仁其其格多次受邀在社区举办培训活动，为社区居民讲解肃北蒙古族服饰的历史演变、文化价值及蒙古族服饰制作工艺。

2015年，肃北蒙古族自治县把每周三定为"推广国家级非物质文化遗产蒙古族服饰日"（简称"民族服饰日"），推广国家级非物质文化遗产蒙古族服饰。随着人们对"民族服饰日"认可度的提高，仅有的四五家加工店已经满足不了大家对民族服饰的需求，政府联合多方力量，筹集资金，对乡镇、社区女性进行服饰技艺方面的培训，不但帮助当地女性实现就业和经济独立，还进一步拓宽了精准扶贫对象增收致富的渠道，推动了蒙古族服饰的传承与发展。除了服饰日以外，各类那达慕、节日已成为蒙古族服饰文化展示、交流、合作的一个重要平台。每年举办蒙古族服饰大赛在深入、系统地挖掘、整理、继承优秀的蒙古族服饰文化，推动蒙古族服饰的研发加工，促进旅游文化和保护珍贵的蒙古族文化遗产等方面发挥了重要作用。

图 5-14　肃北蒙古服饰传承人娜仁其其格（中间）

第三节　见人见物见生活——非遗活态传承个案研究

一、尕力登家族聚会的由来

2020 年 7 月 31 日，课题组成员从西宁出发，去往笔者的家乡海西州乌兰县铜普镇（原铜普乡）茶汗河村二社的夏季牧场，参加 8 月 1 日举办的家族聚会。铜普镇位于乌兰县境内东北部，距乌兰县城 12 千米，因地处铜普山下而得名。"铜普"系藏语，意为"高峻"。东接茶卡镇，西邻柯柯镇、希里沟镇，南与都兰县相连，北与天峻县接壤。清代在海西地区设了10个旗，其中王旗所辖地就是今天的铜普镇。当时的王旗有位家喻户晓的名医——尕力登，这次家族聚会便是尕力登曼巴（曼巴，藏语，意为医生）后裔的家族聚会。

尕力登（1912—1966）出生于王旗的一个普通牧民家，他从6岁开始拜师学经文，后来又拜师学医，他的老师是当时非常有名的柯柯旗名医特力其布（俗称大医生），他聪明好学，思路敏捷，深得老师的好评。为了掌握更多的医学知识，他毅然将蒙古包搬到柯柯旗老师家附近。他不仅精通蒙古、藏两种语言文字，而且凭借聪慧的头脑背诵著名藏文《四部医典》，还掌握了高超的医术。1942年，30岁的尕力登就已经名扬盐池三旗（王旗、柯柯旗、茶卡旗），经他治愈的病人不计其数。1940年，柴达木地区瘟疫蔓延，传染率高达80%～90%，死亡率达到30%～40%。危急时刻，他不顾个人安危，以高超的医术挽救了3000多人的生命，被当地群众称为"救命菩萨"。他在长期行医实践中不断总结经验，主要以蒙医为主，结合藏医、中医、西医多种医学知识，切脉、听珍、针灸、艾灸、打针、放血疗法等样样精通，尤其擅长妇科、肿瘤、骨髓炎、精神病、皮肤病等疾病的治疗，他亲自采集草药并加工炮制，专门从西藏、西宁等地区采购名贵药材。他不仅医术高明，而且医德高尚，为了治病救人不分地区、不分民族、不分身份，向他求医问药的不仅有海西地区的人，还有刚察、共和、海晏、天峻等地区不同民族的患者，经常有病人携带自家帐篷在他家蒙古包周围扎帐住下，等待他的治疗，少则一二十人，多则七八十人。他视病人如亲人，嘘寒问暖，关怀备至，常常拿出自家的衣食解决病人的困难。医治时间为十几天到一两个月不等，他凭借高度的责任心使患者转危为安，康复而归。1951年，他与当时的王爷一起赴中央民族学院干部培训班学习；1951年4月至1954年4月，在都兰蒙古族藏族哈萨克族自治区（县级）一区（希里沟）担任牧业干事；1954年4月至1958年6月底，在都兰自治区人民政府任秘书。因为当时王旗缺医少药，经家乡父老乡亲再三请求，他决定放弃文秘工作，回到家乡继续在民间从医。1958年，尕力登返回家乡行医，他十分重视培养医务人才，开始收徒并制定医学教学的计划。他的四个弟子后来都成为乌兰县比较有名的医生，他要求弟子除了学习蒙古语、藏语言文字，还必须背诵《四部医典》，他向弟子毫无保留地传授毕生所学。他的行医实践及肖像、医疗设备、用药等图片都收录在《青海王旗志》及《青海王旗察慈后裔族谱》等书籍中。尕力登不仅是名医，也是用蒙古、藏双语说唱格斯尔故事的民间艺人，他讲的《格斯尔的故事》有声有色、生动活泼、唱调好听，深得众人喜爱。1966年10月，尕力登在抢救危重病人的途中因公殉职。他在铜普草原行医42年，把毕生的精力都献给了救死扶伤的神圣事业。他去世50多年了，但他的生平事迹始终铭记在家乡人们的心中。他给弟子讲课用的两本教案是他亲自翻译的《四部医典》蒙古文版手稿，是他用蒙古文、藏文两种文字记录下来的鲜活教材，至今由他的弟子收藏，是研究蒙医的珍贵资料。

图 5-15　尕力登

　　我们乘车八个小时，在黄昏时到达了目的地，远远地看到坐落在草原上几座蒙古包、帐房以及周边停放的汽车，还有好多人就在这里等待远道而来的客人，久未谋面的人们热情地向我们问好，邀请我们进入蒙古包。一块蓝色的展板吸引了我们，上面写着"纪念尕力登医师诞辰108周年暨第三代子孙宴请长辈家族聚会"，这次聚会是尕力登后裔举办的第三次聚会，主题鲜明，一方面是缅怀先辈，继承和弘扬他治病救人、救死扶伤的优秀品质和敬业精神，另一方面展现出其后代和谐幸福的生活状态。第一次聚会是在2003年，是为了庆贺《尕力登后裔家谱》撰写完成而举办的家族聚会，这本家谱是整个海西蒙古族第一个家谱，开创了海西蒙古族家谱撰写的先河，它是由尕力登的二女婿桑杰撰写完成的。家谱、族谱是一个家族的生命史，它不仅记录着该家族的来源、迁徙的轨迹，还包罗该家族生息、繁衍、婚姻、文化、族规、家约等历史、文化的方方面面。尕力登有五儿三女，其后代截至目前总共有160人。第三次聚会是其第三代宴请长辈的活动，所有的策划、实施、具体操作都是由第三代承担。第三代共有51人，年龄最大的35岁，最小的4

岁，聚会主要由二三十岁的年轻人操办。为了举办这次活动，三四天前他们就在这里搭建起四顶蒙古包、两顶帐房，搬运所需的设施、用具，进行宰羊、炸油馍馍、做酸奶等准备工作。从不同地方来这里聚会的亲人们在蒙古包里席地而坐，喝着奶茶，吃着手抓羊肉，谈论着第二天聚会的诸多事项，吃完饭，唱完歌，喝完酒，我们准备休息，十几年没有住蒙古包的笔者，激动地带着孩子在蒙古包里睡下了。

二、尕力登家族聚会中的非遗活态传承现状

第二天天一亮，大家纷纷起来洗漱，穿着节日盛装，各式各样、色彩鲜艳的德都蒙古族服饰及华丽的配饰让草原上的人们成为一道亮丽的风景线。早上 8 点仪式开始，首先进行煨桑（图 5–16）。煨桑就是用松柏枝焚起烟雾，是祭天地诸神的仪式。"桑"是藏语的音译，其意为"烟"或"烟火"，"煨桑"较为确切的译法应为"烟祭"，俗称"烧烟烟"。① 煨桑习俗是一种在藏区沿袭了几千年的文化形态，信仰藏传佛教的蒙古族与藏族有同样的祈愿礼俗。参加这次聚会的尕力登后代有 130 多人，每个家族排着队，大家一起围着"桑"按顺时针方向转三圈，口中大喊"hurai!"，以求平安。煨桑仪式结束后，大家在蒙古包外摆好的木桌前铺好的地毯上席地而坐。每个木桌上都摆着蒙古族特色的食品，组成"德都蒙古全席"的全羊席（蒙古语称"布克勒续斯"）、须弥尔席（白食盛宴）、托德席（素食盛宴）都一一摆在红色的木桌上，格外引人注目。

宴会开幕式上，作为第三代代表的两位年轻主持人用蒙汉双语进行开场白后，四位高大英俊的男子各自手捧"须弥尔"、酸奶、"宝日斯格"（馍）、"松"（酒）四样给大家敬献"德吉"。"德吉"是蒙古语音译，表示饮食的头一份，也蕴含着精华、珍品等意义，后面缀"le"为"德吉勒"，便成为动词，表达先享用、初献之意。"德吉"在由名词转变为动词的过程中，逐渐演变为表示礼仪的行为模式，被赋予了特定的社会意义，即在蒙古族的社会生

---

① 钟静静:《藏族煨桑仪式及其文化内涵的研究》，载《内蒙古农业大学学报（社会科学版）》，2011（1）。

活中，是民族习俗文化的符号。①"德吉"礼仪无论是吉庆的日子还是平时，不受地点、时间、条件的限制，只要是亲朋好友相聚，必定要行"德吉"礼。"德吉"中所体现的"礼"文化是它的核心，具有规范人们行为和发挥教化、调节、凝聚的社会功能，成为蒙古族人民尊老爱幼、讲究礼仪的习俗而世世代代传承下来。

图 5-16　煨桑仪式（宝音德力格尔摄）

开幕式的第二项活动便是由第一代人的代表出场发言。如今，孛力登儿女中只有三个女儿健在，由二女婿桑杰作为代表发言。这位老人的发言中传递出家族聚会促进家庭成员交流、增强家族凝聚力，同时强调亲子之间、夫妻之间、兄长之间团结和睦、相亲相爱、向上向善，为家庭文明建设，为民族进步、社会和谐、国家发展贡献自己的力量。

开幕式的第三项活动是邀请吟诵祝赞词者（"伊若勒齐"），即孛力登第二代代表王吉力吟诵"巴彦松酒祝词"。主持人在他颈上搭一条哈达，表达

---

① 贾晞儒：《蒙古德吉（degeji）的文化内涵及发展演变》，载《青海民族大学学报（社会科学版）》，2010（7）。

谢意。这时,"伊若勒齐"走到"松"跟前,双手向来宾鞠躬,从盛满白酒的沾有酥油的容器中拿起系有蓝色哈达的长勺,一边舀动容器中的酒,一边吟唱祝词,每吟唱一段就把勺子里的酒洒向大地。在此过程中听众不断与"伊若勒齐"进行交流和互动。比如,当祝颂每章最后一句的"boltgai"一词时,家族里所有人齐声喊"Ti:mu boltgai!"(蒙古语,意思是"愿我们这样美满幸福!")等表示祝愿的短句。这就是研究《巴彦松》祝词时不可忽视的语境,即演唱的传统,它不仅传承了蒙古族祝词的特征,同时保留着自己独特的程式和内容。颂词仪式结束后,根据德都蒙古族习俗,由第二代的代表民歌手其其格演唱王旗流传已久的长调——《温顺的赭黄马》,老一辈的亲人们跟着她一同哼唱。接下来,尕力登八个儿女的后代分别上台进行隆重的大家庭介绍,让大家亲眼见证一个家族的发展演变过程。

开幕式最后一项便是第三代精心准备的文艺表演,不仅有唱歌、舞蹈,还有诗歌朗诵等,展现了年轻牧民和孩童们的才艺及热情奔放的精神面貌。

图 5-17　敬献"德吉"

　　下午举行娱乐项目比赛，有德都蒙古族男女服饰穿着比赛、夏嘎（骨节）比赛、摔跤比赛、拔河比赛，等等，大家在参与过程中享受着喜悦。这些娱乐项目如今在很多那达慕、节日及各类聚会中都会举行，蒙古族同胞深刻地感受到文化遗产的生命力。活动结束后，各自被安排到指定的蒙古包，宴席正式开始。大家开始品尝各种食物，有白食（蒙古语"查干伊德"即奶食）、红食（蒙古语"玛赫"即肉食）、绿食（蒙古语"闹干伊德"即蔬菜）等。其中就有"德都蒙古全席"中的全羊（布克勒续斯）、"秀木尔"、"图德"等，还有晚辈向长辈敬献的称为"松"的白酒。蒙古族在长期的生产生活实践中创造了丰富的酒文化，亲朋好友相聚聚餐时都少不了酒，而且在开饮时必须按照辈分、年龄依次行敬。蒙古族宴席上有酒就有歌声，有歌声就有酒，成为世代传承的文化符号。

图 5-18　"伊若勒齐"在吟诵巴彦松酒祝词

　　伴随着德都蒙古族祝赞词响起，人们油然而生一种与远古对话的神秘和庄重，当唱起高亢悠远的德都蒙古长调时，如骑乘骏马遨游在茫茫草原；当身穿德都蒙古族服饰登上舞台，仿佛瞬间穿越了千年时空。这样的家族式那达慕大会展现出一幅安居乐业、人与自然和谐相处的美好画卷。

　　蒙古族风俗中有许多与羊有关的现象，蒙古族人从出生到结婚，从祭祀到饮食，处处离不开羊。

图 5-19　穿蒙古服比赛男子组

图 5-20　夏嘎游戏

　　蒙古语称"全羊席"为"布克勒续斯"（图 5-20），意为整羊肉。全羊席，即指将绵羊的四肢、背和头煮成半熟，放置在大案板上，摆放在年长者前方，并祝颂"松"及敬献"松"之宴席。它是显示德都蒙古招待尊贵客人最高礼节的食品，具有浓厚的地方特色和重要的文化价值。在家族聚会上我们看到了蒙古人最为珍贵的宫廷宴席——全羊席。为了解如何选羊、宰羊、解羊、煮羊及如何摆放、装饰、供上等习俗，笔者访谈了民间艺人桑杰。

图 5-21　全羊席

笔者：请问，全羊席的羊如何选？通常会选择什么样的羊？

桑杰：德都蒙古族的肉食主要为绵羊肉，蒙古人认为绵羊肉和牛肉性温，山羊肉性寒，所以冬天和春天一般多食用绵羊肉。全羊席上所选用的羊是绵羊，并且比较讲究选择什么样的绵羊。首先，应当选择羊群中膘肥体壮的羊。其次，必须是羊角造型美观、尾巴肥大、体形雄壮的白色羯羊[1]，因为它长得快，肉质肥美鲜嫩。母绵羊和山羊不作为选择的对象。

笔者：请问，蒙古族对于宰羊有特殊的习俗吗？

桑杰：蒙古族传统宰羊，有句谚语："杀羊不见血、剥皮不用刀"，采用"开膛法"[2]。蒙古族开膛宰羊的具体方法是，把绵羊抓住后，先将羊放倒，使其肚朝上成仰卧状，然后在其胸部割开小口，

---

① 羯羊就是被阉割后的公羊，草原上人们都俗称羯羊为羯子。一般为一到两年的羯羊，羯羊不超过 4 岁。

② 开膛法由来已久，据《史集》和《马可·波罗游记》等史料记载，大蒙古国的窝阔台汗和元朝的忽必烈汗，都专门为此下过指令，"须开膛杀之"已成为法律条文。

再将手伸进去，将其动脉扯断，然后掐紧动脉的断裂口。这种方法除了能使羊死得快，减少痛苦，干净卫生之外，还可以使血液留在体内，提高了羊肉的含血量。蒙古人宰羊禁止其血液流出体外，这种观念与古老的萨满教有关。蒙古人认为，血液中含有生物灵魂，保留血液是保留其完整的生命。生物死了就像睡觉一样，以后还可以转生。如果血液排出，灵魂离开了肉体，就不再转生。宰杀了所选定的绵羊后，将羊头完好无损地割下来，同时将四个羊蹄也割下来。之后将宰杀的羊剥皮，取出内脏，在羊尾巴上要留有一小片羊毛，使其为"羊毛尾巴"。

图 5-22　民间艺人桑杰（刚琴特尔摄）

笔者：全羊席中的解羊有讲究吗？

桑杰：全羊席中的解羊环节要求一定的技术。解羊者把全羊肉按骨节进行切割。首先，将绵羊的胸脯（ebcigü）全部截下。其次，将两肢前腿、两肢后腿、荐骨（uruca）、脊梁骨（seger）、脖颈等部位按骨节一一解开，在割开时羊的前腿要留十根肋骨，荐骨要留三根小肋骨（suuke），并且要完整地截下。

笔者：如何煮全羊席的"续斯"？

桑杰：用于全羊席的"续斯"必须有两个前腿（ha）、两个后腿（guyia）、荐骨肉（uruca）、羊背子、脊梁骨（seger）、羊头等。胸脯肉和脖颈肉不作为"续斯"的必备品。如果要用胸脯肉，必须将它放在最下面作为垫子使用。脖颈肉不作为宴席之品。羊头要用开水褪毛，并将外面的羊角去掉，但犄角按原形保留。摆设全羊"续斯"的准备工作一般在举行宴席前一两天开始，而煮羊的工作一般在宴席前一天。将全羊"续斯"整块地放进大锅里，倒上冷水，适当放盐，开始烧煮，仅仅煮到肉的表面变了颜色就从锅里捞出来，因此只能慢火煮，第一次煮的肉不能吃，只是在宴席上作为摆设，所有全羊仪式完毕后再端出，第二次煮熟后才能吃。

笔者：如何摆设"布克勒续斯"？

桑杰：将煮好的全羊"续斯"以活羊盘卧状放置于一个长方形的木板或大案板上。首先，将两条前腿与后腿按原位置放置于案板上，即两条后腿顺前腿扣紧。其次，将荐骨肉平放在四条腿上，并将脊梁骨肉作为支架，放置于两个前腿中间，支撑起荐骨。最后，将羊头立着放置于荐骨上，使其具有栩栩如生之感。

笔者：那么还需要装饰"续斯"吗？

桑杰：为了使全羊"续斯"具有深刻的寓意，还需要用蒙古族最常用的白食和酥油进行点缀和装饰。在羊角、额头、四肢等部位涂上酥油，表示其为德都蒙古族最高礼仪之俗的佳品。除此之外，在羊的两个鼻孔处插上两枝绿色的柏香叶，表示其为最纯洁的食品。在羊的尾巴上留有白毛，表示其为鲜美可口、营养价值最高的绿色食品。在"续斯"的前方还要摆放两瓶沾有酥油的酒，酒瓶上系白色的哈达，将哈达平铺在全羊的两边。这种装饰使"布克勒续斯"看起来更加雄伟壮观，表现出德都蒙古族全羊席的高贵、礼仪等文化内涵。当然，摆放在这里的两瓶酒不仅仅作为装饰之品，在祝颂"松"时，将其中一瓶作为"松"的"德吉"敬献给客人，并在"巴彦松"仪式时使用。另一瓶酒作为"续斯"的"德吉"敬献给贵宾。

笔者：供上"续斯"的礼俗有哪些？

桑杰：将装饰好的全羊"续斯"放置于较高的餐桌上，供于神佛或年长者及尊贵的客人面前。然后在其旁边放一桶酸奶，蒙古语称"塔日格"。"塔日格"被蒙古人视为吉祥食物，在节庆宴席、例行仪式上食用，也可作为头道食品，还可用它作贺喜或馈礼食品用。除此之外，还要在贵宾席上放置水油饼"托德"、"须弥尔"、"查嘎"、油炸馍"托素太宝日斯格"、糖果、奶茶等食物。水油饼"托德"是把面粉和水揉好，擀成饼状，用水煮熟，捞在盆里，放上酥油、"曲拉"、砂糖等搅拌均匀，并做成大方块的形状，其上用各种干果和彩色糖果摆成吉祥图案。"托德"必须与全羊一起摆好，因为它在礼品食物中的意义相当于一只全羊。大家吃完全羊肉之后，将托德切块食用。"托德"美味可口，是德都蒙古族婚礼、剪发礼等宴席上不可缺少的主要食用品之一。"须弥尔"被视作最珍贵的礼品，其做法是在一个圆形木质彩盒内盛炒面，将炒面压实并堆成锥状，四面插四块长方形酥油块，顶部放圆圆的一块酥油。还要在彩盒的盖子里放上"曲拉"，并把盖子衬在底盘的下面。"须弥尔"既敬神佛又待客，是德都蒙古盛大喜庆节日中不可少的食物，象征着世间万物及其赖以生存的山川河流。"查嘎"是节庆宴席上又不可缺少的食物，是指一碗盛满的曲拉，上面放一小块酥油。首先要请年长者尝一口，以示尊敬，并且表示它是一切食物之源，代表纯洁、吉祥、和睦。这些食品与全羊都供贵宾食用，不但体现出主人的真诚和热情，而且蕴含着主人对贵宾吉祥、幸福的祝愿。

通过一天的家族聚会中，笔者体验到青藏地区蒙古族非物质文化遗产的整体性保护与完整性保护，这是一种文化的自我传承方式。"是我们抢救非遗还是非遗抢救我们？抑或是人类的自我救赎？"彭兆荣提出的这个命题发人深省，这就是具有生命力和精神性价值的非物质文化遗产活态传承的现状。

"见人见物见生活"的原则是非物质文化遗产保护的根本。非遗本身就是生活的一部分，必须在人民群众的实践活动中发展变化才能生存，它们本身就是民众劳作模式的一部分，就是传统的重要内容，让他们在生活中实践就是保护，就是发展。① 族群也会根据他们的需求在其基础上进行改造和改变，对非物质文化遗产活态化进行具体的实践操作，在实践中存续非物质文化遗产的生命力。

非物质文化遗产不只是一件件体现文化传统的产品或作品，它更是一个文化现象的整体，是可见、可参与的生活。② 今天，非物质文化遗产的具体实践是优秀传统文化与现实生活之间的融合，是实现创造性转化和创新性发展的过程。非物质文化遗产需要活态保护、活态传承，要坚持保护传承与合理利用相结合，在有效保护的基础上促进非物质文化遗产与旅游、文化产业、文创产品等相衔接，推动非物质文化遗产融入现代生活，融入时代文化，体现当代价值。

---

① 马知遥、刘智英、刘垚瑶：《中国非物质文化遗产保护理念的几个关键性问题》，载《民俗研究》，2019（6）。
② 中华人民共和国文化和旅游部非物质文化遗产司：《中国非物质文化遗产保护的生动实践》，载《中国非物质文化遗产》，2020（1）。

第六章　青藏高原蒙古族聚居区戏剧遗产
个案研究

2006 年，祭敖包入选我国第一批国家级非物质文化遗产代表性项目名录，2009 年，藏戏入选联合国教科文组织人类非物质文化遗产代表作名录。祭敖包是蒙古族由来已久的传统习俗，是草原民族崇尚自然的思想表现形式之一。敖包是蒙古语，也叫鄂博，意为堆子，以石块堆积而成，一般都建在山顶或丘陵之上，形状多为圆锥形，大小不等。在古代，敖包的建立和祭祀比较简单，由祭师宣布，选择某一座山或丘陵作为敖包的所在地。村民们在这个地方用土或石头建成堆子，举行若干仪式后就建成了敖包。以后附近的居民每年都要到这里祭拜，祈祷人畜兴旺。藏传佛教传入蒙古族聚居区后，祭敖包的形式发生了一些变化，但牧民对敖包的参拜祭典始终不变。祭敖包的仪式通常在每年农历五月至七月间举行。祭敖包在日出之前开始，仪式极为隆重。所有参加者围绕敖包沿顺时针方向转三圈，边转边向敖包滴洒鲜奶和酒，之后在敖包正前方叩拜，将带来的石头添加在敖包上，并用柳条、哈达、彩旗等将敖包装饰一新。祭敖包仪式结束后，便要举行那达慕，牧民们进行赛马、射箭等传统体育活动，同时有歌舞表演，人们引吭高歌，翩翩起舞，共同举杯畅饮。

藏戏是我国少数民族戏曲中历史悠久、流传广远的一个剧种，它是以歌舞形式表现文学内容的综合艺术。藏戏在西藏称为"阿吉拉姆"，在青海称为"南木特"。作为藏族民众世代传承的古老剧种，藏戏集神话、传说、民歌、舞蹈、说唱、杂技等多种民间文学艺术与宗教仪式乐舞为一体。

本章主要以青海省河南蒙古族自治县蒙古族敖包祭仪中的藏戏表演为考

察主题，将以青海河南蒙古族自治县敖包祭仪与藏戏表演交织传承的独特现象作为个案，关注和审视青海河南蒙古族自治县蒙旗地区敖包祭祀仪式与藏戏表演的文化内核。通过调研访谈和田野个案的民俗学、人类学研究方法进行具体分析与研究，探讨蒙古族的传统文化形态及其独特的文化意义。

第一节　敖包祭仪与藏戏表演

敖包是蒙古族古老文化的缩影，与此有关的一系列活动和礼仪体现了蒙古族人民的创造力。祭敖包作为一种文化空间，包含了许多蒙古族的传统文化和习俗，对研究游牧文化、蒙古族发展史具有重要价值。藏戏艺术是一种以歌舞、说唱等表演形式为主的藏族传统文化的聚合体，它包括宗教、哲学、历史、婚姻、民俗等内容。今天，藏戏在青藏高原这个多民族、多元文化的社会里，成为蒙藏民族文化交融和族群认同的重要纽带。现以蒙古族敖包祭仪与藏戏表演在蒙古族僧俗群众中的传承与表述入手，以黄南藏族自治州河南蒙古族自治县托叶玛乡西顷藏戏队为例，深入寺院与村落进行考察，探讨蒙藏文化传统的融合与族群文化历史变迁及其当代变迁的脉络。

早在 20 世纪 50 年代，藏戏从甘肃夏河传播到青海黄南河南蒙古族自治县曲格寺及托叶玛村落，这里的蒙古族在敖包祭祀仪式上表演藏戏并传演至今。

一、敖包祭仪与藏戏表演的融合

敖包信仰起源于原始社会信仰的萨满教。[①] 萨满教信仰万物有灵，以自然崇拜为核心内容，敖包祭仪便是蒙古族生活中民间信仰的重要内容。青海省黄南藏族自治州河南蒙古族自治县蒙古族人民的宗教信仰是与整个卫拉特蒙古的宗教信仰同步发展、同步变化的。和其他各地卫拉特蒙古人民一样，也是先信奉萨满教，而后接受藏传佛教萨迦派转而虔信格鲁派的。四百多年前，

---

① 邢莉：《蒙古族游牧文化与女性民俗文化探微》，24 页，北京，世界图书出版公司，2011。

卫拉特蒙古人进入青海黄河南部地区时，藏传佛教格鲁派就已成为王公贵族、普通百姓全体信奉的教派，所以四百多年来，蒙藏人民一起捐资布施，先后独资创建或协助修建了十多座寺院。其中，河南蒙古和硕亲王察罕丹津独资创建的拉卜楞寺是整个藏传佛教黄教寺院六大宗主寺之一，在整个安多地区黄教寺院中占有非常重要的地位。中华人民共和国成立后，河南县境内有拉卡寺、曲格寺、香扎寺、达参寺四座小寺，僧侣为蒙古族，宗教活动不仅延续了藏传佛教的内容，如羌姆乐舞、藏戏、宗教法会等，还保留着了蒙古族萨满祭祀仪式。

图 6-1　敖包前的藏戏表演场地（邸莎若拉摄）

基于此，藏传佛教在蒙古地区兴盛起来后，蒙古族也开始信奉藏传佛教，萨满教在蒙古族地区以祭祀、占卜、治病等形式不同程度地留存下来。青海蒙古族地区保存了许多原始的萨满教祭祀仪式，如蒙古族有许多祭"腾格里"（意为天）、祭火、祭海、祭敖包等仪式。

敖包祭仪式是蒙古人为纪念发祥地额尔古纳山林地带而形成的，表示对自己祖地的眷恋和对祖先的无限崇敬。这一信奉萨满教时最重要的祭祀仪式，现已演变成一年一度的节日活动，而藏戏演述也随之成为这一活动的主要内容。

也就是说，蒙古族既保留了萨满教祭祀仪式，又在这些祭祀仪式中融入了藏戏表演，且贯穿仪式始终。这些仪式不仅成为连接传统社会与现代社会的重要纽带，更是承载着延续一个民族文化传统的历史重任，同时也是透视出民族文化交融的一面镜子。

通过田野调研中与藏戏传承人的深入交流我们看到，寺院藏戏的传承仍然在延续，不仅如此，更是延伸到了民间。无论寺院的传授还是民间的学习，喇嘛戏师与民间戏师都融入到同一个传统之中。值得注意的是，我们需要到历史脉络中去探寻敖包祭仪与表演藏戏的源与流，也需要回到村落中，回到当下现实语境中，重新审视河南蒙旗藏传佛教文化背景下，寺院与村落、喇嘛与村民、神圣与世俗等蒙藏文化的融合和多重关系。

二、传承的交织：敖包与藏戏的和声

2017 年 4 月，笔者考察了托叶玛乡，这里是青海省黄南藏族自治州河南蒙古族自治县的一个蒙古族村落，辖托叶玛、曲海、曲龙、文群、宁赛、夏吾特 6 个村委会。托叶玛村位于吉冈山和恰支山交界处，是一个有 100 多户 400 多人口的蒙古族村庄。由于这里的蒙古族处于藏族地区，在宗教信仰、生活习俗、民族语言等方面都不同程度地受到藏族文化的影响，尤其在宗教信仰方面，他们保留了自己的宗教信仰，同时接受了藏传佛教。他们在举行敖包祭仪时，除举行舞蹈、民歌演唱、射箭、摔跤等活动外，还演述藏戏故事。

藏戏队的老艺人告诉笔者，托叶玛乡蒙古族均说安多藏语，是蒙藏民族融合文化留存的典型地区，具有淳朴的民族风情。据村民们介绍，托叶玛乡藏戏是由曲格寺传入的。20 世纪 50 年代，演出每年有两次，分别在正月十五和农历五月初四的祭祀敖包时举行。后又增加了农历八月那达慕会，在祭祀仪式结束后演出藏戏。一般以敖包为背景，以平坦开阔的草地为舞台，在西顷山敖包前开阔、风景优美的山地高处演出。

2017 年 5 月 29 日，笔者在托叶玛乡参加了当地举办的那达慕大会。上午 9 点，敖包祭祀开始，敖包位于曲格寺左边 300 米处的高坡上。村民们手持松柏枝来到敖包前，插上新的柳枝，柳枝上缚红、绿、蓝、黄、白五色经幡和印有藏传佛教经文的风马旗，这是藏传佛教的标志。在敖包正前方有一煨桑台，村民们将祭品和松柏枝放到煨桑台内点燃，桑烟袅袅，升腾到空中。一位身穿紫色僧袍的曲格寺蒙古族僧人，手持白色海螺，向着西方吹响，祭祀敖包的村民肃立在敖包前，在海螺、锣鼓声中喇嘛诵读《敖包祭辞》和《敖包颂赞》的经文，这是与敖包神沟通的重要方式。之后，一位身穿蓝色蒙古袍的蒙古族长者率村民诵经，抛撒风马图（藏语隆达）祝祷，接着，在煨桑台和敖包之间，村民围坐成圈，摆放一个蒙古族家中常用的小桌子，桌子中间摆放羊背、酒、酸奶、酥油等食品。在敖包的左边，六位喇嘛坐在草地上，有的手持法器（金刚杵），有的手持经文，有的手持海螺、镲、鼓等，组成一个乐队。祭祀仪式结束，举办摔跤、射箭和赛马，之后藏戏开演。

图 6-2　西宁圣地藏阁演出的《智美更登》第五场（邸莎若拉摄）

上午 11 点藏戏表演开始。演出场地是敖包前的草地，演出背景为敖包，左侧乐队，表演者由左右两边出入，在广场中央表演《智美更登》。没有舞台布景，演出过程朴实、原生态。

首先是一位演员演唱，介绍剧情，类似于传统藏戏中的"温巴顿"开场仪式，接着国王、智美更登等人出场，正戏开始，称为"雄"。最后，大圆满结束，为扎西，即吉祥如意结束全剧。

藏戏表演中唱、念、做、打技艺与藏族歌舞表演有机结合，戏曲动作多来自于生活，没有固定的程式、手式指法、身段步法和人物造型，吸收寺院绘画人物形态特点，融入寺院宗教舞蹈、民间舞蹈和藏族生活中的动作等，既注重对传统藏戏歌舞、说唱等技艺的充分继承和发掘，又注重吸收、借鉴汉族戏曲艺术的某些表演形式，形成了藏戏独特的艺术风格。

藏戏唱腔质朴，将甘肃夏河地区的藏族民间说唱、民歌融入唱腔，伴奏仅有一鼓一钹。故事情节简单，人物较少且缺乏个性；音乐较为单一但很具叙事性，所唱的都是同一曲调，只是在演唱时根据不同的人物、不同的情绪而在高低强弱及节奏快慢上有所不同。

藏戏《智美更登》的内容大概是：国王赛窘扎巴膝下无子，一心礼佛。因敬佛晚年得子取名智美更登。智美更登长大成人后，敌国捷马兴登国王派遣一个老婆罗门扮成穷人来向智美更登讨取布施，用花言巧语骗取了国宝"管多宏觉"（如意宝）。国王因失宝大怒，将智美更登流放荒僻的哈乡二十年。智美更登在被流放的路上，将财物，甚至妻子儿女都施舍给他人，最后把自己的双眼也献给了别人。他的无私奉献精神感动了神。这部戏真实地反映了一个虔信佛法、躬行佛旨的信徒形象，反映了古代藏民族虔诚地躬行佛教利他主义教义的传统意识和社会风俗。

《智美更登》由拉卜楞寺传入托叶玛乡，后由戏师关却杰等人改编为八场，由村藏戏队演出，剧目内容基本保持原貌。表演者均戴面具，穿着华丽的服装，装扮成各种神灵，由甲鲁温巴率领仙女拉姆、面具者等绕场作舞，他们或旋转，或独舞，或群舞，既有抒情护法的赞神舞，也有驱邪斩魔的武士舞，是一种藏戏开场仪式。仪式结束后，戏剧开始。

第一场：开场歌舞仪式，智美更登降生。

由甲鲁温巴率领仙女拉姆、面具者表演，并由甲鲁温巴介绍剧情。

第二场：失宝，智美更登的镇国宝被婆罗门骗取。

第三场：智美更登失宝后，被父王发配外乡，在流放期间为孤寡老人献子。

第四场：智美更登为失明老人献出自己的双眼。

第五场：施舍妻子。

第六场：献宝。

第七场：复明。

第八场：继承王位。全境年年丰收，人人安乐幸福。

在表演风格上，河南蒙古族自治县的藏戏既继承了西藏、甘肃甘南、青海黄南藏戏程式，又具有自己的艺术特征，它直接提炼生活的各种素材，将生活艺术化。河南蒙古族演出的主要剧目有《智美更登》《阿德拉毛》《国王官却瑝》等，具有严格的形式规范，其中包括唱、念、做、打（舞或技）、服饰、造型等，融入了甘南地区藏族的诗、乐、舞、美术等艺术因素。其中的舞蹈有广泛流行在群众中的藏族舞蹈，动作舒缓活泼。戏曲程式吸收了拉卜楞寺藏戏基本舞步，有慢步、快步、退步转圈、单腿跳跃、转头行礼、躺身蹦子等动作，还有"圈中转身"等高雅动作，还大胆地吸收了京剧的台步和青衣甩袖动作。《智美更登》最初是古天竺一带的民间故事，后被佛教徒搜集收入佛典，辗转译成藏文，经过藏族学者的努力，在藏族聚居区又得到了进一步的发展。《智美更登》经历了"民间故事—佛经故事—合体改写本—诗体改写本"的过程。这个过程，一方面说明了古天竺民间文学通过佛经的结集和翻译对西藏文化产生的影响，另一方面呈现的是《智美更登》这个民间故事的藏化过程。这个藏化过程的完成，说明经过藏族学者的努力，《智美更登》已成为藏族古典文学的一部分。

在唱腔方面，河南蒙古族自治县蒙古族演出的藏戏使用藏语，"其藏戏的唱腔，音韵考究，唱词工整，每句七至九字，一丝不乱。其曲调与黄南藏戏和西藏藏戏不同，基本上都是甘南夏河民歌，包括一些热情欢快、轻盈婉转的安多舞蹈音乐，幽雅抒情的安多民间小调，虔诚淡雅的僧曲——'姜会'（嘉木样上下殿时演奏的音乐）。表演中，由舞者齐唱，角色说唱，以及西藏藏戏中的'连珠韵白'，如诵唱、民间常用的'白嘎尔'（近似汉族的韵数来宝）"[1]。

过去河南蒙古族自治县藏戏的演员全部由寺内蒙古族僧人担任，藏戏走入民间后，也多由蒙古族群众参与演出。由于最初演出带有较强的自娱性，观众主要是寺内的蒙古族僧人。后来，藏戏影响逐步扩大，特别是 20 世纪 80 年代以后，附近蒙古族群众纷纷前来寺内观看。同时，藏戏也走出寺院，参加艺术节或对外交流活动。

---

[1] 曹娅丽、刘志群、阿旺旦增：《藏地诗颂：青藏高原藏戏遗产的保护与研究》，338 页，北京，文化艺术出版社，2010。

河南蒙古族自治县蒙古族演述的藏戏既具有观赏性，又有祭祀功能。从演出目的、演出场所、如何饰扮剧中人物及艺术表现方式等方面，都能说明藏族戏剧演出主要用于娱神和娱人。这种戏剧演出自始至终与宗教法事活动联系在一起，各种宗教仪式与之相生相随，并不断吸取藏族艺术的养料，丰富法事活动中的戏剧演出。从祭祀仪式参与角度来看，有村落共同的传统仪式祭敖包和那达慕大会及藏历年的祈愿大法会和祭祀大法会，这是河南蒙旗蒙古族群的共同祭祀群体的公众祭祀活动，较完整地体现了祭祀仪式与村民演述藏戏的关系。

在当代语境下，敖包祭祀和藏戏传承交织，在祭祀神灵、祈福禳灾、宣传藏传佛教教义的过程中延续和传承传统文化。河南蒙古族自治县的敖包仪式是藏戏表演的载体，按一定的传统仪程将一系列具有象征意义的藏戏内容集中展现出来，其基本作用是促进人们之间的相互理解。同时，敖包礼仪还是维系传统社会的重要纽带。它既是有形的礼仪活动和行为，亦是无形的社会价值系统和观念形态。特纳在谈到仪式的交通与变迁的特质时认为，仪式是一种通过表演形式进行人际交流和文化变迁的"社会剧"。[①] 无论何时，仪式都与社会性的生死冲突相联系，因而必然趋向于成为一种神圣或祭献礼仪。[②]

蒙古族祭祀仪式活动的意蕴非常明显。正如神话学家皮埃尔·韦尔南所指出的："在人们讲述故事、叙述历史的神话之外，在人们履行有组织的行动后果的礼仪之外，任何宗教体系都构成了第三个方面：形象化。通过形象化寻求架设一座通向神圣的桥梁，偶像应该在形象中标致出与人类世界的距离。"[③] 藏戏充当着蒙古族早期萨满仪式向蒙古族群礼仪演化的物证。作为神权政治重要的表述物象，藏戏正是在蒙古族中作为一种仪式通过表演形式进行人际交流和文化变迁的"社会剧"，显示了不同族群之间的文化交流和相互影响。

---

① Tunner, *The Anthropology of Performance*, New York: PAJ Publications, 1987, P.158.

② Francis, *Ritual and Drama*, London: Lutterworth Press, 1976, P.11.

③ ［法］皮埃尔·韦尔南：《神话与政治之间》，余中先译，349 页，北京，生活·读书·新知三联书店，2005。

三、敖包祭仪与藏戏表演

仪式既是有形的礼仪活动和行为，又是无形的社会价值系统和观念形态。敖包祭祀仪式作为游牧民族文化的象征和载体，不仅是这一族群的文化符号，而且是他们的精神依托和信仰系统。一个民族文化的传承与延续，必须依赖于该民族的存在与发展。

（一）敖包祭祀仪式的文化基因

20 世纪 50 年代，藏戏在河南蒙古族群中扎根并迅速发展，是与当地蒙古族信仰藏传佛教和通晓藏语，从而对这一剧种的认同是分不开的。1953 年，藏戏由拉卜楞寺传入该地寺院后，蒙古族僧人学习和传演藏戏，不仅为藏族传统戏剧在这里的传播提供了良好的环境，也为蒙古族民众接受藏文化奠定了基础。

一方面，敖包祭仪内容与形式反映了敖包祭仪文化的传承与藏文化的融合。敖包诵经仪式上，有专门的用于祭祀敖包的文献，如《敖包传记》《敖包祭辞》《敖包颂赞》等，并由藏传佛教寺院喇嘛主持、诵念，这被认为是与敖包神沟通的重要方式。藏传佛教传入后，喇嘛在敖包祭祀中起着重要的作用。

敖包祭祀前的煨桑习俗源自藏传佛教。蒙古族人在祭祀敖包时要抛撒风马图，这是藏传佛教的习俗，撒"隆达"（禄马风旗，蒙古语称 heimori，黑莫日）是原始苯教祭祀各种神灵的重要仪式。

另一方面，"审美情趣是特定民族、特定时代的人们对于美的感受的特殊的指向性。这种指向具有民族性"[①]。各民族的文学艺术，都有其自身并区别于其他民族文学艺术的独特形式和鲜明的风格。蒙古族虽然有自己的生活习俗、审美情趣与爱好，但他们与藏族一样都信仰藏传佛教，对藏戏有着深刻的认同心理。

文化的民族性的一个重要特点就是沟通特定民族成员的心灵，它能感染

[①]　许苏民：《文化哲学》，112 页，上海，上海人民出版社，1990。

该民族的个体，并影响他们对自己民族文化的认同。藏传佛教具有强大的生命力和凝聚力，对青藏地区蒙古族的文化认同与审美心理具有巨大的感召力和号召力。他们之所以对藏族戏剧有认同感，主要是因为他们对作为藏传佛教文化组成部分的藏戏文化意义的认同。

（二）藏戏的文化形态

藏戏孕育于青藏高原，它的起源基本上有三类。第一类是源于原始宗教仪式乐舞，苯教和藏族早期神话传说在文化方面是相互联系、相互促进的，它们都被吸收和运用在藏戏故事和演出之中。第二类是源于早期叙事文学、神话传说、音乐歌舞、百艺杂技和民间说唱艺术。第三类是源于藏传佛教寺院跳神"多吉嘎羌姆"。[①] 藏戏"是从本土先民的早期原始歌舞、说唱与宗教仪式及艺术等反映神的故事发展而来的，最早形成于 8 世纪的白面具藏戏，其雏形就是综合了民间的和宗教的歌曲、吟诵、面具的形式，这种原始的戏剧表演形式，现在比较完整地保留在传统藏戏中"[②]。藏戏的产生与蒙古族敖包信仰的起源有相似之处，是万物有灵的产物。因此，藏戏表演与举行敖包祭祀是一脉相承的宗教仪式。

在剧目内容上，藏族的精神特质和宗教思想在藏戏剧目中得到了充分的体现，他们主张遵从温柔敦厚、谦和礼让、虔诚信仰的道德标准[③]，藏传佛教所蕴含的哲学思想也有充分的体现，青藏地区蒙古族与藏族毗邻而居形成了相同的文化心理，他们以共同的情感、兴趣及生活态度去认同并欣赏藏戏文化。

在表演空间上，在长期的社会生活中，由于自然地理环境的不同，民俗事象形成的时空也会不同。敖包祭祀、藏戏表演成为特定的传统节日，在河南蒙旗，藏戏在寺院法会上演出，演出前举行敖包祭仪，河南蒙古族将自己的敖包传统与藏戏表演连接在一起，使得蒙古族文化与藏族文化的交融更加密切。

---

① 曹娅丽、刘志群、阿旺旦增：《藏地诗颂：青藏高原藏戏遗产的保护与研究》，23 页，北京，文化艺术出版社，2010。
② 曹娅丽、刘志群、阿旺旦增：《藏地诗颂：青藏高原藏戏遗产的保护与研究》，23 页，北京，文化艺术出版社，2010。
③ 孟昭毅：《东方戏剧美学》，132 页，北京，经济日报出版社，1997。

图6-3　蒙古族演员表演藏戏《顿月顿珠》(邸莎茹拉拍摄)

图6-4　河南蒙古族自治县蒙古族演员表演藏戏《顿月顿珠》(邸莎茹拉拍摄)

　　蒙古族敖包祭仪与藏戏表演个案揭示了蒙藏文化传承与文化认同问题，河南蒙古族在接受藏传佛教的同时，至今依然保留着敖包祭祀这一信仰习俗，并在蒙古族的生活方式、思想意识、民间艺术、风俗习惯中得到充分体现，萨满教既是蒙古族宗教文化的表征，又是其民俗化的表现，这表明蒙古族的本体文化依然延续。藏戏表演的深层有一种对历史、道德和人格理想的精神认同，而这种认同恰恰来源于民间文化原型——善。温柔敦厚、谦和礼让、虔诚信仰的道德标准是藏族和蒙古族寻求归属、依托和认同的现实需要。因此，"善"这个原型所依托的民间文化传统虽然隐秘，却牢牢地维系着蒙古族传统文化价值体系。毋庸置疑，蒙古族对藏戏文化的认同实际上是对祖先意识、共同历史记忆、文化传统的认同，是在历史发展与变迁中逐渐形成的本民族的文化特质，是蒙藏文化交织传承的交响乐。

第二节　祭祀仪式中的藏戏表演

青海省河南蒙古族自治县的蒙古族村民在祭祀仪式、节日活动中融入了藏戏表演，形成了独特的民俗样式。祭祀从古至今扮演着极为重要的民俗角色，不同民族、不同地区有着各不相同的祭祀仪式，其起源可追溯至上古时期，是人与天的一种交流形式。乡民百姓通过祭祀来表达招福辟邪及对自然哺育万物的感恩之情，并祈求神祇保佑、万事吉祥。本节通过分析历史上神山圣湖祭祀仪式中的藏戏表演，并以此作为个案，说明青藏地区蒙古族非物质文化遗产的特征与功能。

一、香扎寺双鱼圣湖与藏戏

圣湖祭祀是青海省河南蒙古族自治县蒙古族村民的传统风俗。笔者考察了当地两处圣湖的祭祀仪式，即位于河南蒙古族自治县香扎寺南侧的双鱼圣湖与位于河南蒙古族自治县吉岗山北侧的仙女湖祭祀仪式。每逢圣湖祭祀，当地藏戏队都要在圣湖一侧表演三天藏戏，但由于种种原因，20世纪七八十年代，这种结合藏戏表演的民俗形式逐渐消失，至今没有恢复。

香扎寺双鱼湖位于县境南部的柯生乡，北临吉岗山，南靠黄河。香扎寺为甘南拉卜楞寺属寺，亦称德隆寺，藏语称"香扎贡扎西德勒奇"，意为香扎寺吉祥乐善汇集处。香扎寺位于县治南，在今柯生乡政府所在地次罕苏沟口西的香扎智卡，北依吉岗，南临黄河，寺侧有通往玛曲县欧拉草原的渡口。当地气候温暖，草原开阔，水草丰茂，风光秀丽，以盛产河曲马出名，香扎寺为原柯生和柯多部落寺院，由香扎罗桑却吉嘉措始建于 1905 年。1930 年，香扎活佛在拉卜楞寺德隆活佛（早年为甘肃白塔寺僧人）的协助下，改建帐房寺为土房寺，成为拉卜楞寺属寺，主寺派有赤哇一人，与本寺德隆活佛和香扎活佛共同主持寺务。双鱼湖位于香扎寺以南 500 米处，因呈现出两条鱼围绕中央一处高地状而得名，高地中心有主拉布则一座，在其旁边地势较低的地方有属拉布则一座，属于小型的拉布则群。主拉布则旁有讲经台一座，煨桑台一座。据笔者 2017 年 7 月的田野考察，双鱼湖湖畔有三座白色蒙古包，住着三户人家，均为蒙古族，但是完全不懂蒙古语，只会讲藏语。

香扎寺从建寺初期至宗教改革前于每年正月举行大法会，其间有隆重的米拉羌姆表演。"羌姆"为藏语，也被称为"卡尔羌姆"，最初的意思是跳，后来逐渐成为宗教舞蹈的专用词汇。"卡尔"与"羌姆"虽然都有跳的意思，但严格来说还是有区别的。"以手的法印为主并以息业的十六种仪态来供养神"称为"卡尔"，"以身体的仪态和（步履）节奏为主，并用十二种服妖降妖的表情来表现"被称为"羌姆"。虽然教派不同、寺庙的规模不一，但羌姆的形式大同小异。如萨迦派（俗称花教）、噶举派（俗称白教）、宁玛派（俗称红教）、格鲁派（俗称黄教）各自的"羌姆"内容、形式都有所不同。但无论怎样变化，总体上反映了人们娱神、破灾的心理。他们用舞蹈的形式来宣传宗教教义，既娱神又娱人。所以在有寺庙的地方，都保留着这个习俗。藏传佛教寺院舞蹈羌姆的来源需追溯到藏传佛教在西藏兴起的过程。7 世纪时，印度高僧莲花生来到西藏宣传当时流行于印度的佛教。然而，西藏当地原始多神崇拜的苯教深入人心，对外来宗教采取排斥、拒绝的态度。为了能在西藏推行佛教，聪明的印度高僧莲花生便采取将印度佛教与西藏原始苯教相互结合的方法，将苯教中的各种神灵收纳为护法神，符合藏族原始多神崇拜的心理，至使西藏地区在唐代形成了藏传佛教。随着藏传佛教的形成，莲花生又创建了该教在祭祀礼仪中采用头戴各种神祇面具，吸收大量藏族民间舞蹈成分而编排的程式性舞段，成为驱鬼求神、造福来世、表演佛经故事等的宗教舞蹈。

这种祭祀舞被后来藏传佛教的各个教派所采用，称为羌姆。随着历史的发展，藏传佛教逐渐在除西藏之外的所有藏族聚居区以及内蒙古等地的多个民族中逐渐流传开来。羌姆也因地域、民族的不同，产生多种称谓，如蒙古族称其为"查玛"，满族称其为"跳布扎"，青海等地称作"跳欠"。

香扎寺不仅有米拉羌姆表演，在盛夏祭拉布则时，除了祭祀香扎寺内主、属两座拉布则之外，还要去寺院旁边的双鱼圣湖祭祀。笔者通过对寺僧以及当地政府工作人员的采访得知，1978 年以前，拉布则祭祀结束后还有藏戏表演，表演时间为三天。周边的蒙藏村民都来参加，携带哈达、五谷、风马等。祭祀时，首先由香扎寺高僧诵经，随即煨桑、抛风马。村民们将五谷、宝瓶等宝物投于湖中，祈求神灵保佑。藏戏表演一般从中午开始，持续三天。

祭祀与藏戏表演相结合，这一传统民俗的意义是祭祀祖先与神灵，同时将藏传佛教的生命观、宇宙观等传递给民众。河南蒙古族自治县的村民在圣湖祭祀仪式中融入了藏戏表演，表现了蒙藏文化融合的特色。

二、仙女湖传说与祭祀

仙女湖位于河南蒙古族自治县吉岗山尕海滩。当地蒙藏村民称为拉毛兰木措，意为仙女湖。仙女湖面积较小，深度不足一米，湖中有宝瓶等宝物，湖的一侧有一座拉布泽。

仙女湖、拉布泽、经幡在人烟稀少的吉岗山山脚下显得格外神圣、肃穆。笔者在河南县志中找到了有关仙女湖的神话传说，下面一则最具代表性："很久以前，在黄河以南，河曲一带的萨霍尔有一个很大的王国，这个王国的国王尕决只有一个儿子，名叫更登，称为更登王子。但是，国王性情暴躁且愚钝，而王子更登非常善良、聪慧。王子更登从小就是虔诚的佛教徒，曾求学于高僧，苦学佛经。有一年，干旱成灾，百姓身陷饥荒。王子更登体恤百姓，将宫廷中的粮食、财物施舍给穷人。他的善举感动了天庭，但也激怒了国王。国王将王子更登发配到偏远的地方，在南瞻部洲丹斗一带名叫'德日哈香'的地方。王子更登先在魔鬼山受整整 12 年磨难。12 年后，王子告别故土，独自上路。一路上历经千辛万苦，整整走了 300 天，还未到达德日哈香。有一天，更登来到吉岗山北麓的尕海滩，此时正当烈日炎炎，黄沙漫地，热浪蒸腾，王子靴底被磨穿，行走艰难，腹中饥饿却无一口饭，口中焦渴却无一滴水。这时，仁慈的天帝指令东海龙王的三位龙女拯救苦难中的贤明王子。三位龙女来至吉岗山北麓尕海沙原，幻化出一座富丽堂皇的宫殿，盛情接待落难王子。王子休息一夜后继续前行，又走了66天，才到达德日哈香。他在那里又经12年磨难，以他的勇敢除暴安良，用他的智慧教化民众，使那里的人民学会了游牧、耕作，把那个地方变成了人间乐园。王子离开尕海沙原后，天帝指令三位龙女变成三眼清泉，沙原变成碧波荡漾的湖泊。12年后王子返国途经这里时，吉岗山上松柏青翠，树木成林，林中杜鹃、阳雀鸣唱枝头，画眉百灵翩翩起舞，山间鹿麋结队，奔突欢跃，虎豹成群，来往逡巡；湖边绿草茵茵，香飘四野。王子返国后受到国王与百姓的热烈欢迎，国王亦为王子的决心、善举所感动，把王位禅让给了王子。由于王子在尕海沙原落难，得三龙女救护，使这一带地方得其祥瑞，淙淙泉水滋润大地，使大地改颜，万物滋生，沙原变成了草原，后来的蒙藏人民得以繁衍生息在这块富饶美丽的草原上。人们为了纪念这位英武贤达且仁厚的王子，同时为了日后的吉祥，遂把三位龙女变成的三眼清泉汇集而成的小湖称为'拉毛兰木措'，即仙女湖。"[1]

　　笔者根据田野访谈与对《河南县志》的查阅获知，仙女湖传说的来源有两种可能。一是来源于传统八大藏戏剧目，因为这则仙女湖传说的内容与藏戏《智美更登》相同。《智美更登》最初是古天竺一带的民间故事，被佛教徒们搜集收入佛典，辗转译成藏文。二是来源于夏河民间故事，在甘南夏河地区，民间流传着王子施目母题的传说。河南亲王府从夏河迁至河曲南岸后，后人又将这一神话赋予河南县托叶玛乡仙女湖。1709年，河南蒙古亲王察罕丹津从西藏哲蚌寺请一世嘉木样回乡建寺，嘉木样行至仙女湖所在地尕海滩，察罕丹津福晋南吉卓玛携亲王府官员、僧俗一起到仙女湖设宴欢迎，并为仙女湖诵经祈祷[2]，举行了隆重的仪式，仙女湖祭祀仪式由此得以延续。根据笔者的访谈，在宗教改革之前的仙女湖祭祀仪式中，会有藏戏表演，演出的主

---

①　河南蒙古族自治县方志编纂委员会：《河南县志》（下），802页，兰州，甘肃人民出版社，1996。

②　河南蒙古族自治县方志编纂委员会：《河南县志》（下），803页，兰州，甘肃人民出版社，1996。

要剧目有《智美更登》《阿德拉毛》等，藏族的宗教思想及其信仰体系完整且丰富地体现在这一祭祀仪式中，藏戏剧目中充分体现出来的是藏族"温柔敦厚""谦和礼让""虔诚信仰"的道德标准。由于藏戏内容体现了藏传佛教的哲学思想，因此，同样信仰藏传佛教的当地蒙古族村民逐渐接受了藏民族文化的熏陶，形成了一种共情、共同的文化心理，他们以这种共同的内心情感及生活态度、生命哲学去认同藏戏文化，并与之共生，且融为一体。

仙女湖祭祀仪式上表演的藏戏《智美更登》分为五幕，剧情跌宕起伏。第一幕盼子心切。相传很久以前有一个白岱国，国王赛窘扎巴年迈无嗣，王后格登桑姆虔诚地祈祷，望神赐子。强烈的愿望感动了上天，大梵天王委派鹤仙率众仙女送子，王子智美更登降生了。第二幕失宝受罚。智美更登的降生激怒了图谋篡位的奸臣达然者（卡达妖所化）。他从智美更登手中骗抢镇国之宝后挑唆国王，将智美更登放逐到边远的哈乡。第三幕月下惜别。智美更登决心走向民间，其妻曼苔桑姆毅然表示要患难与共，誓死同行。于是夫妇二人带着儿子拉慧，挥泪拜别母后，登上去哈乡的艰难跋涉之路。卡达妖臣杀害了识破其阴谋的忠臣达娃桑布，率领亲信跟踪、迫害王子。国王获悉真情后，悔恨莫及。第四幕舍己为众。鹤仙暗中护卫智美更登，使卡达妖臣的阴谋无法得逞。妖臣继而施展妖术，用洪水卷走拉慧，用毒火喷瞎哈乡长者的双目，以此挑拨哈乡民众，妄图嫁祸智美更登。智美更登为了哈乡民众的幸福和安乐，献出了自己的双眼，使哈乡老人重见光明，从而赢得了哈乡民众的爱戴。第五幕夺宝除妖。智美更登被鹤仙接往仙境，治愈双眼，在鹤仙的帮助下，夺回了镇国之宝，铲除了卡达妖臣。尾声为霞光普照。国王为了弥补自己的过失，率领臣民前往哈乡，亲迎历经磨难的智美更登。哈乡长者护送曼苔桑姆到智美更登身边，鹤仙也送来了被救的拉慧。亲人团聚，举国欢腾。国王将镇国之宝交给智美更登，禅让王位。

随着历史的发展，受政治、文化等因素影响，大量的原始祭祀仪式消失，如今，神山祭祀融合藏戏表演的仪式程序已不复存在，圣湖祭祀的仪式程序也发生了较大的变化，历史上圣湖祭祀首先祭祀拉布则，随即表演三天藏戏，现在圣湖祭祀结束后，藏戏表演会延后一段时间在其他场地表演，且表演时间由最初的三天缩短到只表演一个剧目。我们虽然已无法看到多年前青海河南草原上的祭祀仪式，听不到藏戏表演者那婉转动听的声腔，但当地蒙古族继承和保留的藏戏并没有就此消失。1985 年召开的蒙古族那达慕大会融入了藏戏表演，使蒙古族的藏戏得以延续。在蒙藏文化融合的文化语境下，当地蒙古族通过藏戏来构筑、保护自己的文化，在层层文化包裹的中心区域传承集体历史记忆，成为多民族融合态势下独特的生存方式，表现出河南蒙古族自治县蒙古族人民的生存智慧与生命哲学。

第七章 青藏地区蒙古族口头文化遗产传承人传承谱系研究

青藏地区蒙古族民间文学的传承是一种群体性、自发性的口头传承，通常没有严格的师徒传承关系。在口耳相传的过程中，不时会出现一些说唱史诗、讲述故事、吟诵赞词、演唱民歌的能手，他们往往掌握了较多的口传文字，有较强的讲述和传唱技巧，在附近民众中有一定威望，成为传承与传播民族文化的民间艺人或者传承人。由于青藏地区蒙古族口头文化遗产有不同的文学形式，承担传承功能的主体，即民间艺人及传承人，有着"格斯尔齐"（格斯尔说唱艺人）、"图吉齐"（史诗说唱艺人）、"伊若勒齐"（吟诵祝赞词的艺人）、"乌勒格日齐"（讲故事传说的艺人）、"都吾钦"（民间歌手）等不同的称谓。在非物质文化遗产传承中，传承人尤为重要。非物质文化遗产的传承人是非物质文化遗产的传承主体，如果没有传承人，非物质文化遗产的传承活动也随之终止。传承人是指通过常年的生活经验积累而具有丰富传统文化知识的人，也是在特定领域专门从事非物质文化遗产技艺与传承的专业人士。[1] 从广义上说，传承人通常可以分为两种，即民间认可和政府认定。民间认可的文化传承人大多数是在特定领域内掌握了极其精湛的技艺和传承脉络，得到本民族或社区成员的推崇和认可，进而在本民族或社区内拥有较高的威望和权力，为地方社会、历史与文化做出杰出贡献的人物。在这里，笔者将其称为"民间艺人"，他们构成了政府认定非物质文化遗产传承人的基础，但是并不完全等同于政府认定的非物质文化遗产传承人。政府层面认定的非物质文化遗产传承人大多是基于民间认可的传承人而选取的其中威望较高，为民族或社区做出较大贡献者。他们被称为代表性传承人，是经政府机

---

① 张紫晨：《中外民俗学词典》，杭州，浙江人民出版社，1991。

构或政府授权的其他机构认定，并从制度上对其加以规制的非物质文化遗产传承中的特定个体。无论是民间认可的艺人还是政府层面认定的非物质文化遗产传承人，他们所涉猎的口头文学、民间绘画、表演艺术、手工技艺、民间知识等领域，都是由相关人士的口传心授得以代代延续和发展的。在这些领域里，传承人是非物质文化遗产的重要承载者和实践者，他们以超人的才智和技艺，储存着、掌握着、承载着非物质文化遗产相关类别的文化传统。

梳理非物质文化遗产传承人的文化传统与承继谱系，有助于更深入地研究青藏地区蒙古族非物质文化遗产的传承现状。因此，笔者在前人研究的基础上，对青藏地区民间文学遗产的传承谱系做了相对全面的梳理，进而对其传承模式进行归纳、阐释。

第一节 《汗青格勒》传承人及民间艺人的传承谱系

蒙古族英雄史诗在中国民间文学领域、国际蒙古学研究领域是独树一帜的，形成了一个专门的学科。发掘、抢救和保护英雄史诗，对中国民间文学，乃至对世界民间文学的丰富和完善，都将产生一定的推动作用。《汗青格勒》是历代人民的集体创作，是群众世世代代口头流传下来的，在劳动人民中有深厚的基础，它不仅是文学作品，而且是蒙古族早期历史和社会生活的缩影。《汗青格勒》主要流传于青海省海西蒙古族藏族自治州及甘肃省酒泉市肃北蒙古族自治县。在青海海西，民间艺人乌子尔、道力格苏荣、茶汉扣文、索克、尼玛、秋日青等人曾经说唱《汗青格勒》《布仁汗的台吉布木额尔登》《额日斯日巴特尔》《道力吉巴特尔》等英雄史诗。在青藏地区，英雄史诗被称为"图吉"，传唱史诗者称为"图吉齐"。青海海西蒙古族英雄史诗中只有少数经过学者们的抢救、记录、整理并被发表，大多数史诗随着民间老艺人的离世而失传。在现有整理的英雄史诗中，克鲁克旗乌子尔说唱的《汗青格勒》史诗是青海海西蒙古族民间文学的代表作之一。

现将青海《汗青格勒》传承人及民间艺人的传承谱系列表如下。

表 7-1　青海《汗青格勒》传承人及民间艺人的传承谱系

	姓名	性别	籍贯	传承	口传作品	代表性作品
第一代	夏格加（生卒年不详，第二代道力格苏荣之父）	男	德令哈市	家族	《汗青格勒》《辉特·美日根·特木尼》等	《汗青格勒》
	曲力腾（1884—1960，第三代艺人之外祖父，蒙藏双语传唱《格斯尔》）	男	乌兰县	家族	《辉特·美日根·特木尼》《有名的猎人》《石狮》《格斯尔的故事》等60部史诗与故事	《格斯尔的故事》《汗青格勒》
第二代	乌子尔（1909—1986，精通藏、蒙古语，被授予"格斯尔"说唱家称号）	男	大柴旦	家族	《汗青格勒》《格斯尔的故事》《三岁择政手扎日嘎拉》《好汉更其》	《汗青格勒》
	道力格苏荣（生于1923年，曾获"优秀牧民"的荣誉称号）	女	德令哈市	家族	《汗青格勒》《辉特·美日根·特木尼》《梅德格格秀太吉》	《汗青格勒》
第三代	茶汉扣文（1933—2014，国家级代表性传承人，第二代艺人乌子尔之徒）	男	大柴旦	师徒	《汗青格勒》《格斯尔的故事》《三岁德布呼吉日格勒》《辉特·美日根·特木尼》《山羊尾巴儿子》《达兰大翁》	《汗青格勒》
	索克（1947—2015，国家级代表性传承人，双目失明，擅长中医按摩、正骨、占卜、诵经文等）	男	德令哈市	师徒	《汗青格勒》《格斯尔》（9部）、《七岁的道尔吉海巴特尔》、《白石羊》、《冰雹石》、《青海蒙古二十四旗的来历》等几百部史诗和故事	《汗青格勒》

续表

	姓名	性别	籍贯	传承	口传作品	代表性作品
第三代	尼玛（生于1941年，国家级代表性传承人）	男	乌兰县	家族	《汗青格勒》《"桑"地名的来历》《阿拉腾特布西》《三座红土山》《达布孙湖的来历》等100多部史诗与故事	《汗青格勒》
	秋日青（生于1939年，省级代表性传承人）	男	德令哈市	家族	《汗青格勒》《辉特·美日根》《柯日亚美日根》等史诗与民间故事	《汗青格勒》
第四代	肖新布（生于1965年，省级代表性传承人，第三代代表性传承人，美日根·特木尼的女儿。2006年被授予"十五"柴达木巾帼建功奖章荣誉称号）	女	大柴旦	家族	《汗青格勒》《格斯尔》《山羊尾巴儿子》《辉特·美日根·特木尼》	《汗青格勒》

从表 7-1 可知，青海《汗青格勒》民间艺人及传承人传唱史诗的年代可以追溯到 19 世纪初，且为第二代或第三代传承人的父亲或祖父，属于亲缘传承。其中，第二代传人主要在 19 世纪二三十年代就开始传唱，且能为史诗研究提供较原始的、完整的史诗资料。比如，青海蒙古族著名说唱家乌子尔的代表性作品《汗青格勒》被很多学者记录、整理、录入并发表。第三代传人均为国家级或省级代表性传承人，不仅有家族传承也有师徒传承。例如，国家级代表性传承人茶汗扣文就是著名说唱艺人乌子尔的徒弟，他从 15 岁开始便学习乌子尔的《汗青格勒》《格斯尔的故事》等；国家级代表性传承人索克是向乌兰县南柯柯的乔格登布老人拜师学艺，在老人家的精心培养下，比较全面和深入地学习和掌握了《汗青格勒》史诗；国家级代表性传承人尼玛跟随其祖父曲力腾学习《汗青格勒》《格斯尔的故事》及其他民间故事；省级代表性传承人秋日青也是跟随父亲及祖父学习史诗、民间故事、民歌等。另外，四代传承人及民间艺人中的女性艺人多为家族传承。例如，第二代民间艺人道力格苏荣是第一代艺人夏格加的女儿，夏格加不仅自己勤学苦练说唱技艺，还严格要求自己的儿女，将很多口传作品传承给自己的大女儿道力格苏荣。现有的省级传承人肖新布也是由其父亲——国家级传承人茶汉扣文传授技艺。

一、青海蒙古族著名说唱家乌子尔

乌子尔（1909—1986），出生于青海省柯鲁沟旗柴达木，其父亲是托海满吉宰相（地方官吏），小名叫曲日青加布，法名叫乌子尔。他从 10 岁开始学习藏文和佛教经文，通过刻苦钻研获得"格茨来"学位。他从小与爷爷奶奶住在一起，从爷爷那里学会了不少蒙古族民间故事、传说、民歌、祝赞词以及英雄史诗。16 岁开始，他就能独立演唱蒙古族英雄史诗《汗青格勒》，受到当地老百姓的喜爱。

图 7-1　乌子尔（1909—1986）

1966 年，乌子尔被打成"四类分子"，他的财产被没收，他说唱的民间故事也被扣上"宗教迷信""毒草"等罪名并禁止演唱。1931 年，他获得平反，恢复名誉，被没收的家产由生产队照价赔偿，因他单身一人，无子女，享受原乌兰县怀头他拉公社的"五保户"待遇。党的十一届三中全会以后，在党的民族政策关怀下，民族民间文化获得新生。① 从 1978 年开始陆陆续续有很多学者采访乌子尔老人，并对他说唱的史诗进行录音、整理和发表，深受省内外专家和读者的好评。其中，就有乌席勒、高·才仁道尔吉录音，才·萨仁图雅整理，包玉文翻译，乌席勒编著的《汗青格勒》（2014 年由民族出版社出版）成为珍贵的蒙汉文双语资料。同时，将其转换为电子版，编辑出版了录音光盘，成为珍贵的语音资料。2008 年，郭晋渊先生录音、纳·才仁巴力记录的《汗青格勒》被选入跃进主编的《青海蒙古族民间口头文学集锦》（上下册）中。他说唱的蒙古族史诗《汗青格勒》和传记先后被选入《聚宝盆》（1984 年）、《德都蒙古民间文学精华》（1986 年）、《柯鲁沟旗志》（2002 年）、《卫拉特（格斯尔）研究》（2004 年）、《青海蒙古族民间文学研究》（2008 年）、《青海海西蒙古族风俗文化》（2009 年）等文献中。同时，他说唱的六章《格斯尔故事》，1984 年被选入内蒙古《格斯尔》领导小组办公室以内部资料形式编印的《青海格斯尔》一书中。他是海西蒙古族地区著名的说唱艺人，他的演唱质量高，影响力大。1991 年，文化部、国家民族事务委员会、中国社会科学院、中国民间文艺家协会联合授予乌子尔"《格斯尔》说唱家"称号。1983 年，乌子尔老人双目失明，1986 年，因病去世，享年 77 岁。

二、国家级非物质文化遗产代表性传承人茶汉扣文

茶汉扣文（1933—2014），出生于今大柴旦行政委员会一个牧民家庭，柯鲁沟旗人，他 11 岁时母亲因病离世，12 岁时父亲因病去世，他在大姐和二姐家长大成人，放牧的同时干些农活儿以维持生计。1951 年，他结婚成家。

茶汉扣文是著名说唱艺人乌子尔的徒弟。他在 15 岁时就开始跟随乌子尔学习《汗青格勒》和民间故事的说唱。他很聪慧，听一遍便能记住。他演唱

① 跃进：《青海海西蒙古族风俗文化》，西宁，青海人民出版社，2009。

的《汗青格勒》，于 2005 年 9 月第三届柴达
木"孟赫嘎拉"牧民文化艺术节上获得二等
奖，2007 年 9 月第六届柴达木"孟赫嘎拉"
牧民文化艺术节上获得一等奖。由此，他的
作品受到专家学者重视并被拍摄、录音、记
录、整理、发表。他的传记选入跃进主编
的《青海海西蒙古族风俗文化》和惠爱宁主
编的《守望精神家园》等文献中。他能说唱
的作品除了《汗青格勒》以外还有《格斯尔
故事》《三岁德布呼吉日格勒》《辉特·美日
根·特木尼》《山羊尾巴儿子》《达兰太翁》
等。

图 7-2　茶汉扣文（1933—2014）

　　2008 年 11 月 2 日，茶汉扣文被授予"青海省非物质文化遗产传承人"
称号。2009 年 5 月 26 日，他被授予"国家级非物质文化遗产项目汗青格勒代
表性传承人"称号。此外，他还被授予"青海蒙古族著名的民间艺人"称号。
2014 年 8 月 29 日，茶汉扣文因病去世，享年 81 岁。

三、国家级非物质文化遗产代表性传承人索克

　　索克（1947—2015），柯柯旗人，父亲
英勇善战，遗憾的是，他 2 岁时，父亲去世。
母亲诺尔金在他出生后十几天不幸去世。母
亲去世后，由奶奶照看幼小的索克。但是在
他 4 岁时，奶奶因病去世，索克就由哥哥贾
明、嫂子吉布珠勒玛和姐姐伊布新抚养长大。
索克出生 6 个月时双目失明，但他却凭借听
觉和记忆，努力学习青海蒙古民间文学。他
非常聪明，记忆力超强。3 岁时，他当上了
小喇嘛，法名为松德布扎木苏·却吉尼玛。

图 7-3　索克（1947—2015）

1959—1963年，他被送到西宁市社会福利院盲童学校，在那里接受启蒙教育，学习了盲文，还掌握了中医按摩、经络、气血理论和正骨技能。1963年，他回到乌兰县赛什克乡南柯柯村。

索克说唱的《汗青格勒》语言精练简要、故事情节起伏曲折，是难得的民间艺术人才。2012年12月，他被文化部批准为第四批国家级非物质文化遗产项目代表性传承人，老人为了在有生之年更好地传承、传播《汗青格勒》，放弃工作，积极参与各种文化活动，传习所、学校、艺术馆等地方都有他的身影，都能听到他的声音。他的许多民间文学作品被选入中国社会科学院、内蒙古社会科学院、内蒙古大学、西北民族大学、青海省社会科学院、青海省民间文艺家协会、青海省海西州群众艺术馆等省内外科研单位专家学者搜集、整理、研究出版的民间文学书籍中。索克于2015年6月7日因病去世。

四、国家级非物质文化遗产代表性传承人尼玛

尼玛，1941年12月出生于今乌兰县茶卡镇，兄弟姐妹八个，他有着不平凡的生活经历。尼玛是青海蒙古族民间文学讲述代表性人物，他讲述的史诗与故事情节生动、完整。他是家族的第三代传承人，他的母亲桑穆善于讲故事，对少年尼玛产生了一定影响，而他母亲又是从自己的父亲那里学了很多故事。尼玛的外祖父名叫曲力腾，是一位远近闻名的史诗演唱家、故事讲述家和著名的民歌手，他兼通蒙古语、藏语，能用两种语言流利地

图7-4　尼玛（1941—）

演唱或讲述史诗和故事。曲力腾的表演曲目中既有《格斯尔》史诗多部篇章，也有很多其他的史诗、故事和民歌。尼玛的外祖父对他的影响非常大，他演唱的所有的民间故事都是从外祖父那里听到或学到的。直到今天，尼玛仍能熟练地讲述一百多个民间故事。2008年11月20日，尼玛被授予"青海省非

物质文化遗产项目汗青格勒代表性传承人"称号；2009 年 8 月 8 日，被授予"青海蒙古族著名的民间艺人"称号；2018 年 5 月，被确定为第五批国家级非物质文化遗产代表性项目《汗青格勒》的代表性传承人。他讲述的《"桑"地名的来历》《阿拉腾特布西》《三座红土山》《达布孙湖的来历》等民间故事传说和传略被选入跃进主编的《青海蒙古族格斯尔传说》《青海蒙古族民间口头文学集锦》等书中。在海西州群众艺术馆文库中已收录其 44 篇民间故事资料音像。尼玛曾获得第六届柴达木"孟赫嘎拉"牧民文化节三等奖。他为史诗、故事的传承、传播做出了很大贡献，在青海省内外具有很高的影响力。

第二节　《格斯尔》传承人及民间艺人的传承谱系

在青海海西，民间有很多老艺人会说唱《格斯尔》，包括诺尔金、胡义格图、达日汗、占布拉、楚勒图木、苏和、尼玛等人。其中能比较完整讲述《格斯尔》的是都兰县诺木洪乡的诺尔金，他所唱的十章《格斯尔》被收录齐·布仁巴雅尔主编的《德都蒙古民间文学精华集》一书中，还有德令哈市畜集乡胡义格图，他所传唱的九章《格斯尔》被收录跃进主编的《青海蒙古族格斯尔传说》一书中。这两部《格斯尔》内容丰富、艺术性强，是青海海西蒙古族中流传下来的《格斯尔》代表性作品，对研究格斯尔原型具有一定的参考价值。

青海《格斯尔》的传承人及民间艺人的传承谱系列表如下。

表 7-2　青海《格斯尔》的传承及民间艺人的传承谱系表

	姓名	性别	籍贯	传承	口传作品	代表性作品
第一代	拉格（生卒年不详，第二代艺人巴力登的父亲）	男	乌兰县	家族	不详	不详
	其亚恩德（生卒年不详，第二代艺人西迪的父亲，识藏文）	男	德令哈市	家族	不详	不详
	巴勒登（生卒年不详，第二代艺人楚勒朗图木的祖父）	男	德令哈市	家族	《格斯尔的故事》	不详
	宽恩登（生卒年不详，名医，民歌手，第三代艺人尕登图木的祖父）	男	都兰县	家族	《额日斯日巴特尔》《格斯尔的故事》《古尼甘乌兰巴特尔》《启泉源头》等	《格斯尔的故事》
第二代	西迪（1898—1979，第三代艺人胡义格图的父亲）	男	德令哈市	家族	《辉特·美日根·特木尼》《三岁的古尼金格勒》《格斯尔的故事》等 13 部史诗与故事	《格斯尔的故事》
	索南木（1908—1986，精通蒙古、藏、汉三种语言）	男	都兰县	家族	《巴彦松酒祝词》《柯柯西里乌讷格》《格斯尔的故事》	《格斯尔的故事》
	巴力登（1916—1995，精通蒙藏双语）	男	乌兰县	家族	《格斯尔》《巴彦额尔登》《巴彦松》《布仁汗的台吉布木额尔登》《格斯尔的嘎德斯》《玛努勒的七个儿子》《智慧的小偷》《玛努勒的七个儿子尼》等几十部史诗与故事、赞词等	《布日木汗的儿子是布木尔德尼》

续表

	姓名	性别	籍贯	传承	口传作品	代表性作品
第二代	诺尔金（1921—1994，精通蒙藏双语，从医）	男	格尔木市	社区	《格斯尔的故事》（10部）、《山的儿子》、《达兰呼德勒其》	《格斯尔的故事》
	楚勒图木（生于1923年，民间艺人，名医）	男	德令哈市	家族	《格斯尔的故事》（4部）、《巴彦松赞词》、《蒙古包赞词》、《剪乳发赞词》、《在圣主的身旁》、《赞比地布的地方》等很多赞词，民歌等	《格斯尔的故事》4部
	胡义格图（1932—2005）	男	德令哈市	家族	《格斯尔的故事》（9部）、《巴德日汗大吉》、《黑羊》、《穷苦娃当可汗》《彩虹般的枣红马》等儿十个民间故事及民歌。	《格斯尔的故事》（九部）
第三代	尕登（1935—2015，名医，2014年被评为非遗"海西民间青盐药用技艺"的省级代表性传承人）	男	都兰县	家族	《额日斯日巴特尔》《辉特·美日尼》《格斯尔的故事》仁柯柯的那木特尔》《在圣主的身旁》《辽阔的戈壁》《后泉源头》《小青马》等十儿部民间故事与民歌	《额日斯日巴特尔》
第四代	额尔金措（生于1951年，省级代表性传承人）	女	德令哈市	家族	《格斯尔的故事》《辉特·美日根·羊与绵羊》《撒谎大王》《山羊与绵羊》《老青狼》《懒惰小白兔》等四十多个民间故事与英雄史诗。	《格斯尔的故事》

从表 7-2 可知，有记载的《格斯尔》说唱艺人所处的历史时期更加久远，虽然第一代艺人的生卒年不详，但从某些艺人的亲缘关系看，可以追溯到 19 纪期中后期。例如，其亚恩德的儿子西迪为第二代，他出生于 1898 年，那么其父亲大约生于 19 世纪中后期，清朝咸丰或同治年间。第一代说唱艺人都是在家族内进行传承，传承方式为家族传承，将很多史诗和民间故事教给他们的儿女或子孙后代。从第二代艺人的年龄估算，他们大致于 20 世纪二三十年代开始进行传唱，因为从这些艺人的生平经历来看，多数艺人是从十几岁开始学习并传唱的。这一时期蒙古族史诗、祝赞词、民间故事等口传文化盛行，有的艺人在熟人社会的集聚场所听故事，逐渐学会了当时传播较广的口传作品，这种传承方式称为社区传承。例如，诺尔金从小失去父母亲后，跟随祖父母生活，从 13 岁开始经常在傍晚听别人讲故事，这些文学作品成为他永久的记忆。另外，很多艺人精通蒙藏双语，可以同时用蒙古语和藏语传唱《格斯尔》，如民间艺人索南木可以流利地用蒙藏双语传唱史诗。许多艺人掌握不同文学形式的作品，他们不仅仅是《格斯尔》的说唱艺人（"格斯尔齐"），也是民间故事的"乌勒格日齐"，祝赞词的"伊若勒齐"和民歌的"都吾钦"等，意味着艺人们的聪明才智和多才多艺。

一、著名的民间艺人诺尔金

诺尔金（1921—1994），祖籍青海省台吉旗。13 岁时父亲去世，后跟着祖父母来到了现在的乌兰县诺木洪。他从小就喜欢民间故事、史诗等，多才多艺。诺尔金 13 岁来到诺木洪，白天给别人放牧，晚上听邻居老人们讲述民间故事。后来自学藏语、蒙医等，给村里人看病，用传统的蒙医正骨疗法和震动复位疗法给人治病，他还是当地有名的工匠、神枪手。

中华人民共和国成立后，诺尔金在家乡

图 7-5　诺尔金（1921—1994）

从事过仓管、会计、民兵、社长等工作，因为在工作期间兢兢业业、刻苦勤奋，1959年10月光荣地加入了中国共产党。"文化大革命"时期他不得已放弃了自己喜爱的民间文学。党的十一届三中全会之后，他再次讲起了埋在心底已久的民间故事传说。他的《格斯尔的故事》（第九部和第十部）被选入齐·布仁巴雅尔、图尕、桥苏楞等编辑的《德都蒙古民间文学》（内部资料），昂钦呼、图荣尕编辑的《格斯尔》（内部资料），芈一之编辑的《青海蒙古族简史》，诸葛莱、巴音主编的《德都蒙古左旗志》。除此之外，诺尔金的《山的儿子》等被选入巴·布仁布克编辑的《蒙古族英雄史诗选集》，《达兰呼德勒其》等被选入拉·苏和编辑的《蒙古族幽默小说》等书中。

　　诺尔金讲述民间故事的时候都伴有动听的音乐，他还会唱《小青马》《三个夏牧场》《恩科旗的水》等民歌。1994年11月30日，诺尔金因病去世，享年73岁。德都蒙古民间艺人诺尔金因传唱祖先留下来的《格斯尔的故事》（10部）而名留青史，他那珍惜万分的《格斯尔的故事》至今仍然是文学家们开展相关研究的重要素材。

二、著名的民间艺人胡义格图

　　胡义格图（1932—2005），出生于柯鲁柯旗格斯尔说唱艺人西迪家。他是德都蒙古第三代格斯尔说唱艺人。他的祖父其亚恩德是当地的名人，曾为了家乡的权益奋勇抗争，为褒奖他的英勇，当时的旗王爷把他封为故乡的英雄。他不仅是故乡的英雄，也是"图吉齐"，还是会诵经的喇嘛。胡义格图的父亲喳吉西迪（1898—1979），白天在村里做宰牛羊、买卖牛羊等杂活儿，晚上不是被村民邀请到村子里去讲故事，就是在家里给别人讲故事，甚至有些村民把砍好的柴火背到他家去听他讲故事直到深夜。

图7-6　胡义格图（1932—2005）

胡义格图 5 岁时母亲去世。他的母亲也曾是有名的民歌手。母亲去世后，胡义格图跟两个姐姐一起放牧，父亲在蒙藏两个民族之间做牛羊买卖。1940年，搬到一个叫布吉德的地方，之后他住在叔叔家，他的父亲依旧四处奔波做买卖。1947 年，回到故乡，开始了半农半牧的生活。1948—1958 年，胡义格图给亲戚朋友和老乡讲述从父亲那里学到的民间故事。他接受了很多专家学者的采访和录音。《格斯尔的故事》（9 部）入选拉·乌苏荣贵编辑的《青海蒙古族格斯尔的故事》，他在德都蒙古文化史上以一名格斯尔唱说艺人而闻名。他不仅会讲很多民间故事，而且会唱很多蒙古族民歌。

三、著名的民间艺人尕登

尕登（1935—2015），出生于今都兰县。他的爷爷叫尧恩登，不仅读过书、会医术，还是个有名的歌手、民间故事讲述人。虽然尧恩登有四个儿子，但是他把自己的知识全部传授给孙子尕登。他对孙子严格要求，除了教授蒙医之外，还教《辽阔的戈壁》《小骑马》《小青马》《后泉源头》《昭拉

图 7-7　尕登（1935—2015）

萨的落成》等民歌和《额日斯日巴特尔》《古纳干乌兰巴特尔》《赛仁柯柯的那木特尔》《格斯尔的故事》等英雄史诗。

尕登从六七岁开始便跟着祖父学习民间故事、民歌、医术。14 岁的时候，旗王爷（杨僧加布）授予他"曼巴"（医生）称号。1946 年，他被授予"乃日齐喀"（宴会的歌唱手）称号。1947 年除夕，他在旗内宴会上唱了《辽阔的戈壁》，得到了旗王爷的器重。从那以后他以都兰县杨僧加布王爷宴会喀的身份参加婚宴时唱颂政歌。1950—1954 年，他在村里的小学上学。1954—1961 年，在西北民族学院学习。1959 年 7 月，他光荣地加入了中国共产党。1961 年初，

孕登回到家乡，并担任了书记、医生等职务，还在公社担任仓管、秘书、翻译、会计等职务。1964 年 4 月，他参加了海西州党校首届少数民族干部培训班，同年 12 月培训结束后便留校任教。1980 年 5 月，调到乌兰县任乌兰县党校校长。1982 年，任乌兰县民族中学校长一职。1986 年 8 月退休。虽然他已退休，但他一直行医，治愈了 3000 多名内科病人、1187 名骨科病人、1117 名脑科病人。

他的代表性口传作品是史诗《额日斯日巴特尔》，由乌兰县林布加在 1980 年记录、整理，1984 年发表在新疆的《汗腾格里》刊物的第 1 期上。1988 年 7 月被选入巴·布仁布克主编的《蒙古族英雄史诗》（上下册），1990 年 1 月被选入纳·才仁巴力编制的《黑旋风》。2015 年，孕登因病去世，享年 80 岁。

四、省级代表性传承人额尔金措

额尔金措，1951 年出生于德令哈市蓄集乡功艾力格村。1963 年 9 月至 1964 年 7 月，在原德令哈区郭里木公社小学读书。1964 年 7 月至今在德令哈市尕海镇陶哈村牧民。

额尔金措的爷爷劳德是原柯鲁沟旗有名的民间故事说唱艺人。她的父亲南夸也是一名会说唱青海蒙古族格斯尔故事传说的民间艺人。额尔金措从她的爷爷和父亲那里学会了《辉特·美日根·特木尼传说》《撒谎大王》《山羊与绵羊》《老青狼》《懒惰小白兔》等 40 多个蒙古族民间故事传说及英雄史诗。

图 7-8　额尔金措（1951—）

额尔金措持之以恒地学习蒙古族民间故事，克服文化水平低等种种困难，刻苦学习，使即将失传的青海蒙古族格斯尔故事传说完整化、系统化。额尔金措讲述的蒙古族格斯尔故事传说语言流畅，词汇丰富，曲调优美。她既能说唱又能讲述，将说唱和讲述完美地糅和在一起，故事情节紧凑，扣人心弦，生动优美。额尔金措在村里经常演唱蒙古族格斯尔史诗等民间故事传说，受到牧民群众的喜爱和称赞。额尔金措女儿叶生措向母亲学习了蒙古族格斯尔史诗和《辉特·美日根·特木尼传说》等蒙古族民间故事传说，她在学校里经常受到邀请，给学生演唱民间故事、传说和英雄史诗，受到广大师生的好评。额尔金措的外甥女胡秀那也会演唱《汗青格勒》史诗等蒙古族民间故事。

从2002年开始，额尔金措先后接受中国社会科学院斯钦巴图研究员和海西州群众艺术馆研究员跃进等省内外专家学者的采访，讲述民间故事传说，为青海省非物质文化遗产的挖掘和保护提供了许多民间文化资料，在保护和传承非物质文化遗产方面做出了一定贡献。

第三节　祝赞词传承人及民间艺人的传承谱系

祝赞词是蒙古族独具特色的文艺形式，语句工整流畅，内容丰富多彩，不同的习俗活动有着不同的祝赞词。青藏地区蒙古族祝赞词包括《巴彦松酒祝词》《剪发礼祝词》《婚礼祝词》《新郎祝词》《骏马祝词》《蒙古包祝词》《献整羊肉祝词》等，这些祝赞词历史悠久，传承时间较长。在青海海西吟诵祝赞词的"伊若勒齐"有桑杰扎布、加木苏荣、劳登、桑洛、乌苏尔、布日亚、闹仁普力、苏荣、孟克才仁等人。青藏地区蒙古族祝赞词主要分布于青海海西、海晏及甘肃肃北等地区。祝赞词与当地民俗有着密切的关系，都是在民俗仪式情境下进行的。青海海西蒙古族祝赞词的代表性作品是民间艺人加力生等艺人说唱的《巴彦松酒祝词》。

青海祝赞词的传承人及民间艺人的传承谱系列表如下。

表 7-3　青海祝赞词的传承人及民间艺人的传承谱系

	姓名	性别	籍贯	传承	口传作品	代表性作品
第一代	阿吉亚（1830—1870 年的赞词吟诵者，第三代艺人向其布的祖父）	男	乌兰县	家族	不详	不详
第二代	曲登（1870—1920 年的颂词吟诵者，第三代艺人向其布的父亲）	男	乌兰县	家族	不详	不详
	乌苏尔（生卒年不详，第三代艺人仁青才登的父亲）	男	格尔木	家族	《巴彦松祝词》等很多祝赞词	《巴彦松祝词》
第三代	加力生（1903—1992，宗教人士，医生）	男	德令哈市	师徒	《巴彦松祝词》	《巴彦松祝词》
	向其布（1913—1997，精通藏文）	男	乌兰县	家族	《巴彦松祝词》《图讷格格陶格塔赫赞词》《剪发祝词》《新郎祝词》《新娘祝词》《骏马包祝词》《蒙古包祝词》《格斯尔的故事》《达兰老翁》等儿十部祝赞词及民间故事	《巴彦松祝词》《图讷格格陶格塔赫赞词》
	仁青才登（1917—1985，精通蒙古、藏，哈萨克三种文字）	男	格尔木市	家族	《大成吉思》《小成吉思》《巴彦松祝词》《辉特美日根特木尼》	《巴彦松祝词》
	宗都（1910—1987，精通蒙藏双语）	男	格尔木市	家族	《巴彦松祝词》《新郎祝词》《剪发祝词》《新娘祝词》《乌兰哈登的水》等很多祝赞词和民歌	《巴彦松祝词》

续表

	姓名	性别	籍贯	传承	口传作品	代表性作品
第三代	才拉嘎（1920—1986，银匠）	男	格尔木市	社区传承	《马的赞词》《额西甘赞词》《嘎斯额青蒙克》等十儿部祝赞词和民歌	《马的赞词》
	散斯尔（1929—2016，是第三代艺人苏荣的父亲）	男	乌兰县	家族	《巴彦松祝词》《德都蒙古剪发祝词》《婚礼祝词》《全羊祝词》	
	桑杰加布（赞词艺人，精通藏文）	男	都兰县	家族	《巴彦松祝词》《剪发祝词》《蒙古包祝词》《新郎新娘祝词》等	《巴彦松祝词》
	劳登（出生于1941年）	男	都兰县	家族师徒	《剪发祝词》《蒙古包祝词》《库吉尹乌塔》《孟根塔哈大吉尧宝日》等儿十部祝赞词和民歌	《孟根塔哈大吉尧宝日》
第四代	桑鲁（出生于1939年）	男	乌兰县	家族	《巴彦松祝词》《婚礼赞词》《蒙古包祝词》《剪发祝词》《新郎新娘祝词》《聪明的小子》《嘎海陶勒格其》等很多祝赞词和民间故事	
	乌苏尔（出生于1945年，名医）	男	德令哈市	家族师徒	《图讷格祝词》《马的赞词》《剪发祝词》《蒙古包祝词》等儿十部祝赞词	
	阔仁排力（生于1935年）	男	格尔木市	家族	《巴彦松祝词》	《巴彦松祝词》

续表

	姓名	性别	籍贯	传承	口传作品	代表性作品
第四代	桑吉（又名林育生，出生于1944年）	男	德令哈市	家族	《巴彦松祝词》《蒙古包祝词》《图讷格陶格塔赫赞词》《给女婿带的祝词》《剪发祝词》《时政祝词》《宗教四首歌》等祝赞词和民歌	《巴彦松祝词》
	达日杰（又名苏荣，生于1955年，省级非遗代表性传承人）	男	乌兰县	家族	《巴彦松祝词》《德都蒙古剪发祝词》《婚礼祝词》《全羊祝词》《佐萨祝词》《马祝词》等	《巴彦松祝词》

从表 7-3 可知，青藏地区蒙古族祝赞词在民间的传播可以追溯到清朝道光、咸丰、同治年间，那一时期民间就已经有祝赞词的吟诵仪式，尤其是《巴彦松祝词》，是盛行最早、传播面最广、传承最久的一种赞词形式。从四代艺人的口传作品看，最多的是《巴彦松祝词》，这就意味着它具备民间传统的传承性、变异性、集体性和口头性等特点。从祝赞词的传承方式看，家族传承的比例较高，此谱系中也有明显的直系传承的特征。例如，民间艺人向其布所吟诵的祝赞词是典型的由三代直系传承关系，使向其布成为祝赞词传承的第三代。当然也有世世代代传承下来的例子，如目前的省级传承人苏荣，就是从小受到祖父乔文和父亲敖斯尔的熏陶，逐渐学会祝赞词。如今，他将这个珍贵的文化遗产传承给他的大儿子朝鲁孟。

一、著名的民间艺人加力生

加力生（1903—1992），出生在戈壁陶海[①]的闹普力家，他的父亲是位工匠，金、银、铜、铁加工工艺出众，他是家中长子。1918—1934 年，加力生在索南木旺吉勒的王府干活，17 岁时持班迪戒，开始接触佛经。25 岁时加力生晋升为第三任翁则[②]，33 岁时晋升为第二任"罗文"[③]，他学习刻苦、记忆力超强，在极短的时间内熟读众多经典，名扬柯鲁克旗九个陶海。37 岁时出任和硕章京。只要是文化，他不分僧俗，即学即会。他拜师学艺，传承民间文学，加上天生一副好嗓子和出色的咏诵韵律，成为家喻户晓的民间文学名家。加力生吟唱的

图 7-9　加力生（1903—1992）

---

① 　陶海，蒙古语，是旗下所设置的机构，相当于今乡一级行政单位。

② 　翁则，也称"翁资德"，即领经师，寺院法会期间的诵经领头人，法会期间翁则不领头，其余喇嘛不能领经。任此职者，必须是学识渊博，对佛教经典有深入研究，为全体喇嘛所信服，且诵经声音洪亮、吐字清楚者才能担任。详见《柯鲁克蒙古历史与文化》编委会：《柯鲁克蒙古历史与文化》，北京，民族出版社，2016。

③ 　罗文又称"轨范师"。他的职责是全权管理寺院的行政、宗教、财务、外事，也是寺院的主要负责人。《柯鲁克蒙古历史与文化》编委会：《柯鲁克蒙古历史与文化》，北京，民族出版社，2016。

《巴彦松祝词》被称为德都三大民间文学之一。加力生凭借自己的聪明才智弘扬德都蒙古极为珍贵的祝词文化，1970 年末至 1980 年初，他请学者将自己掌握的民间文学作品记录下来，为民族文化的传承贡献了自己的力量。最早参与记录的学者是巴依斯哈力。后来，加力生的口传作品被选入《德都蒙古民间文学》（内部资料）、《青海蒙古族祝赞词》、《德都蒙古民俗学》等书中，他是柯鲁克旗知名的宗教教职人员、民间艺人和医生，也是百姓眼中德高望重的长者，曾任海西州第六届、第七届政协委员。1992 年 11 月，加力生因病去世，享年 89 岁。

二、著名的民间艺人向其布

向其布（1913—1997），青海省柯柯旗人，精通藏文。向其布是柯柯旗的第三代"伊若勒齐"。他的祖父阿吉亚是柯柯旗章京，19 世纪 30—70 年代柯柯旗吟诵祝赞词的艺人。父亲曲登，曾是名医生，是 19 世纪 70 年代至 20 世纪 20 年代柯柯旗吟诵祝赞词的艺人。向其布是柯柯旗的第三代吟诵祝赞词的艺人。由于他精通藏文，所以中华人民共和国成立前，当地处理藏族和蒙古族之间事

图 7-10　向其布（1913—1997）

务，他都会去担任翻译。由于他认真向父亲学习藏语，却忽略了对祝赞词的学习。17 岁时，作为"伊若勒齐"的儿子被邀请到旗王爷家婚宴上吟诵赞词，但因为不熟练而被婚礼的"达木勒"（总管）讽刺批评，从那时开始他才认真向父亲学习祝赞词并成为柯柯旗著名的祝赞词艺人。

"文化大革命"期间，他曾受到不公待遇，但是他记忆中的祝赞词却不曾抹去。党的十一届三中全会之后，很多学者去采访他，他的很多口传作品被选入《德都蒙古民间文学》（内部资料）、《青海蒙古族的赞祝词》、《柯柯旗志》等书中。向其布一辈子过着普通牧民的生活，在柯柯旗的布朗沟村放牧。他是个性格温和且幽默的人，除了祝赞词外还会讲很多民间故事。1997 年，向其布因病去世，享年 84 岁。

三、著名的民间艺人仁青才登

仁青才登（1917—1985），1917 年出生
在柯鲁克旗郭力木佐领的乌苏尔家。他的
祖父名为更排力，是旗内有名的民间艺人。
他的父亲乌苏尔在军队任梅林，也任过和
硕章京，被人们尊称为"乌扎"。他有七个
儿子一个女儿。由于他的七个儿子都是旗
内有名的民歌手和祝赞词吟诵艺人，所以
在民间曾流传"乌扎的七只天鹅"。大儿子
金巴和次子仁青才登都是有名的祝颂赞词
和演唱民歌的艺人。三儿子群都玛也是一

图 7-11　仁青才登（1917—1985）

名歌手。四儿子道尔吉达尔，是有名的歌手及诵祝赞词者。排行第五是女儿根
丹加，也是民歌手。五子扎西东德布，现已 76 岁，擅长唱民歌、诵祝词，放牧
生活。六子图布其，是位有名民间艺人。七子罗布章，现在在格尔木市，是一
位喇嘛，擅长吟诵祝赞词。

仁青才登从小喜欢马术和枪支，他的马术高超，武艺超群，精通蒙古、
藏、哈萨克三种语言文字。中华人民共和国成立后，他当上了德令哈区自卫
队队长。1969 年，在戈壁村的德令哈村放牧生活并为老乡看病，为牧民服务。
1976 年，搬到了怀头塔拉卡格头村放牧并为当地牧民抓药。他曾任海西州政
协第五届、第六届委员。他的口传作品由其大儿子拉·宗都传承并且通过录
音广播的形式广为流传，受到广大听众的喜爱，还有人专门背诵其祝赞词。
他不仅是吟诵祝赞词的艺人，还会讲述很多民间故事。他讲述的著名民间故
事《辉特·美日根·特木尼》被选入《德都蒙古民间文学》（内部资料）中。
1985 年 11 月，仁青才登因病去世，享年 68 岁。

四、省级非物质文化代表性传承人达日杰

达日杰（又名苏荣），出生于 1955 年的乌兰县。1965—1968 年，在乌兰
县赛什克乡卜浪沟村上小学。1968 年，在乌兰县柯柯镇卜浪沟村担任村长、

书记职务。1973 年，加入中国中产党。1997 年开始担任卜浪沟村主任。2004年至今担任卜浪沟村党支部书记。

达日杰的爷爷乔文曾经是乌兰县柯柯旗王爷手下有名的民间艺人，是乌兰县柯柯旗王爷的宴席中各大活动中的祝赞词艺人，是各大节日、那达慕、各项重要宴席活动的开场者。他的父亲敖斯尔（1929—2016），能讲民间故事，吟诵祝赞词，制作蒙古包、马鞍、蒙古袍，唱长调、民歌，多才多艺。达日杰从小就跟随爷爷和父亲参加各类宴席，学会了祝赞词、民歌、英雄史诗等，成为口传文化的传承者。达日杰担任村长以来，在管理村里的各项事务的同时，受邀参加村民的剪发礼、婚礼、那达慕、祝寿等各类活动。他熟练地掌握了祝赞词的音色高低、呼吸控制、语速快慢等技巧，他还教授年轻人学习如何吟唱祝赞词。达日杰擅长德都蒙古民间祝赞词。通过多年的学习和实践，达日杰的祝赞词远近闻名，受到了海西各地区蒙古族群众的好评。达日杰 2010 年被授予"海西州祝词传承人"称号。在 2008 年、2009 年两届"孟赫嘎拉"文化节的祝赞词比赛中都获得一等奖。2019 年 3 月，达日杰被评选为"青海省非物质文化遗产代表性传承人"。

第四节　民间故事传承人及民间艺人的传承谱系

民间故事是民间文学的一种形式。青藏地区蒙古族民间故事不仅是蒙古族民间文学的一种文学现象，也是蒙古族人民生活的有机组成部分。它蕴含着蒙古族人民的思想、感情、观点、伦理、道德、风俗习惯、宗教信仰、生产生活方式等内容和特点。青藏地区蒙古族民间故事传说不仅数量多、种类齐全，而且具有地方特色。青海海西蒙古族民间艺人拉乐、孙达尔加、金巴、班子尔、达格玛、哈日格、排力吉、加木苏荣、伊布新、图布腾等先后讲述了《辉特·美日根·特木尼的故事》《撒谎大王》《鸟王》《银针》《宝海巴特尔》《可怜的白骡马》《贫苦儿当国王》等民间故事传说。

青海民间故事传承人及民间艺人的传承谱系列表如下。

表 7-4　青海民间故事传承人及民间艺人的传承谱系表

	姓名	性别	籍贯	传承	口传作品	代表性作品
第一代人	索南木巴力玖尔（1881—1960，是第二代达格玛艺人的父亲）	男	德令哈市	家族	《辉特美日根特木尼的故事》《三岁的古恩金格勒》《达兰太老翁》《撒谎大王》	《辉特美日根特木尼的故事》
	松德尔加（1909—1989，县级干部，会说蒙、藏、汉、哈萨克四种语言，精通蒙、藏、汉三种文字）	男	乌兰县	家族	《辉特美日根特木尼的故事》《朗格图太吉及他的后裔的故事》《旦木登究克日的故事》《克鲁克旗》等	《辉特美日根特木尼的故事》
	金巴（生卒年未知，精通藏文）	男	乌兰县	家族	《山羊和绵羊的故事》《降伏蟒古斯的克迪额翁》《辉特美日根特木尼的小儿子》	
第二代人	图布腾（1920—2001）	男	乌兰县	师徒	《穷小子当可汗》《蒙古包的来历》《格斯尔汗用过的桌子》《格斯尔的白山羊》《牦牛山》《马鞍镫绳的源由》	《穷小子当可汗》《蒙古包的来历》
	达格玛（1922—2004年，省级非遗传承人乔格生的母亲）	女	德令哈市	家族	《嘎海陶勒格齐》《老虎和兔子》《呼和苏力的马驹》《偷油的布日罕》《白河滩的柳树》《秋初》等故事和民歌。	
	班子尔（1922—1992）	男	德令哈市	社区传承	《鸟王》《年轻人成为萨登》《萨美日根诺彦》等民间故事。	《鸟王》

续表

	姓名	性别	籍贯	传承	口传作品	代表性作品
第二代人	排力吉（生于1926年，精通藏文、名医）	男	都兰县	师徒	《辉特美日根特木尼》《三岁的古尼痕乌兰巴特尔》《黑心的艾日格曹登》《银掌的走马》《辽阔的艾日格才日根》《巴彦松酒祝词》和善良的艾日格才日根等民间故事和民歌、祝词等。	《宝海巴特尔》
	哈日格（生于1928年）	男	德令哈市	师徒	《主人和客人》《银陶格娜》《贪婪的诺彦阿布的嘎日森》《郝斯木》《两个吹牛猎人》	《银陶格娜》
第三代人	伊布新（1937—1989）	男	德令哈市	家族	《善良的娜木加阿盖》《摔跤手与猎人》《三个金币》《浩斯仁查干浩楞德布克》等民间故事。	《浩斯仁查干浩楞布克》
	乔格生（生于1953年，省级非遗代表性传承人）	男	德令哈市	家族	《汗青格勒》《辉特美日根特木尼的传说》《玖日哈夫》《丹美德根登汗》等民间故事传说。	《辉特美日根特木尼的传说》

从表 7-4 可知，艺人们会讲的故事种类多，内容丰富，无论是第一代艺人还是第三代艺人，口传作品中涉及最多的民间故事是《辉特·美日根·特木尼》。跃进编著的《青海蒙古族民间文学研究》一书中收录了第一代艺人松德尔加讲述的《辉特·美日根·特木尼》，从中可以深刻地感受到蒙古族民间故事所体现的哲理、伦理、情感、理想和智慧。这里列举的也仅仅是青藏地区蒙古族比较有名的民间艺人，他们所掌握的民间故事有一部分被蒙古学专家、学者进行了记录、整理、收录和发表，然而也有一些口传的民间故事仅仅留在艺人们的头脑中，没有能够以文字、音像作品等形式记录下来。

一、著名的民间艺人松德尔加

松德尔加（1909—1989），青海盐池扎萨或茶卡王旗人，中国共产党员，青海省海西州政协委员第三、第四届的副秘书长。他曾任过和硕章京，会说蒙古、藏、汉、哈萨克四种语言，精通蒙古、藏、汉三种文字。

1955 年，松德尔加被选为全国社会治安模范，去北京参加会议，有幸受到毛主席的接见。1956 年，松德尔加光荣地加入了中国共产党。1957 年，当选乌兰县内部

图 7-12　松德尔加（1909—1989）

安全维护协会副会长。1959 年，当选乌兰县人民政府副县长。1960—1963 年，担任都兰县党委副书记。1963—1965 年，担任乌兰县人民政府县长。1965 年，当选海西州政协委员、副秘书长。1978 年退休。1989 年因病去世，享年 80 岁。

松德尔加不仅是优秀的共产党员和领导干部，而且是德都蒙古民间艺人。他的作品被选入才布希格、萨仁格日勒编著的《德都蒙古民间故事集》，郝苏民编著的《卫拉特蒙古民间故事》，乌云毕力格、跃进编辑的《海西州民间文学》（内部资料），才布希格的《美日根特美尼的传说研究》等书中，成为德都蒙古民间文学重要的的文化遗产。

二、著名的民间艺人班子尔

班子尔（1922—1992），出生在柯鲁克旗的丹巴家，是家中长子。他的祖父是巴瓦丹木其。祖父有三个儿子两个女儿，班子尔的父亲丹巴是他的二儿子。班子尔兄弟十人，他12岁时父亲去世，兄弟中多人早夭，班子尔从小在王爷家当奴仆。他15岁时曾赤脚走到柯柯旗一个牧民家里放了一个月的羊，将放羊、剪羊毛的工钱交到家里。后来他的哥哥因触怒柯鲁克旗王爷被抓后关进牢房，不久母亲也去世。1943年，他重新返回柯柯旗做了巴布王爷家的仆人，23岁时成家。

图7-13　班子尔（1922—1992）

1950年，班子尔参加了自卫队，讨回了旗内被掠夺的70多头牛、1700多头羊，完成了自卫队的任务。1952—1955年，任自卫队副队长。1958年，他被划为地主成分，经历了5年的劳动改造。1963年，平反昭雪，回到故乡重新开始放牧生活。1957年6月，当选乌兰县第十一届第二次政协会议委员。

班子尔虽然经历了许多磨难，但他始终坚持学习蒙古族口传作品，把蒙古族民间文化用口述的形式记载、传承下来，成为德都蒙古著名的民间艺人。他的很多民间故事被选入《德都蒙古民间故事》（内部资料）、郝苏民编著的《卫拉特蒙古民间故事》及《海西州民间故事》（内部资料）、《蒙古族风俗故事》等书中。1992年班子尔因病去世，享年70岁。

三、著名的民间艺人达格玛

达格玛（1922—2004），出生在柯鲁克旗戈壁佐领民间艺人巴勒族尔家，为其第三个女儿。她在父亲讲的故事和母亲唱的民歌熏陶中长大，长大后成为德都蒙古民间艺人。她的父亲巴勒族尔擅长讲故事，还是一位民歌手，有的人为了听他讲故事背柴去他们家围着篝火听故事直到半夜。

中华人民共和国成立前，她和家人逃离家乡，逃到今天海北州的刚察县。中华人民共和国成立后，他们回到故乡，达格玛开始在众人面前讲故事、唱民歌，她经常被邀请在婚宴上进行演唱。她还擅长刺绣，劳动勤奋，是乡亲们公认的优秀牧民。党的十一届三中全会后，很多学者采访她，记录她讲的民间故事。她讲述的《嘎海陶勒格齐》《偷油的布日罕》《老虎和兔子》等故事先后被选入

图7-14　达格玛（1922—2004）

《德都蒙古民间故事集》《卫拉特蒙古民间故事》《海西州民间故事》等蒙汉文书籍中。她的个人简介及关于德都蒙古婚宴、服饰、制皮、食品制作等方面的讲述被引用在萨仁格日勒主编的《德都蒙古风俗》一书中。萨仁格日勒等人合著的《德都蒙古民俗资料阐释》一书中记录了达格玛老人的81岁寿宴。

达格玛非常重视家庭教育，她的七个儿女不论从事什么职业都努力学习文化知识，尤其是她的五女儿萨仁格日勒是一位博士，是中央民族大学教授，潜心研究蒙古族文化，是著名的作家、学者。她的儿子乔格生传承了母亲的口传文化，成为第三代传承人，被认定为青海省级非物质文化遗产代表性传承人。这一切都离不开达格玛的教导。2004年，达格玛因病去世，享年82岁。

四、省级非遗代表性传承人乔格生

乔格生，1953年8月出生于青海蒙古族原柯鲁克旗戈壁陶海（现海西州德令哈市柯鲁克镇）一个牧民家里。他的爷爷巴勒族尔、母亲达格玛都是知名的民间艺人。乔格生从小喜欢听老人们说唱史诗、讲故事。只读过两年小学的乔格生凭借较强的记忆力刻苦学习英雄史诗和民间故事传说，先后向爷爷、母亲及家乡老艺人学习了《汗青格勒》《辉特·美日根·特木尼传说》《玖日哈其》《丹美德根登汗》等民间故事传说，经过多年持之以恒的艰苦努力，如今他能够完整地讲述四十余部民间故事传说。

多年来，他致力于青海蒙古族民间故事传说的传承发展工作，他经常在那达慕大会、祭火仪式和柴达木牧民"孟赫嘎拉"文化节等重大节庆及其他省内外的文化活动和比赛上受邀讲述民间故事，受到广大群众的欢迎和喜爱。他在各类文化节积极参加比赛，获得了优异成绩。

自 20 世纪 80 年代开始，他多次接受省内外民间文学爱好者和民间文学专家的采访，说唱了很多蒙古族英雄史诗和民间故事传说。他的许多作品被选入中国社会科学院、中央民族大学、西北民族大学、海西州群众艺术馆等省内外科研单位专家学者搜集、整理出版的民间文学相关书籍中。他的代表性作品是《辉特·美日根·特木尼传说》，2014 年他被认定为省级非物质文化遗产代表性项目《辉特·美日根·特木尼传说》的省级传承人。

第五节　民歌传承人及民间艺人的传承谱系

青藏地区蒙古族远离其他蒙古族群体，长期在柴达木盆地从事畜牧、狩猎等生产活动，创造了许多具有鲜明本地特色的民歌。青海海西比较著名的民间歌手有杜格尔加、巴图蒙克、加木苏荣、乌代、才仁、达新措、都格初、占布拉、金木德、道力玛、苏荣克尔、杨吉、金花、闹日布登。他们演唱的民歌反映了劳动人民的生产经验，歌颂草原、歌颂社会，反映出他们对家乡的美好祝愿，对和谐、安宁、富裕的物质生活和快乐、吉祥、丰富的精神文化生活的愿望。不同内容的蒙古民歌的结尾部分往往都有"愿国泰民安""愿佛祖保佑"等祈福语句，反映了当地蒙古族群众对国家强盛、生活美好的向往和追求。

青海蒙古族民歌传承人及民间艺人的谱系列表如下。

表 7-5　青海蒙古族民歌传承人及民间艺人传承谱系表

	姓名	性别	籍贯	传承	口传作品	代表性作品
第一代	更嘎（生卒年不详，第二代艺人乌代的父亲）	男	乌兰县	家族	不详	不详
	哈木其格（生卒年月不详，艺人巴力登的父亲）	男	格尔木市	家族	不详	不详
	乌代（出生于1917年）	女	乌兰县	家族	《白鼻羔的灰马》《彩虹般的枣红马》《瞻部洲》《君王宴》《盛夏三月》等七十余首民歌	
	杜古尔加（生于1923年，精通藏文，会说蒙藏双语）	男	乌兰县	家族	《白鼻羔的灰马》《彩虹般的枣红马》《报恩》等八十余首民歌和民间故事	
第二代	加木苏荣（生于1921年）	男	格尔木市	家族	《辽阔的柴达木》《白鼻羔的枣红马》《乌兰哈登的水》等上百首民歌，五十多部民间故事	
	杨吉（1925—2002）	男	格尔木市	家族 师徒	三十多首民歌及《蒙古包祝词》《剪发祝词》《巴彦松酒祝词》等祝赞词	
	巴力登（生于1931年）	男	格尔木市	家族	《君王宴》《瞻部洲》《盛夏三月》《青鸟》《特布德昭的落成》《辽阔的柴达木》《彩虹般的枣红马》等三十多首民歌	《宝海巴特尔》
第三代	道力玛（出生于1937年）	女	都兰县	家族	《君王宴》《俊秀的枣骝马》《佛香之烟》《孕斯摊的芨芨草》《彩虹般的枣红马》《飞驰的青马》《蒙汗杭盖的鹿》等几十首民歌	

续表

	姓名	性别	籍贯	传承	口传作品	代表性作品
	金花（出生于1943年，省级非遗代表性传承人）	女	都兰县	家族	《赞美北京城》《满登山山顶》《君王宴》《愿博格都保佑》《神佛》《伊克高勒的柳树》《白沙滩的兔子》《枣红马》等几十首民歌和长调。	《时政三首歌》《宗教祭典三首歌》《喜庆三首歌》
	才仁道玛（出生于1947年）	女	海晏县	家族	《十五的月亮》《清高的北京城》《额尔德尼昭的门》《婚礼祝词》《剪发祝词》等民歌和祝赞词。	《十五的月亮》《额尔德尼昭的门》
第四代	古力（出生于1956年，国家级非遗代表性传承人）	男	乌兰县	家族	《青草滩上小骏马》《金色的初秋》《白沙滩上的柳树》《矫健的骏马》《满登山山顶》《准噶尔的马驹》等民歌	
	乌兰巴特尔（出生于1963年，省级非遗代表性传承人）	男	乌兰县	家族	《赞美北京城》《满登山山顶》《在至主的身旁》《愿博格达保佑他》《神佛》等六十多首民歌	《秋季的初月》

从表 7-5 可知，有史可查的青海蒙古族民歌传承已历经四代，表中的第一代艺人均为下一代艺人的直系亲属，都是在家人及家族内进行传承。该谱系表中的多数艺人都是家族传承，仅有为数不多的艺人是师徒传承或社区传承。每个艺人会唱的民歌不是简单的几首，而是几十首甚至上百首，由此说明蒙古族民歌数量多，种类丰富，包括礼仪歌、赞歌、感恩歌、情歌、劳动歌等不同类型。这一方面反映出蒙古族人民能歌善舞、热情豪放的民族性格，在日常生产劳动和生活中，人们善于通过优美嘹亮的歌声表达自己的感情，歌颂自己赖以生存的草原、山川、河流，歌颂美好的生活和辛勤的劳动；另一方面展现出民歌手的聪明才智和音乐天赋。以下选择几位典型的民歌手，对其生活经历、学艺情况及作品收录情况进行简要介绍。

一、著名民间艺人杜古尔加

杜古尔加（1923—），小名叫拉合丹，亲友也称他阿古。1923 年 10 月 20 日，杜古尔加出生在柯柯旗的大喇嘛诺日布家，为家中长子。杜古尔加在母亲优美的歌声中长大。他会蒙藏两种语言，也会唱藏族民歌，小时候曾因为唱藏族民歌而感动藏族朋友。

杜古尔加从小就跟父亲学藏语，跟母亲学蒙古民歌，16 岁时开始在那达慕大会上唱歌。中华人民共和国成立后，杜古尔加更是凭借自己的才华成为远近闻名的歌手，不管

图 7-15　杜古尔加（1923—）

是什么婚宴都会邀请他，不管是什么大小的歌唱比赛他都会参加，并且多次荣获冠军。他一生唱过 80 多首蒙古民歌。他不仅唱歌，还会讲各种民间故事。他的《蒙古靴》《报恩》等故事被收录在乌云毕力格、跃进编辑的《海西民间故事》（内部刊物），他的颂政歌、摇篮曲等民歌被选入《柴达木报》《柯柯旗志》《海西民歌》等报纸、杂志、书籍中。

杜古尔加不仅是青藏地区著名蒙古族民间歌手，还是一名党的好干部。

1958 年他当上了公社干部，1959 年 10 月 20 日加入中国共产党，1979 年退休。

歌手杜古尔加具有代表性并传唱至今的民歌有《白鼻翘的灰马》《彩虹般的枣红马》《布谷鸟》《俊秀的棕彪马》等。杜古尔加有三个儿子，大儿子尼玛和小儿子乌兰擅长演唱蒙古族民歌，二儿子青海则擅长演唱藏族民歌。

二、著名民间艺人乌代

乌代（生于 1917 年），出生于柯柯旗，是民间歌手更嘎的第三个女儿。乌代的母亲是普通牧民，名叫索南措，父亲因唱民歌出名，成为柯柯旗的"都吾钦喀"，他不仅会讲民间故事，还会十二生肖的赞歌，是个口齿伶俐、手艺高超的民间艺人。

乌代因为记忆力好、嗓子好，14 岁开始便向父亲和叔叔们学习民歌，20 多岁开始就被邀请在宴席上唱民歌。她在年轻时就会唱《白鼻翘的灰马》《彩虹般的枣红马》《瞻部洲》《君王宴》《盛夏三月》《布谷鸟》等七十多首民歌。

图 7-16 乌代（1917— ）

1992 年的德都蒙古第二届那达慕大会及 1999 年《柯柯旗志》出版庆祝宴，乌代受邀演唱了《富贵的开始》《布谷鸟》等民歌，引起观众的关注，受到热烈欢迎。乌代不仅会唱民歌，而且继承了父亲的技艺，成为一名刺绣手工艺人。

三、著名的民间艺人巴力登

巴力登，1931 年秋出生在台吉乃尔旗哈木其格家。3 岁的时候母亲去世，他的父亲哈木其格是旗内有名的民歌手。巴力登的民歌是从他父亲和表姐才仁那里学到的。1949 年的时候他不得已离开家乡去甘肃省的肃北流浪，直到解放后才回到故乡台吉乃尔旗。

巴力登从小聪明伶俐，他的蒙古文是从别人那里学了两次之后自学的。他从 1958 年开始在旗内从事财务、仓管等工作。他会唱《在圣主的身旁》《辽阔的世界》《尊贵的布克图》《特布德昭的落成》《瞻部州》《盛夏三月》《辽阔的柴达木》《白河滩的柳树》《彩虹般的枣红马》《青鸟》等三十多首民歌，是知名的德都蒙古民间艺人。"文化大革命"时期，他被划为地主成分，受到不公正待遇。尽管如此，巴力登并没有为此而萎靡不振，而是正常工作、生活，一有机会就

图 7-17 巴力登（1931—）

唱起自己喜爱的民歌。现在他的儿子宝音达来仍在故乡的婚宴上传唱着他的民歌。

四、国家级非物质文化遗产代表性传承人古力

古力，1956 年出生于海西州乌兰县赛什克乡卜浪沟草原，1964 年上小学，后回家放牧，在卜浪沟村众多民间歌手优美动听的歌声中成长。他的外曾祖母查干曾是柯柯旗著名的民间歌手，她清脆明亮的嗓音在卜浪沟草原无人可比，能唱一百多首蒙古民歌长调，在

图 7-18 古力（1956—）

每年的那达慕大会上能够连续不断、不重复地演唱。作为德都蒙古民歌传承人，从外曾祖母查干到外祖母才本，再到姨娘才排力，家族荣光的接力棒传递到古力手上已是第四代了。古力从 9 岁开始向外祖母才本学习蒙古族民歌，

学会了《青草滩上小骏马》《金色的初秋》《白沙滩上的柳树》等经典民歌，在掌握了一定技巧之后，他向民间歌手姨娘才排力学习了《矫健的骏马》《满登山山顶》等歌曲。为了更好地掌握海西蒙古族民歌不同的地域特色，他又向都兰县宗加乡的民间歌手巴力久尔学习了《可爱的小枣骝》《准噶的马驹》等民歌。古力在学歌过程中克服种种困难，刻苦钻研，继承了老一辈民间艺人的演唱技艺。17岁开始在本村的小型聚会上演唱，获得牧民群众的喜爱和好评。1977年，古力第一次参加乌兰县文艺会演便获得一等奖，一鸣惊人，被当地誉为德都蒙古青年民间歌手。1978年，他进入海西州民族师范学校读书。1980年，因他的民歌演唱技艺超人，被海西州文工团破格录取。1985年，古力调入青海省民族歌舞团，为他的歌唱生涯开辟了更加广阔的舞台，他成为国家一级声乐演员并于1998—2002年担任青海省民族歌舞团团长。古力在近40年的艺术道路上，始终不忘民族精神之魂、优秀文化之根、百年牧歌之源，以其高亢悠扬、缠绵跌宕的演唱风格，真情地演绎着民族的传奇，执着地传播着民歌的神韵。2017年12月，古力被认定为"国家级非物质文化遗产代表性项目蒙古民歌代表性传承人"。

第六节　青藏地区蒙古族口头文化遗产的传承特点

从以上五种类型的民间文学遗产传承人及民间艺人的传承谱系及个别艺人的生活经历及学艺情况来看，青藏地区蒙古族口头文化遗产传承具有以下特点。

一、传承方式：家族传承、师徒传承、社区传承

家族传承、师徒传承属于个体传承的方式，因传承者与受传者之间的社会关系不同，形成了家族传承和师徒传承。这与传统意义上的家族传承或师徒传承不同，不具有私有和排他的特点，而具有较大的开放性和包容性特点。

其中，家族传承是青藏地区蒙古族口头文化遗产传承较为普遍的方式，有典型的直系传承，也有旁系传承。例如，谱系表中所列的艺人，有些是爷爷、奶奶、父亲或母亲传给下一代，有些是由兄弟、姐妹或舅舅、叔叔等旁系传承。突破了家族血缘界限的师徒传承也是传承方式之一。例如，著名的艺人排力吉从当地有名的老艺人郝力克奶奶那里学习了很多民间故事、史诗、民歌。无论是家族传承还是师徒传承，传承者对受传者不是只限于教会某一个方面的文学形式，受传者也不是单纯地学习某一个方面，在传承过程中体现了较大的开放性和包容性。因此，蒙古族口头文化遗产艺人中很多既是史诗传唱者，也是祝赞词手，同时是民间故事的讲述者，甚至还是民歌手，样样精通。

社区传承也可以理解为是群体传承，是村落、牧业社或居住较近的蒙古族家庭在日常生活中以活态形式进行传承。比如举行婚宴、盛会等具有仪式感的活动时，艺人以表演的形式向群体展现祝赞词或民歌，或者平常蒙古族家庭忙完白天的生产活动之后，傍晚习惯在某个艺人家里聚集在一起听史诗、故事传说等，有些人从孩童时期开始就生活在这样的环境中，耳濡目染，逐渐学会了这种说唱艺术。比如，格斯尔说唱艺人诺尔金从 13 岁开始白天为别人家放羊，晚上听老人们说唱格斯尔的故事，加上他聪明灵慧，又喜爱史诗、民间故事等口传文化，逐渐成为一位远近闻名的格斯尔说唱艺人。然而，这种形式的社区传承由于受生产方式转变及文化变迁的影响，逐渐失去了生存的土壤。在青藏地区，与有仪式感的婚宴、盛会、敖包祭祀等民俗活动相关的祝赞词、民歌等民间文学形式正在逐渐恢复并广泛应用，那达慕大会、家族聚会、婚礼、剪发礼、贺房等盛会、宴席都会邀请民间艺人进行表演，并成为必不可少的一项民俗活动。然而，民间故事、史诗、谜语等文学形式的文化艺术则由于语言环境、生活环境的变迁，逐渐被丢弃，出现了传承中的断裂现象。

二、传承精神：文化担当

非物质文化遗产传承人的文化担当是民族民间文化传统得以延续的力

量。蒙古族民间文学的特殊性决定了青藏地区蒙古族非物质文化遗产的活态传承谱系，活态文化传承的关键是传承人。民间文学与民间艺人及传承人之间是相生相依的关系，民间艺人及传承人为蒙古族群众所公认，他们以非凡的才智、灵性，创造、掌握、承载着青藏地区蒙古族文化传统。传承人作为蒙古族民间文学活的载体，其自身是否具有强烈的责任感及传承民族文化的担当和主观意识，是蒙古族非物文化遗产能否得以不断传承的关键所在。民间艺人、非物质文化传承人的文化担当是民族民间文化遗产得以延续的力量，也是非物质文化遗产活态传承的精神所在。

三、传承形态：生动鲜活

从青藏地区蒙古族民间文学遗产的民间艺人及传承人的谱系看，到第三代艺人时期，非物质文化遗产的传承得到国家政策的支持，逐渐从民间艺人中推选、认定传承人，产生了国家级、省级、市州级等不同级别的传承人。这一时期的传承人及民间艺人不仅完整地保留了民间文学作品的内容，而且充分地展现了文化遗产的特点。如苏克、曲勒腾、尼玛、秋日青、乔格生、布日亚等传承人所传唱的史诗、吟诵的祝赞词及讲述的民间故事等，都能够表现出口传文化遗产生动、鲜活的特点。在这里以国家级代表性传承人苏克为例，他是一位非常有名的，民间及政府都认可的优秀传承人，他所传唱的汗青格勒和格斯尔篇幅长、章节多。通过他的说唱作品可以充分感受到史诗及故事传说鲜活的生命力，同时，他在史诗原本程式的基础上偶尔会有所创新。虽然他双目失明，但聪慧、记忆力超强，说唱曲目过耳不忘，从小便向众多民间艺人学习，掌握了丰富的蒙古族民间文化知识。

四、传承路径：口传心授

民间文学是普通民众的集体创作，它区别于作家文学，具有集体性、口头性、传承性及变异性等艺术特征。青藏地区蒙古族民间文学是当地蒙古族人民集体创作的成果，广泛流传于民间，是反映他们社会生活和思想情感的口头语言艺术。它具有丰富的艺术特色，通过口耳相传、口传心授，得以广泛流传。口头性是它的根本特征之一，在很大程度上它体现为说唱形式，譬如英雄史诗、民间故事传说、祝赞词、民歌等。这些民间文学都依赖于讲和听两个媒介，而这两个媒介都依存于普通民众。从蒙古族民间文学传承的载体——民间艺人及传承人的谱系来看，绝大多数是牧民，他们大多不识字，只能用口耳相传的方式记录生活、表达情感，从而使得民间说唱拥有其他艺术形式所不具备的优势，即口头性语言使民间文学达到最佳的表演效果，便于民间文学的记忆与流传。然而，这些民间艺人及传承人普遍年龄较大，甚至有些著名的传承人已经离开人世，如《汗青格勒》的四位国家级代表性传承人中只有一人健在，其余三人都已经去世。

各级政府出台各项政策措施，抢救民间文化遗产，尊重民间艺人，充分肯定传承人的技艺和贡献，为进一步推动民间文化工作的全面发展及非物质文化遗产的活态传承提供政策支持。很多文化工作者和学者及时抢救、记录、整理、收录、发表传承人及民间艺人口传的文学作品，通过对这些艺术作品的分析了解青藏地区蒙古族生产生活方式、经济社会状况、思想情感心理特征等，同时为后人学习蒙古族口传文化提供了宝贵的书面资料。如今，在新时代的政策背景下，民间文学的传承路径由口头传承转化为书面文字的传承，再从书面文字形式进一步转化为口头传承的形式。例如，年龄稍小的中年传承人，在传承过程中不单纯用传统的口头传承方式，他们从书面文字资料中重新学习和巩固民间文学作品，积极参加规模大小不一的各类文化艺术比赛，同时积极采纳专门研究口头文化的专家学者的建议和帮助。目前，有些传承人，如金花、伊西措、代青、额尔德尼孟克、萨仁才其格等民间艺人、传承人不仅以口传心授的形式进行传播，同时用乐器伴奏，用表演的形式进行传唱。他们将史诗、民间故事等文学作品，将口传的场所转化为舞台，以舞台化的形式进行表演，让更多的人能够直观地领略蒙古族珍贵的文化遗产。

第八章　可持续发展：青藏地区蒙古族非物质文化遗产保护与传承的新路径

非物质文化遗产既是历史发展的见证，又是珍贵的、具有重要价值的文化资源，非物质文化遗产的可持续发展是对民族文化的保护和传承，对于人类的可持续性发展具有重要的意义。① 非物质文化遗产是植根于民族民间文化土壤的活态文化，与孕育它的民族及地域等要素密不可分，有着以生命的形式为传承的特点。各个群体应随着其所处环境的变化不断使这种代代相传的非物质文化遗产得到创新，多维度探索实现非物质文化遗产可持续发展的新路径。

非物质文化遗产保护与可持续发展是我国非物质文化遗产保护研究的学术前沿问题。2016 年，联合国教科文组织通过的《实施〈保护非物质文化遗产公约〉的业务指南》倡导："为了有效地实施《公约》，缔约国应努力通过所有适当方式承认非物质文化遗产保护的重要性，加强非物质文化遗产作为可持续发展驱动力和保证的作用，并将非物质文化遗产保护充分融入其各层面发展计划、政策和方案。在意识到非物质文化遗产保护与可持续发展之间相互依存关系的同时，缔约国应在其保护措施中努力保持可持续发展三个方面（经济、社会和环境）的平衡，及保持它们与和平与安全之间相互依存的关系，并为此通过参与的方式促进相关专家、文化经纪人及中介人之间的合作。缔约国应承认非物质文化遗产在城乡环境中的动态性质，并应将其保护工作完全集中于与现有国际人权文件，社区、群体和个人之间相互尊重

---

① 窦金花、焦斐、郑艳玲：《浅谈非物质文化遗产的可持续性发展——以天津民间美术为例》，载《艺术与设计（理论）》，2012（4）。

的要求以及可持续发展的要求相容的非物质文化遗产。"① 作为一种由社区、群体和个人等多方力量共同参与的社会实践，青藏地区蒙古族非物质文化遗产保护必须遵循契约精神和可持续发展理念。联合国教科文组织《保护非物质文化遗产公约》《实施〈保护非物质文化遗产公约〉的业务指南》《保护非物质文化遗产的伦理原则》三份文件都是非物质文化遗产保护的国际契约，目的是确保每个缔约国都能基于自由、平等、互惠、守信的理念来保护非物质文化遗产并促使其可持续发展。契约精神与可持续发展是非物质文化遗产保护的两个方面，前者强调自由、平等、互惠与守信是非物质文化遗产保护的基本原则，后者强调代际公平、和谐发展是非物质文化遗产保护的根本目标，二者互为依据，共生共存。2017 年 10 月 18—24 日召开的中国共产党第十九次全国代表大会明确了中国发展新的历史方位——中国特色社会主义进入了新时代，并把绿色、和谐、共享、和平作为新时代社会可持续发展的重要内涵。在这样一种非物质文化遗产保护语境下，对青藏地区蒙古族非物质文化遗产保护与传承的可持续发展的原理、范畴和措施等问题进行讨论，有着重要的意义。在借鉴国际非物质文化遗产保护理念和经验的基础上，探讨建设青藏地区蒙古族非物质文化遗产保护与传承的可持续发展理念，能够为我国非物质文化遗产保护和可持续发展提供学术支持。

第一节　非物质文化遗产与可持续发展的内在逻辑关系

非物质文化遗产保护与可持续发展，可以理解为包含两个方面，一方面是非物质文化遗产本身需要具有可持续性，有着可持续发展的要求；另一方面是非物质文化遗产保护有助于社会的可持续发展，它在人类可持续发展中具有重要作用。前者称为本体性可持续发展，后者称为语境性可持续发展。

---

① 联合国教科文组织：《实施〈保护非物质文化遗产公约〉的业务指南》（2016 年修订版），《公约》缔约国大会第六届会议（教科文组织总部，巴黎，2016 年 5 月 30 日至 6 月 1 日）修正。

一、非物质文化遗产的本体性可持续发展

本体性可持续发展是指非遗保护的可持续发展，即人们确保非遗生命力的实践的可持续发展。① 这种本体性可持续发展是以非物质文化遗产生命力为衡量标准的。非物质文化遗产生命力的强弱取决于非物质文化遗产保护与传承的主体、实践方式以及保障体系等方面。然而，其中最为关键的是人，非物质文化遗产天生依附于人，这种依附不仅表现在非物质文化遗产是由人创造出来的，而且还表现在非物质文化遗产离开了人就不再是其本身，因为大多数时候非物质文化遗产是一种生产活动，存在于生产者进行的生产劳动中，是以一种无形的、看不见的形态而存在的，这也是"非物质"的含义所在。② 比如，青藏地区蒙古族手工艺品或民歌表演、民间故事等，只是非物质文化遗产的有形载体，真正的非物质文化遗产往往是在这些手工艺品、民歌表演、民间故事中所蕴含的哲学思想、知识体系、智慧资源、创作技能或节庆文化等，是无形的、看不见的。因此，非物质文化遗产的传承不能脱离人而独自存在，人是非物质文化遗产存活的土壤，传承人数量的多少直接决定了非物质文化遗产的生命力强弱，而且如前文中说到的乌子尔、苏克这样的蒙古族史诗传承人具有不可替代性和稀缺性。所以，非物质文化遗产可持续发展的关键是由传承人、民间艺人、社区群体等组成的非物质文化遗产保护与传承的主体。就非遗保护与传承的主体而言，其理念、能力和采用的实践方式，是制约非遗保护可持续发展的三个要素。③

首先，非物质文化遗产保护与传承主体的理念是制约非物质文化遗产可持续发展的首要因素。在非物质文化遗产历史的传承与发展中其传承主体的理念是逐渐形成和发展起来的，因此，非物质文化遗产保护的传承人及族群如何认识与看待非物质文化遗产保护，将决定着非物质文化遗产保护的方向和方式。例如，居住于青海省河南蒙古族自治县的蒙古族，由于周围都是藏

① 宋俊华：《非遗保护的契约精神与可持续发展》，载《文化遗产》，2018（3）。
② 刘胜：《非物质文化遗产可持续发展的"人本化"模式》，载《四川大学学报（哲学社会科学版）》，2015（3）。
③ 宋俊华：《非遗保护的契约精神与可持续发展》，载《文化遗产》，2018（3）。

族文化区域，受藏族文化影响较深，形成了藏文化包围中的蒙古族"孤岛"局面。藏戏在这里逐渐被蒙古族认同并传承发展，同时形成了极具文化价值的裂变和变异。青海省河南蒙古族自治县的藏戏在其历史发展过程中就形成了不同的功能形态——民俗仪式（如敖包祭祀仪式）中的藏戏、艺术审美的藏戏和文化遗产的藏戏。不同的形态观念对该非物质文化遗产项目生命力和传承方式的选择产生着影响。在传统村落中，藏戏往往与祭祀、祖先、节日等民俗文化元素联系在一起，藏戏的生命力往往受到社区民俗存续状况的影响，如果藏戏表演者和观望者都对村落民俗文化有着强烈的诉求，那么该非物质文化遗产项目的生命力就很顽强，因此，藏戏实践者的民俗诉求成为制约该非物质文化遗产项目生命力的首要因素，换句话说，民俗神圣性是戏剧传承发展的主导力量。当然，除了在传统村落中能看到带有民俗仪式的藏戏外，如今在城市剧院里也能够欣赏到一种以娱乐审美为主要功能的艺术实践形式的藏戏，表演者与观赏者之间建立了一种审美的艺术理念，因此，这种带有表演性质的剧院藏戏是否符合当代人们的艺术娱乐观念，是制约该非遗项目生命力的重要因素。在非物质文化遗产保护的语境下，无论是村落祭祀仪式中的藏戏，还是城市剧院里表演的藏戏，都被赋予了一个新的意义，即文化遗产的意义。

其次，非物质文化遗产保护与传承的主体所具有的保护及传承能力，是非物质文化遗产保护可持续发展的基本条件。在非物质文化遗产保护与传承的主体中主要的力量应该是传承人，所以非物质文化遗产传承人的能力将制约非物质文化遗产传承能否得到顺利的实施，因为它涉及非遗能否传承的问题。在传统社区生活中，非物质文化遗产传承人的能力建设主要是通过习得和师徒之间口传心授进行的，每个社区、群体的每项非物质文化遗产项目都在自身发展历史过程中建立了自己的传承人培养体系，如师徒制、家班制、科班制等非正规教育。[1]但是，随着时代的发展及现代教育制度的建立，非物质文化遗产实践保护与传承主体的能力建设，将越来越多地依赖正规教育来实现。例如，在我国目前所推行的"中国非物质文化遗产传承人群研修研习培训计划"，就是从培养传承人的非物质文化遗产保护的正确理念及提升非物质

---

① 宋俊华：《非遗保护的契约精神与可持续发展》，载《文化遗产》，2018（3）。

文化遗产传承的实践水平等目的出发所实施的项目工程计划。此外，对非物质文化遗产保护与传承中的间接作用者，如相关政府部门工作人员、衍生开发者和经营者等群体的能力培训也是十分必要的。

最后，非物质文化遗产保护与传承主体开展的保护及传承方式制约非物质文化遗产可持续发展。非物质文化遗产保护与传承的理念是回答为什么传承的问题，保护与传承的能力是回答能不能传承的问题，而保护与传承的方式是回答非物质文化遗产如何传承的问题。因此，非物质文化遗产保护与传承方式必然成为非物质文化遗产可持续发展的制约因素之一。随着社会的发展，非物质文化遗产保护与传承的方式会发生变化，在现代社会中，传统游牧社会里的非物质文化遗产保护与传承实践面临以现代科技为代表的新的实践方式的冲击。21 世纪以来，随着网络技术的发展，传统的非物质文化遗产保护与传承的实践方式也在发生着变化，逐渐适应和融入现代生活，成为与现代文化实践的有实力的竞争者。

总的来说，本体性可持续发展是针对非物质文化遗产自身的可持续性，从而确立非物质文化遗产保护与传承的可持续发展途径，提倡见人、见物、见生活的发展理念，实现创造性转化、创新性发展的目标。

二、非物质文化遗产的语境性可持续发展

语境性可持续发展与本体性可持续发展既互相区别又相辅相成。语境性可持续发展为非物质文化遗产保护提供了环境，明确了非物质文化遗产认定和保护的基本前提就是可持续发展，即非物质文化遗产保护是以顺应和服务社会可持续发展为目的的，所以，非物质文化遗产项目的确认、保护和发展要按照社会可持续发展的标准去做，凡是不符合可持续发展的文化是不能被确认为非遗项目的。[①] 联合国教科文组织在《保护非物质文化遗产公约》中对非遗保护语境性可持续发展有过很多论述，比如公约中指出，一方面，"非遗是可持续发展的保证"是联合国教科文组织开展非遗保护的前提；另一方面，顺应可持续发展也是联合国教科文组织认定非遗的基本条件。此外，联合国

---

① 　宋俊华：《非遗保护的契约精神与可持续发展》，载《文化遗产》，2018（3）。

教科文组织在《实施〈保护非物质文化遗产公约〉的业务指南》（2016 年修订版）中则更为明确地指出了非物质文化遗产与可持续发展的关系。联合国教科文组织主要是从"包容性社会发展""包容性经济发展""环境可持续发展""非物质文化遗产与和平"四个维度阐述了非物质文化遗产对可持续发展的重要性。

（一）青藏地区蒙古族非遗与包容性社会发展

包容性社会发展涉及食品安全、医疗保健、素质教育、性别平等以及安全用水及水资源的可持续利用等问题，实现这些目标应以包容性治理和人民自主选择价值体系为基础。联系到青藏地区蒙古族非物质文化遗产，主要体现在以下四个方面。

首先，青藏地区蒙古族饮食文化。青藏地区蒙古族在长期的生产、生活中，因地制宜，就地取材，创造了赖以生存和发展的繁多的饮食品种，并赋予其一定的文化意义。例如，蒙古族中盛行的白食文化，其主要原料为牛、羊、马等五畜的乳汁，通过不同的制作方法制作出奶子、酸奶、奶皮子、酥油、曲拉、奶酪等不同形式、不同味道、不同营养的奶食品。这些是青藏地区蒙古族人民在长期的游牧生产方式中形成的知识与实践，不仅继承和弘扬了本民族传统饮食的精髓，而且饮食安全，营养价值高，还在食用过程中注入了许多礼仪规则。由于制作白食的基本原料为牛羊等牲畜乳汁，为白色，所以被视作最圣洁、最珍贵的食品之一，形成尚白的文化心理。此外，饮食礼仪、饮食方式、饮食座次和"德吉"程式等，都体现了青藏地区蒙古族对家庭、社会和谐有序、和而不同理想的追求，蕴含着包容性社会可持续发展的理念。

其次，蒙古族传统医药文化。蒙古族有句谚语叫"病之始，始于食不消；药之源，源于百煎水"，这是蒙古族对疾病认知的概括。以游牧、狩猎为主的蒙古族，在漫长的岁月中逐步产生了适合社会生产生活条件的灸疗、正骨、马奶酒疗法和饮食疗法。在医药文化方面，青海海西州就有一项国家级非物质文化遗产代表性项目、四项省级非物质文化遗产代表性项目、五项州级非遗代表性项目。号称马背上的民族的蒙古族自古多从事放牧、狩猎等生产活动，难免会从马上摔下，患骨折、脱位、脑震荡等疾病的风险很大。因此，很早就有了独特的民间正骨疗法，将患者错位的骨头通过巧妙的手法进行复位治疗。蒙医震动复位疗法是治疗脑震荡的一种独特的诊疗方法，蒙医学上的脑震荡与现代医学临床上的脑震荡差不多，指的也是一种外力引起的中枢神经系统一时性功能障碍，由于诊断及治疗方法独特，具有实用价值和医学研究价值。除此之外，蒙医铜银烙疗法、民间青盐药用技艺、德都蒙古蒙医药用动植物等医药文化类非遗代表性项目都是实践证明有效，充分挖掘其潜力将有助于提高社会的医疗保健水平。

再次，青藏地区蒙古族非物质文化遗产从内容和方法上为教育提供了活态案例。青藏地区蒙古族非物质文化遗产中有着丰富的教育资源，是培育民族道德观、是非观和人生观的重要途径和手段，对于弘扬我国优秀的传统文化，提升人们的综合素质有着独特的作用和无可替代的意义。青藏地区蒙古族虽然在语言、文字方面与其他地区蒙古族一脉相承，但由于历史原因，它在自然地理的阻隔和社会背景等因素的影响下，在不同的自然地理与人文地理空间范围内，形成了相对独立的生产生活方式，具有特定的社会群体文化和地域文化特点，受教育的机会和条件相对较差，其家庭教育自然成为对子女进行启蒙教育和普通教育的基本手段和渠道，父母以口传形式将民族精神和伦理道德思想通过优秀的民间文学遗产，如神话传说、民间故事、格言、谚语及英雄史诗等形式教育自己的儿女。其中，谚语能以短小精悍的句子表达出思想的精髓，配以形象生动的故事，成为教育后代的活态文化遗产。在青海海西蒙古族谚语中就有很多提倡勤奋学习、尊重知识、勤劳勇敢、艰苦奋斗、尊老爱幼、热爱家乡、与自然和谐相处的思想品德和传统美德，与中华民族优秀的传统文化不谋而合，成为铸牢中华民族共同体意识的基石。因此，青藏地区蒙古族非物质文化遗产在传递正确价值观及提高道德修养方面具有特殊的教育功能。

最后，青藏地区蒙古族非物质文化遗产能增强社会团结、稳定社会秩序，有利于包容性社会发展。任何一个民族都会在自己的发展过程中形成一定的民间习俗，规范和制约着人们的思想行为。青藏地区蒙古族在长期的历史发展过程中创造了既传承本民族优秀传统文化又适宜于青藏高原的民俗文化，反映其审美意识、价值观念和道德规范。它是维护青藏地区蒙古族社会秩序、规范人们行为、促进社会发展等方面的重要精神力量。例如，青藏地区蒙古族敬畏生命，从一个人出生、成长、结婚生子到衰老、死亡的每一个阶段都有着不同的礼仪习俗及祝赞词、行为准则等，反映出青藏地区蒙古族人民对于人的生命及其价值的尊重和珍惜，体现出蒙古族人民积极的人生观和世界观和乐观、向上的精神品格。从婴儿出生后的第七天举行的洗礼仪式、三岁的剪发仪式、成人的婚礼到老人的祝寿、丧葬仪式等，形成了固定的习俗范式，人人遵守、代代相传。当然，除了尊重人的生命之外，也有对任何一个生命体的尊重的习俗文化，比如爱惜花草树木、不轻易杀生等生命观。再如，青藏地区蒙古族的节庆习俗，最为典型的有春节、祭敖包、那达慕大会等。如今，在蒙古族聚居区不仅仅有这些节庆，还有祭火节、"孟赫嘎拉"艺术文化节、赛马节、骆驼文化节、民歌歌会等节庆。这些节庆习俗，不仅展现了青藏地区蒙古族群众乐观自信的精神面貌，而且反映出他们尊重自然、顺应自然、注重礼仪、讲究友善、与自然和谐相处的包容、豁达的精神品格。同时，青藏地区蒙古族在严酷的自然环境里，与自然灾害顽强抗争，为民族的生存和发展、为社会和平与安定、为建设青藏高原做出了不可磨灭的贡献。

（二）青藏地区蒙古族非遗与包容性经济发展

在《实施〈保护非物质文化遗产公约〉的业务指南》（2016 年修订版）中，对于包容性经济发展的论述主要是从创新与可持续生活、生产性就业和体面工作、非遗与旅游的相互影响等三个层面，分析了非物质文化遗产对提升人们的收入水平、推动与促进人们的经济发展水平的作用。非物质文化遗产的生产性保护及衍生性开发等方式都是包容性经济发展的体现，一般都在传统手工技艺类文化遗产中往往能够实现创造性转化及创新性发展，由此，传统手工艺人的身份、地位、心理、价值观发生了很大的变化，曾经被边缘化的传统手工艺人开始转变为民族文化的传承者、传习者。青藏地区蒙古族具有丰富的传统手工艺资源，在整个青藏地区蒙古族非遗代表性项目中传统技艺类非遗的代表性项目有 34 项，约占总量的 24%，位列类别分布的第二位。例如，在海西州非物质文化遗产传承基地中实施生产性保护的文化产品，都是蒙古族传统手工艺类文化遗产，如海西蒙古族木雕、木质用具、马鞍等马上用具等不仅入驻基地的时间长，而且是传承基地发展最稳定的几个非遗项目。再如，甘肃肃北蒙古族自治县有最年轻的传承人，他是非遗代表性项目银器制作技艺的"90后"传承人乌德木图，"学习强国"甘肃学习平台对他做了介绍。乌德木图是肃北蒙古族，他深刻地感受到蒙古族生活离不开银饰、银碗、银壶、头饰、蒙古刀、马具部件、马鞍部件等，而且他从小受到祖父、父亲的影响，对银器制作非常有兴趣，就开了一家银器制作公司，在肃北县开启了他的创业之路，开辟了一条传承工艺的涅槃之路。这是典型的非物质文化遗产赋能大学生创新创业的例子，是非物质文化遗产为创收和相关社区、群体和个人可持续生活带来的机遇。

非物质文化遗产，尤其是传统手工艺类非物质文化遗产具有带动贫困地区群众就近就业、居家就业的独特优势，是非遗扶贫创新思路的体现，是推动脱贫攻坚战与乡村振兴的重要力量。青海海西州各级妇联大力实施巾帼脱贫行动、创业创新巾帼行动，深入挖掘特色手工制品资源，精选致富增收的手工技艺产品，打造特色品牌产业，搭建广大群众，特别是妇女创业就业和脱贫致富的平台。截至目前，海西全州共有民族刺绣加工企业、合作社7家，从业妇女90余名，年生产刺绣作品9000多件，实现年销售收入75.55万元，举办刺绣、手工编织等技能培训班7期，培训妇女近300名。海西蒙古族刺绣是海西具有典型民族文化特色，政府着力打造的品牌文化。例如，"芨芨草"巧手示范基地、德令哈陶尔根工艺品加工有限公司等文化产业化企业在助力当地蒙古族妇女脱贫、吸纳妇女就业、激励妇女创业、传承非遗的过程中发挥了积极作用。蒙古族刺绣同土族盘绣、藏绣、撒拉族刺绣都被纳入青海省"青秀"产业化、品牌化的战略规划中，将过去散、小、弱的蒙古族绣娘、合作社等集合在"青绣"的大旗下，加强顶层设计，合力推动青海刺绣产业发展，成为增加群众收入，助力精准脱贫和乡村振兴的重要富民产业，推动"青绣"在当代实践中实现创造性转化、创新型发展，不断增强"青绣"的生命力和传承活力，促进"指尖艺术"向"指尖经济"不断转型，激发民众创业热情、创新活力和创造潜能。

海西蒙古族藏族自治州是歌舞的海洋，近几年成立了很多民间艺术团。

2020 年 10 月 31 日，乌兰县的达布逊戈壁民间文化艺术团与乌兰县德吉音乐餐吧联合主办的《金秋之约》网络直播专场演出，开场半个小时直播间的人数达到了 4 万人，这是蒙古族文化艺术利用网络技术进行传播和经营的一种创新，极大地提高了蒙古族文化艺术人才的开拓创新的积极性。类似于这样的蒙古族民间艺术社团还很多，体现了表演类文化遗产所具有的包容性特点。

（三）青藏地区蒙古族非遗与环境的可持续发展

青藏地区蒙古族常年居住在生态脆弱的青藏高原，以畜牧业为主要生产方式。畜牧业是一种更贴近自然的生产生活方式，广阔的草原对于蒙古族同胞来说，既是生产资料的来源，又是生活资料的来源。草原、河流、雪山是游牧民族面临的自然物，也正是这些自然物给予了蒙古族人民生存和繁衍的物质基础。在青藏地区生活的蒙古族人民在长期的历史发展过程中形成了本民族有关自然和宇宙的知识和实践经验，这些本土知识和实践经验有助于环境可持续性认知能力的发展，使蒙古族社区及群体、个人成为保护环境不可或缺的主体。例如，青藏地区蒙古族民间文学中具有深刻的生态哲学思想，很多专家学者往往从文学艺术的角度去体会、感悟它的民族性、艺术性及其表现的特点，而很少从更广阔的思维空间去思考、去研究。蒙古族民间文学不仅是一种文学现象，而且是整个蒙古族社会生活的组成部分，蕴含着蒙古族人民的思想、感情、观点、道德、风俗习惯、宗教信仰、生产生活经验和方式等方面的内容和特点，那是一部部百科全书，从中可以认识到蒙古族贴近自然的生产生活方式和与其共生的民族文化，以及蒙古族人民的生态伦理观念和与自然和谐相处的思维模式。在古代蒙古族的思维模式中，"天"是主宰一切的，万物源于"天"，认为蒙古族人民的生存、繁衍与"天的荫庇"相联系，"天"使人们感到敬畏和神秘。于是，故事也就由此产生、传播、演变、丰富和发展，并且把人们的生活体验、生产方式、伦理观念、宇宙观、习俗等内容用带有神话的色彩体现在故事、传说、歌谣、谚语、格言中。这些口传文化不仅充分展示了蒙古族人民祖祖辈辈沿袭、传承下来的可贵的保护生态环境的观念、意识和品德，而且充分表现出蒙古族人民的聪明才智，是我们今天值得弘扬的十分珍贵的传统美德和民族文化遗产。① 在青藏高原这样特定的自然环境中生活着的蒙古族人民，在解决人与自然的矛盾中逐渐认识到，宇宙是一个生物链，人是这个生物链上的一环，少了其中的任何一环，不但会给人类带来灾难，而且会给这个生物链的整体带来不幸和灾祸。② 人类与自然处在一种共生共长、密不可分的互动的关系状态之中，人类要向自然索取得以生存和发展的物质基础，就必须向自然投以应有的回报，使自然与人类共生共长，和谐发展，这个生态观念与今天我们所提倡的人类命运共同体的本质是相同的。《猎人为什么不打带羔的猎物》《熊崽牛犊哥儿俩》《金子泉》《砍柴人》《青海湖畔的传说》等民间故事都反映了这种生态思想和观念。青藏地区蒙古族人民的这种生态意识既是蒙古族宇宙观的反映，也是蒙古族道德观念的具体体现，我们保护与传承青藏地区蒙古族民间文学类非物质文化遗产时，要知道它们不仅仅是一种美学享受，更是一种历史的启迪，它们是人类与自然发展过程的"写实"，关键是我们是否从带有许多虚构的情节和神秘色彩的民间故事中真正感悟到它的魅力和智慧，这种智慧不仅包含着政治智慧、人生智慧，也包含着生态智慧，认识到保护非物质文化遗产对环境可持续性保护的贡献。

除了民间文学类中体现与自然和谐相处的生态伦理道德观之外，在青藏地区蒙古族中还形成了一系列伦理道德和禁忌习俗，如禁止乱挖草皮、草出芽时不能动土、禁止砍伐幼小树木和践踏花草、摘取果实时禁止连枝折下或摘取不成熟的果子，等等，从这些禁忌习俗中可以深刻地领悟人们保护自然、尊重自然的生态伦理观念的哲学思想。

（四）青藏地区蒙古族非遗与和平

《实施〈保护非物质文化遗产公约〉的业务指南》（2016 年修订版）第170 条指出，"鼓励缔约国认识到非物质文化遗产保护的贡献，以推动创建和平、公正、包容和人权（包括发展权）得到尊重的社会。没有和平与安全，

① 贾晞儒：《通向民族心灵之路——从〈海西蒙古族民间故事集〉谈起》，载《青海民族学院学报》，2003（1）。
② 贾晞儒：《通向民族心灵之路——从〈海西蒙古族民间故事集〉谈起》，载《青海民族学院学报》，2003（1）。

就不可能有可持续发展；没有可持续发展，就可能不会有和平与安全"①。

青藏地区蒙古族祝赞词是其民间文学的一个重要组成部分，无论是青海海西州、海晏县，还是甘肃肃北县都盛行这个独特的口承文化遗产——祝赞词。青藏地区蒙古族祝赞词种类繁多、内容丰富，集中反映了青藏高原蒙古族人民热爱生活、热爱和平、追求美好的人生态度，对于一切与自己有关的事物和行为，都赋予美好的祝愿，寄托着追求人类和平与安全的期盼。青藏地区蒙古族祝赞词有"洗礼赞词""剪发礼赞词""婚礼祝词""蒙古包赞词""敖包赞词""巴彦松祝词"等，都充分表达了蒙古人民对人生价值的高度敬重与珍惜，对人生的每个阶段都寄托了对幸福的向往和追求。青藏地区蒙古族历史表明，他们之所以生生世世奋斗不息，就是为了实现没有剥削、没有压迫、万事和谐、互相尊重、友好相处、吉祥如意、幸福安康的和平社会。因此，青藏地区蒙古族祝赞词就像阳光、空气、水一样滋润着蒙古族人民的心灵，培养了蒙古族艰苦奋斗、团结友善、乐观生活、开放包容，追求人人平等与友爱的民族精神与文化心态，每一个词、每一个句子无不充满着对生活的热爱，传递着对和平的追求。

青藏地区蒙古族民歌是蒙古族人民心声的表达，在蒙古族生产生活中，创作了种类繁多、内容丰富，具有思想内涵的民歌及长调，其中有"颂政歌""礼仪歌""劳动歌""赞歌""感恩歌""情歌"等，尽管有差别，但凝聚着一个共同的心声，即祝福并歌颂和谐、安宁、和平、安全、吉祥、丰富的生活。青藏地区蒙古族民歌演唱的传统场域是以欢聚的宴席为主，显然意味着民歌及民歌存续的文化生态环境无不蕴含着和平盛世的社会文化。

总体上说，青藏地区蒙古族非物质文化遗产中无论是目前已立项的代表性项目，还是未挖掘的文化遗产，都蕴含着应对和解决社会发展问题的智慧资源。因此，要从可持续发展的理念围绕包容性社会发展、包容性经济发展、环境可持续发展及和平与安全四个维度分析青藏地区蒙古族非物质文化遗产的价值，用非物质文化遗产来提升社区民众能力并使其参与地方发展，让青藏地区蒙古族非物质文化遗产成为青藏高原社会发展的内在动力之一，

---

① 联合国教科文组织：《实施〈保护非物质文化遗产公约〉的业务指南》(2016 年修订版)，《公约》缔约国大会第六届会议（教科文组织总部，巴黎，2016 年 5 月 30 日至 6 月 1 日）修正。

并从中寻求现代科学与传统文化、民族文化、地方知识相互借鉴的可持续发展之路。

第二节　非物质文化遗产文化生态整体性保护理念与实践

文化生态系统是文化与自然环境、生产生活方式、经济形式、语言环境、社会组织、意识形态、价值观念等构成的相互作用的完整体系，具有动态性、开放性、整体性的特点。[①] 非物质文化遗产保护的关键是文化生态系统的整体性保护。

在非物质文化遗产保护过程中，应该对非物质文化遗产自身及其存在的空间即环境实施全方位保护。整体性保护要求注重文化遗产与周围环境的依存关系，强调非物质文化遗产应保护在其所属的社区及自然与人文环境之中，强调必须将其所生存的特定环境一起进行完整保护。[②]2004 年，我国著名学者刘魁立先生在《非物质文化遗产及其保护的整体性原则》一文中提到，从文化的空间和时间两个维度解释非遗保护的"整体性原则"。他认为，保护文化遗产不是对一个个"文化碎片"或"文化孤岛"的"圈护"，而是对文化全局的关注，不但要保护文化遗产自身及其有形外观，而且要注意它们所依赖和因应的结构性环境。[③] 非遗保护中的文化生态保护区建设就是整体性保护中一个重要理念的体现。[④] 王文章认为，文化生态保护实验区建设强调的动态、整体性保护方式是适应非物质文化遗产活态流变性、恒定性和整体性特征而采取的一种科学保护措施，具有重要的开拓意义。[⑤]

---

① 黄永林：《"文化生态"视野下的非物质文化遗产保护》，载《文化遗产》，2013（5）。
② 韩业庭：《整体性保护破解非遗传承难题——访文化部非物质文化遗产司负责人》，载《光明日报》，2017-03-16。
③ 刘魁立：《非物质文化遗产及其保护的整体性原则》，载《广西师范学院学报》，2004（4）。
④ 赵婉俐：《守望乡土——文化生态学语境下的非物质文化遗产地域展探析》，载《中国艺术》，2020（4）。
⑤ 中国非物质文化遗产网，王文章：《建立文化生态保护实验区是保护非遗创举》，2011。

一、保护文化生态环境，让非遗扎根沃土

非遗产生于民间，繁荣于民间，与当地的社会人文环境与自然生态环境密切相关，失去了特定的环境，非遗便失去了赖以生存的土壤和文化空间。[①]文化生态环境的留存和保护是保持非遗本真性的关键一环，也是非遗可持续发展的基本前提之一。非物质文化遗产的保护需要将其置于赖以产生、生存并发展的整体环境中，动态考察文化空间系统。非遗如果脱离了传承主体及其特定的时空并与民众的日常生活相剥离，就会失去其原初的文化内含，其生命之源将不复存在，难以体现非遗保护与传承的可持续性。青藏地区蒙古族非遗的突出特点就是以鲜活的形态存在于蒙古族的生产生活中，很多习俗都与特定的文化生态环境紧密相依，保护非遗不仅要保护蒙古族的人文生态环境，而且要保护自然生态环境，这是整体保护原则的根本理念。

作为一种活态文化，青藏地区蒙古族非物质文化遗产受社会结构和环境改变的影响以及自身存在形态的限制，其社会存在基础日渐狭窄，这直接导致非遗传承链条的断裂和本土文化生态的失衡，有不少非物质文化遗产面临变异、衰退、濒危甚至消失风险。比如，随着人们生活方式的改变，牧民日常很少使用蒙古包，仅在旅游景点搭建使用，这就使得传统的蒙古包制作技艺慢慢衰退，它所承载的传统也随之消失，金属和塑料制品逐渐取代传统的毛、皮、木制品。口承文化的传承也面临传承群体及个人的减少而出现濒危状况。例如，能流利地朗诵祝赞词的人只有少数年长者，这种现象在肃北地区比较普遍，甚至有些地区因为语言的同化，口承文化完全消失。当然，由于一些文化工作者及学者的抢救和保护，保存了部分民间故事、英雄史诗等口承文化的文字或音像记录，但这并不能替代它的讲述场景、讲述氛围和讲述技巧等重要过程的真实、全面的记录。随着文化生态的改变，青藏地区蒙古族很多非物质文化遗产逐渐失去赖以生存和发展的环境基础，导致有些非物质文化遗产面临生存困境。正如有些专家所说，保护民歌演唱的生态环境

---

① 韩业庭：《整体性保护破解非遗传承难题——访文化部非物质文化遗产司负责人》，载《光明日报》，2017-03-16。

比保护代表性传承人更加重要。从生态危机的忧患意识出发，深刻反思当下青藏地区蒙古族非遗保护与传承的内在逻辑和现实条件，以求在全球化背景下探寻一种兼顾社会经济持续进步和文化表达多样性共存的发展模式。因此，保护文化生态环境显得尤为重要和迫切。

二、建设文化生态保护区，实现区域性整体保护

根据 2019 年 3 月 1 日起施行的《国家级文化生态保护区管理办法》的规定，国家级文化生态保护区是指以保护非物质文化遗产为核心，对历史文化积淀丰厚、存续状态良好，具有重要价值和鲜明特色的文化形态进行整体性保护，并经文化和旅游部同意设立的特定区域。[①]2011 年 6 月 1 日起实施的《中华人民共和国非物质文化遗产法》规定，"对非物质文化遗产代表性项目集中、特色鲜明、形式和内涵保持完整的特定区域，当地文化主管部门可以制定专项保护规划，报经本级人民政府批准后，实行区域性整体保护"。设立国家级文化生态保护区，以非物质文化遗产为核心加强文化生态保护，对于推动非物质文化遗产的整体性保护和传承发展，维护文化生态系统的平衡和完整，对于提高文化自觉，建设中华民族共有精神家园，增进民族团结，增强民族自信心和凝聚力，对于促进经济社会全面协调和可持续发展，具有重要的意义。[②]

文化生态保护区建设要以习近平新时代中国特色社会主义思想为指导，充分尊重人民群众的主体地位，贯彻新发展理念，弘扬社会主义核心价值观，推动中华优秀传统文化创造性转化、创新性发展。[③]按照《国家级文化生态保护区管理办法》第六条之规定，"国家级文化生态保护区总体规划实施三年后，由省级人民政府文化主管部门向文化和旅游部提出验收申请，文化和旅游部根据申请组织开展国家级文化生态保护实验区建设成果验收。验收合格

---

① 《国家级文化生态保护区管理办法》，2018 年 12 月 10 日文化和旅游部部务会议审议通过并发布，共四章三十八条，自 2019 年 3 月 1 日起施行。

② 韩业庭：《整体性保护破解非遗传承难题——访文化部非物质文化遗产司负责人》，载《光明日报》，2017–03–16。

③ 摘自《国家级文化生态保护区管理办法》总则第三条。

的，正式公布为国家级文化生态保护区并授牌"。2007 年，我国首个国家级文化生态保护实验区——闽南文化生态保护实验区成立。2019 年 12 月，为加强非物质文化遗产区域性整体保护，进一步推进国家级文化生态保护区建设，文化和旅游部将闽南文化生态保护实验区等 7 个保护实验区正式公布为国家级文化生态保护区。截至 2020 年，我国共设立国家级文化生态保护（实验）区 23 个，涉及省份 17 个。省级文化生态保护区 197 个，涉及省份 21 个。2018 年底，文化和旅游部出台了《国家级文化生态保护区管理办法》，提出文化生态保护区建设坚持"见人见物见生活"的保护理念，设定了"遗产丰富、氛围浓厚、特色鲜明、民众受益"的建设目标，推出系列措施，提高文化生态保护区建设水平。

2008 年，青海省第一个国家级文化生态保护实验区"热贡文化生态保护实验区"设立。2014 年，"格萨尔文化（果洛）生态保护实验区"获批。2017 年，"藏族文化（玉树）生态保护实验区"获批。青海省由此成为迄今全国唯一拥有三个国家级文化生态保护实验区的省份。随着三个国家级文化生态保护实验区建设工作的开展，青海省文化和旅游厅紧密关注省内人口较少民族、特有民族文化的保护，分别设立"互助土族文化生态保护区""德都蒙古文化生态保护区""循化撒拉族文化生态保护区"三个省级文化生态保护区，并制定了相关管理办法和条例。① 在文化生态保护区建设中，2017 年 8 月 14 日，青海省制定了《关于加强青海省文化生态保护实验区建设的指导意见》，将以推动文化生态保护区整体性保护为目标，发挥地域优势，突出民族特色，加强文化资源利用，打造一批特色文化旅游品牌，其中"德都蒙古文化生态保护区"将打造蒙古族那达慕特色文化旅游品牌。《青海省非物质文化遗产保护办法》2018 年 2 月 1 日起施行的，不仅对青海省的非物质文化遗产项目的保护做出制度性保障，而且对县级以上政府根据实际需要设立文化生态保护区拓展了保护权责，同时强调了"文化生态保护区在保持非物质文化遗产代表性项目真实性、整体性和传承性的基础上，可以依托代表性项目资源，发展符合本地特色的旅游活动"。这既保证了非物质文化遗产的活态传承，又明确

---

① 唐仲山：《因地制宜地实施整体性保护方略》，载《中国文化报》，2019–03–01。

了文化和旅游融合发展的指导性原则。①

　　"德都蒙古文化生态保护区"是在青藏地区蒙古族非物质文化遗产资源富集的地区——青海省海西蒙古族藏族自治州设立的民族文化生态保护区，它是对保护区内各类资源进行整体保护，同时构建由当地政府、专家和社会民众及团体等组成的多元主体参与机制。目前，"德都蒙古文化生态保护区"建设仍然存在跨区域保护的管理不便、组织机构不健全、保护区内民众的主体性发挥不足、过度开发和缺少专门法律体系和管理机制保障等问题。为实现我国民族文化生态保护区科学有序地发展建设，我们应积极探索民族文化生态保护区的未来发展路径。

第三节　以社区为载体的非物质文化遗产保护模式

　　中国非物质文化遗产保护的实践，是以历史文化传统和现代行政资源优势的实践为基础的。我们可以进一步发掘非物质文化遗产保护的中国实践与公约文本的内在联系，为中国特色非物质文化遗产保护的实践得以更好发展提供理论支撑。

　　青藏地区蒙古族非物质文化遗产保护工作在经过了舆论宣传、社会动员、普查摸底、申报及建立各级名录体系、公布传承人名单等步骤之后，已经进入全新的阶段。新阶段的工作重点主要是建立和逐步完善相关法律法规体系，把保护工作的各项举措落到实处，落实在基层社区。那么，青藏地区蒙古族非物质文化遗产和社区的关系如何？如何探索出一条以"社区"为载体的非物质文化遗产保护模式之路？为什么非物质文化遗产保护工作应以社区为中心？社区在其中应发挥什么作用？相关国际法文件中对社区保护是如何定义的？国外对非物质文化遗产的社区保护有哪些有益的经验？在基层社区保护非物质文化遗产有什么意义？中国对于非物质文化遗产的社区保护有哪些重要的实践？本节的论述以期在非物质文化遗产相关研究领域引起更多讨论。

―――――――――
① 　唐仲山：《因地制宜地实施整体性保护方略》，载《中国文化报》，2019-03-01。

一、非遗保护的"社区"概念

"社区"一词源于拉丁语"civitas",原意是亲密的关系和共同的东西。将"社区"这个词作为社会学的一个范畴来研究的,起于德国的社会学家滕尼斯。在滕尼斯那里,大意是指那些存在于前工业社会的、具有共同价值取向的同质人口组成的关系密切、出入相友、守望相助、富有人情味的社会关系和共同体。滕尼斯在其著作《共同体与社会》中指出,所谓的社区是通过血缘、邻里和朋友关系建立起来的人群组合,它是根据人们的自然意愿结合而成,人们共同的关系建立在习惯、传统和宗教之上,血缘、邻里和朋友的关系是社区的主要纽带。因此,就其源头来看,社区的本意并不强调地域特征。滕尼斯在更大程度上突出了社区意识及社区认同感,是基于亲密的邻里关系或血缘关系。[①] 随着社区研究在美国的兴起,著名的芝加哥学派将社区作为连接环境和人的生活方式的概念,用以考察城市生活的独特性。他们同时在两种意义上使用社区概念:一方面把社区作为生态单位,认为"占据了一块被或多或少明确地限定了的地域上的人群汇集"就是社区;另一方面将社区作为一个确实存在的社会实体加以描述。在这两种含义的张力下,社区概念走向重构,并在增加了区位含义之后成为专门的地域性社会研究工具。一般来说,在一定地域内,如果人与人之间具有较为有效的相互关联,同时有一定归属和群体责任感的人群就通常被称为社区。[②] 中文中的社区概念最早是由费孝通教授和他的同学从英文"community"翻译过来的。据费孝通教授讲,他们之所以把"community"翻译成社区,企图用"社"表示群的意思,用"区"表明一个位置,具有地理上的意义。[③] 他将社区概念表述为:"社区是由社区人口或若干个社会组织聚集在一起,在固定的某一个区域内形成的生活上具有相互关联关系的大集体。"[④] 综合国内外学者的观点可以得出,社区实质上就是一个区域性社会,是社会的缩影,是一定区域内人们的生活共

---

① 斐迪南·滕尼斯:《共同体与社会》,林荣远译,北京,商务印书馆,1999。
② 马西恒:《社区建设:理论的分立与实践的贯通》,载《浙江社会科学》,2001(6)。
③ 丁元竹:《社区与社区建设:理论、实践与方向》,载《学习与实践》,2007(1)。
④ 娄成武,孙萍:《社区管理学》,北京,高等教育出版社,2020。

同体。具体而言，社区是由特定的人群构成的，在一定地域内发生各种社会关系和社会活动，有特定的生活方式，并具有一种地缘上的归属感和心理文化上的认同感。

　　那么非遗保护中的"社区"是如何界定的呢？2003 年公布的《保护非物质文化遗产公约》首次将社区、群体和个人的提法用于与文化遗产相关的正式文书之中，在《保护非物质文化遗产公约》开始便有明确的声明："承认各社区，尤其是原住民、各群体，有时是个人，在非物质文化遗产的生产、保护、延续和再创造方面发挥着重要作用，从而为丰富文化多样性和人类的创造性作出贡献。"在联合国教科文组织有关非物质文化遗产的一系列政策当中，社区被赋予了极其重要的地位。之后，各类衍生文件均强调社区在整个非物质文化遗产保护过程中的重要性。虽然 2003 年《保护非物质文化遗产公约》及其相关文件中没有对社区加以界定，却"绑定"了遗产与持有遗产的社区之间的关系，只有非物质文化遗产的传承人和实践者及其构成的文化社区才是非物质文化遗产认定、保护和管理中最具活力的主体。《保护非物质文化遗产公约》的价值是将非物质文化遗产的价值赋权于社区，是由社区来认定，也就是由遗产的持有者来界定某个非物质文化遗产项目的价值。联合国教科文组织在 2003 年的《保护非物质文化遗产公约》、2015 年的《保护非物质文化遗产伦理原则》中把个人、群体、社区作为非遗的主体和非遗保护的诸多重要主体中的首要主体。在这些基础文件中，"社区"几乎总是和"个人""群体"相提并论。因此，社区在非物质文化遗产保护这一语境下，指的是直接或者间接地参与实践和传承非物质文化遗产项目的施行和传承的人。从这个层面看，联合国教科文组织在《保护非物质文化遗产公约》中提出的社区与前面以地域要素为核心的社区概念有些不同，它所指涉的并非地理空间，而是指向非物质文化遗产的实践者，其中不仅包括非物质文化遗产的直接实践者，还包括间接施行和传承非物质文化遗产的人。社区不过是对这类人在不同语境下不同表现形式的一种表述而已。从这个角度来理解社区，我们就可以对联合国教科文组织强调社区重要性的意义有更进一步的认识——非遗保护的最终目标，实际上还是在于保护那些实践和传承相关非遗项目的人，保护这些人对自己文化的自豪感和自主权。① 对于非物质文化遗产的保护而言，对人的关心要远远甚于对文化的重视，这正是联合国教科文组织非物质文化遗产保护思想和理念先进性的体现。因此，非物质文化遗产会让社区及群体感受到因为自己的文化而受尊重的情感，有助于增强社会凝聚力，激发认同感和责任感，从而达到文化自信。

二、非遗社区的多样性与复杂性

近年来，非物质文化遗产宣传、传播和普及不断加强，非物质文化遗产保护意识深入人心，人人关注、人人参与的社会氛围逐渐形成。2013 年 6 月，在成都举办的国际非物质文化遗产节提出了"人人都是文化传承人"的主题语。这一表述的出现，对多年来非遗实践与研究领域及相关学科中过于强调"文化专家"而忽视大多数普通民众在文化传承中的作用的取向具有积极的矫正作用，体现了学术界和文化遗产保护实践者观念上的进步。② 长期以来，在非物质文化遗产研究与保护领域中，主要是集中关注于那些熟练掌握特定传统知识的"文化专家"，尽管他们作为研究者不仅掌握着主要的研究资料，而且通过资料的收集、整理、分析、探究，获得一些理论成果，为学术研究或非物质文化遗产保护实践中资料的搜集提供了便利，并从客观上有利于相关工作取得积极成效。但这种重视"文化专家"的趋势却弱化或掩盖了更广大范围的一般人的作用，从而为正确认识和对待非遗社区或传承人造成了极大的阻碍。"人人都是文化传承人"观点的提出，正是在反思上述问题的基础上不断调整和改进工作思路的结果。然而，在承认某一社区中的所有成员都是文化传承人的前提下，必须对传承群体（即社区）内部的结构特征及层次关系有更清楚的认识。③ 只有这样，才能够真正理解"人人都是传承人"的命题，

---

① 安德明：《非物质文化遗产保护中的社区：涵义、多样性及其与政府力量的关系》，载《西北民族研究》，2016（4）。

② 安德明：《非物质文化遗产保护中的社区：涵义、多样性及其与政府力量的关系》，载《西北民族研究》，2016（4）。

③ 安德明：《非物质文化遗产保护中的社区：涵义、多样性及其与政府力量的关系》，载《西北民族研究》，2016（4）。

避免简单地把社区视为整齐划一的团体的做法。例如，青藏地区蒙古族口传文化遗产中往往会有"积极承载者"和"消极承载者"两类传承群体。前者主要指社区中致力于传承神话传说、民间故事、祝赞词、民歌、长调及习俗文化等的老人、民间精英等，他们通常具有更丰富的神话知识，能讲述的口传文化较多，也愿意主动讲述。后者则是虽然知晓一些蒙古族口传文化、习俗等，但是相对而言在这个领域的知识较少，往往只能叙述故事的核心，而无法完整、生动地讲述神话故事的全部，并且在生活中一般不主动讲述的人。从以上两种不同的主体看，青藏地区蒙古族民间口头文化遗产的传承群体具有多样性，由于蒙古族口传文化的场域是需要社区群体聚集的场所，这就使得"消极承载者"在传承中具有与"积极承载者"同等重要的作用，这对于重视普通民众在非物质文化遗产传承中的作用具有十分积极的推进意义。然而，这种研究属于静态分析，而较少从知识实践和传承的角度来思考，尽管研究视角有了很大拓展，但仍然忽略了传承群体中那些只能听懂和理解民间故事却不会讲任何故事的社区成员。

笔者在对某个家庭的宴席（胡日木）开展研究中曾发现，就静态而言，人们对全羊席习俗具体内容的掌握的确存在着量的差异。比如，对全羊席仪式的具体细节，从选羊到解羊，再到如何煮、怎么摆放、怎么装饰、如何吟诵"全羊席赞词"等知识，只有极少部分的专门人士有全面的了解和掌握。这些专门人士的指导和主持是该仪式活动得以完整、正确进行的重要保证。这些人士，正如安德明先生笔下的"保存者"或"传播者"，任何一种民俗被付诸实践不仅需要这些"保存者"或"传播者"的主持、参与，而且在很大程度上更需要一般参加者，然而大部分的参与者则对这一知识的具体内容或者不了解，或者只有片面的了解。于是，"保存者"或"传播者"同一般参加者便有了分别，这类似于"积极承载者"与"消极承载者"的区别。两者的协力合作，成为全羊席得以实施的基础，也是民间知识之所以能够成为民间的全体社区成员共享知识的保障。因此，无论是"保存者"还是普通参加者，实际上都是这种文化遗产的"实践者"或"传承者"。两者的差别，只在于对这种传统知识的被抽象化了的具体内容掌握的多少，而对这一知识的应用领域、性质和功能等，所有的普通参加者同专门人士一样，都有着深刻的理解和自然的认同。① 这种发现，更能准确、清楚地描述社区内部成员之间的层次性与多样性。也就是说，由于社区或传承人具有非均质性特质，因此，对于非物质文化遗产保护来说，将既有助于一视同仁地对待和理解社区内部成员，又有助于避免采取过于简单化、理想化的措施，特别是在如何通过充分的交流协商来保障更广大成员的意愿得以实现。因此，只有社区最大限度地参与到整个保护过程中，并在其中发挥主要的作用，非遗保护才能可持续、有效地开展下去。②

在调查中发现，近年来在青海海西州蒙古族地区逐渐兴起民间自发组织的各类赛马会、诗歌节、祭火节、民间手工艺展示会等以娱乐、交流为主题的活动，每年都要举办多次，而且规模越来越大，奖品、奖金也非常丰厚，群众的参与度逐步提升。这种政府主导或群众自发组织、举办的各类非遗项目的比赛，必然有助于蒙古族非物质文化遗产的自我保护，使得男女老少积极投身于非物质文化遗产保护与传承活动中，形成以村（社区）级能力建设为主线的多种自主性创新实践。

三、县域实践：特有的社区保护模式

基于国际公约"社区保护"的内涵，结合青藏地区蒙古族非物质文化遗产保护来丰富我们对于公约文本的认识。作为重要的国际法文件，《保护非物质文化遗产公约》明确把社区作为遗产的主要拥有者、传承者。《保护非物质文化遗产公约》以及《保护非物质文化遗产的伦理原则》中都认定社区是非物质文化遗产的保护主体，确认了相关社区、群体和个人在保护非物质文化遗产中的地位，尊重传承人群的主体地位和权利，是保护工作的重要原则。基于社区的基本地位，理论界相应地提出非物质文化遗产的"社区保护"概念。早在20世纪90年代，就已经有学者运用"社区"的概念进行民间传统

---

① 安德明：《非物质文化遗产保护中的社区：涵义、多样性及其与政府力量的关系》，载《西北民族研究》，2016（4）。

② 杨利慧：《以社区为中心——联合国教科文组织非遗保护政策中社区的地位及其界定》，载《西北民族研究》，2016（4）。

文化在村落中传承和保护的经验研究。① 我国较早明确阐述非遗社区保护论题的学者是周星，他基于教科文组织的非遗保护理念和其他国家的经验之上，提出了"把民族民间的文化艺术遗产保护在基层社区乃是较为可行的一种选择"② 的论断，因为基层社区是非物质文化遗产的"传承母体"。之后，我国学术界对于非物质文化遗产社区保护的必要性和重要性的认识和专题都进行了研究。

　　中国的非物质文化遗产社区保护的具体实践已经以多项创新措施走出了自己的特色。非物质文化遗产保护的中国实践是以县域为单位开展的，中国的非遗代表作四级名录是以县（市）级为起点的。③ 关于非物质文化遗产保护"县域实践"的论题，早前韩成艳于 2011 中就已提出 ④。后来，韩成艳、高丙中为了集中概括中国非物质文化遗产保护行动的一些创新措施，从基本概念的角度再次讨论"县域实践"。他们提出："非遗保护的中国实践是以历史文化传统和现代行政资源优势的县域实践为基础的。县域是非遗保护公共事业的正式制度的第一层级，也是保护实践的一个主体，负责组织县（市）域的各个部门和机构，各个社区、群体、组织和居民参与非遗项目的发现、申报、传承和传播，开展文化生态保护区建设，以此将本地建设成为一个文化共同体。"⑤ 比如，笔者在梳理青藏地区蒙古族非物质文化遗产代表性项目时，也是从县级层面文化系统的调研中感受到由县级机构这个层级进行初级的代表作名录建设、文化生态保护区建设、全县非物质文化遗产展演、非物质文化遗产进校园等。县域是一个历史文化地理范畴，县域公共事务由县政府承担责任，那么其中文化事业也必然由县文化主管部门负责，在非物质文化遗产保护事业中，县域在相关体制中占据着重要地位，在非物质文化遗产项目的挖掘、申报、保护与传承中发挥了相应的作用。作为现代政治共同体的区

---

① 刘铁梁：《村落：民俗传承的生活空间》，载《北京师范大学学报（哲学社会科学版）》，1996（6）。
② 周星：《民族民间文化艺术遗产保护与基层社区》，载《民族艺术》，2004（2）。
③ 韩成艳、高丙中：《非遗社区保护的县域实践：关键概念的理论探讨》，载《中央民族大学学报（哲学社会科学版）》，2020（3）。
④ 韩成艳：《非物质文化遗产作为公共文化的保护：基于对湖北长阳县域实践的考察》，载《思想战线》，2011（3）。
⑤ 韩成艳、高丙中：《非遗社区保护的县域实践：关键概念的理论探讨》，载《中央民族大学学报（哲学社会科学版）》，2020（3）。

县具有较为完备的现代体制，包括专门的文化主管部门、现代教育体系和财政支持力量等，是能够发挥政府力量与基层社区传统合力的实际运作"社区"。① 因此，对县域的非物质文化遗产实践予以检视，是认识中国非物质文化遗产保护事业的一个基本方面。国际社会所重视的非遗社区保护，虽然并不等于县域保护，但中国在县域的保护探索是一种特别能够发挥中国的历史文化传统、行政特色和区位禀赋的社区保护模式。②

第四节　构建"非遗＋新媒体"传播模式

新媒体的发展对于当下持续进行的青藏地区蒙古族非物质文化遗产保护与传承有着直接而显著的影响。近年来，新媒体改变了非物质文化遗产保护工作固有的生活语境，也改变了非物质文化遗产的传承主体和传播渠道，同时，青藏地区不断创造蒙古族非物质文化遗产保护的语境，生发出新的枝丫，形成了新的传播特色。青藏地区蒙古族非物质文化遗产保护与传承借助新媒体获得了更大的传播空间和再生产空间，显示出更深层面的非物质文化遗产保护问题。

一、微信群作为新兴非遗传播语境

近年来，青藏地区各个蒙古族聚居区，尤以海西蒙古族为主，流行起一种新兴的口头传统传播传承形式，即一些蒙古族老人自发创建了微信群，并且保持着非常好的活跃度，每天都有蒙古族中老年人在群里以语音的形式讲述民间故事、演唱民歌、传唱史诗、讲述谚语及谜语等。从目前群内形式看，讲述民间故事的人数及内容居多，讲述者以青藏地区牧区的牧民或者城市里

---

① 韩成艳、高丙中：《非遗社区保护的县域实践：关键概念的理论探讨》，载《中央民族大学学报（哲学社会科学版）》，2020（3）。

② 韩成艳、高丙中：《非遗社区保护的县域实践：关键概念的理论探讨》，载《中央民族大学学报（哲学社会科学版）》，2020（3）。

的年长者为主。由于现代社会的发展及新媒体的普及，这种以传播蒙古族口头传统为主的微信群总人数在短期内达到了 500 人。据笔者了解，类似这样的群有两三个，每个群有几百人不等的成员。笔者调查的微信群是青海蒙古族民间成立的第一个关于蒙古族非物质文化遗产保护与传承的微信群。笔者有幸访谈了群主，群主具有丰富的蒙古族文化知识，能讲民间故事，能吟诵祝赞词，还能解说蒙古族习俗文化，是一位退休干部。通过与群主交流笔者了解到，该微信群于 2019 年成立，起初仅仅有三人，后来发展到几十人，最初建立微信群的目的主要是为蒙古族同胞提供一个展现歌喉的平台，以唱德都蒙古民歌为主。从 2020 年 3 月开始，群内传播的内容不再单纯以民歌为主，增加了其他类型的口传文化，随着群内互动的主题逐渐丰富，越来越多的人开始加入该群，短期内达到 500 人，呈现饱和状态。群主告诉笔者，每天他都能接到别人的电话或微信，表达进群的愿望。笔者通过在群内体验两个月，观察到群内反响非常好，群内成员普遍反映非常喜欢、热爱这个群，在群里感觉到特别喜悦。他们大多喜欢听民间故事、英雄史诗等，有群成员说："通过在这样的微信群里听故事，回忆起很多年都未曾听到的故事，也看到了未曾看到的在蒙古包里围着'图吉齐'听故事的场景。"群主基于大家的需求，在短期内连续建了两个微信群，总人数达到 1000 多人。我们发现，新媒体的出现使得非物质文化遗产传播的方式有变，传承的文化语境改变了。同时，群里不同地区的人在讲述同一个故事时会有差异，或者是事件顺序颠倒，或者内容有删减等现象。大家通过几个人的讲述，发现差异，并在群里进行探讨。以青海省级非物质文化遗产代表性项目《辉特美日根特木尼的传说》为例，有一位 80 多岁的德令哈市老奶奶在群里发言："尽量将故事、史诗、赞词等完整地进行讲述，要保留它的完整性，这样后人也好，学习的爱好者也好，都能够完整地保护和传承这些口传文化。"接下来，老人在四天内，每天大概用半个小时的时间讲完了这个故事，并且着重讲述故事中一些与蒙古包的结构、蒙古服饰的样式有紧密联系的情节和事件，揭示出一些习俗的缘起。

在新媒体出现之前，一个口头传统演术者讲述的文本是其头脑中的文本、记忆中的文本，他在自己的脑海中有其文本固有的程式，同时，他讲述的语境有可能是在特定日子、特定地方讲述的，受众也许是前来过节或参加宴席的，也许就在某个人家里。讲述故事与听故事成为一种生活，是一种自觉生发的文化行为。而新媒体出现之后，文化语境发生了变化，讲述者可能是在自己家独自一人，面对一部手机讲述，若没有在群内做出特别说明，那么讲述的文本也许是头脑中的文本，也许是对着书面文本朗读，受众更加丰富，是来自不同地区的蒙古族。千百年来的口头叙事传统正在从"演述中的创作"进入一个新的阶段，并为半书面的吟诵形式所取代。目前，当我们还能够捕捉到口头史诗的传统演述形式之际，从文本与语境之间的复杂关系出发，对口头史诗的叙事传统及其演变态势进行系统的梳理和探究是当务之急。

如今，全世界已进入信息时代、大数据时代。科学技术发展带来的信息传播方式的变革，强有力地改变着人们的生产、生活方式及形态。而当代生活中的新媒体作为信息技术的一种直观显现，与非物质文化遗产有着直接而密切的关联，对新媒体和非遗保护关系的深入探讨，有助于更好地厘清新媒体和非遗保护之间的内在关联，并从更深层次上理解新媒体生态下的文化再生产问题。①

二、新媒体生态下的非遗新语境

非物质文化遗产的产生和发展是与其特定的生活语境密不可分的。青藏地区蒙古族非物质文化遗产保护的语境是非遗产生、发展的生活环境，是由时间、空间、传承人、受众、表演情境、社会结构、文化传统等多种因素共同构成的。青藏地区蒙古族非物质文化遗产具有鲜明的地方性特征。有些非物质文化遗产是以口头传承的方式表现的，有些非物质文化遗产项目伴随着鲜明的行为实践性，是民间社会和地方民众生活的有机组成部分。在表现形式上，虽然有些诸如手工艺类等非物质文化遗产要通过一定的物质形式来呈现，但大部分非遗项目还是通过口头传承和行为实践来展现的，比如海西蒙古族民歌、青海蒙古族长调音乐、祝赞词、全羊席，等等。因此，地方性、实践性、历史性都是非物质文化遗产的突出特点。

① 孙英芳：《新媒体生态下的非物质文化遗产传播与文化再生产》，载《新闻爱好者》，2020（8）。

在当代，新媒体以其强大的技术支撑、超越时间和空间的优越性形成了无限广阔的网络虚拟空间，为非物质文化遗产带来了新语境。[①] 很多非物质文化遗产受新媒体影响，其原生语境有着明显的变化，在一定程度上，新媒体替代了非物质文化遗产的固有生活空间，可以理解为新媒体改变着非物质文化遗产的原生语境。新媒体给非物质文化遗产的保护及传承提供了机遇。因为新媒体承载的网络空间使得更多的非物质文化遗产项目实现了跨越时间和地域的传播，使得传播面更广，让非物质文化遗产进入都市人群的视野，新媒体为非物质文化遗产建构起新的语境。比如，青藏地区蒙古族民间文学作为一种口头叙事文学，其演述往往需要特定的文化空间，然而这种文化空间的缺失，会使其传承陷入困境。新媒体的发展为文化空间的重建提供了新的可能，制造了一种虚拟的文化空间，使很多民间文学可以借助新媒体手段走向舞台和荧屏，走进更多百姓的生活，获得了新的生机，开辟非物质文化遗产新的存续平台。借助于新媒体创造的传播方式和具体途径，非物质文化遗产的传承和发展不断与时俱进，逐步实现可持续发展。

三、新语境下的非遗传播新形态

新媒体改变着非物质文化遗产的原有生活环境，同时也在不断塑造着非物质文化遗产的新语境。在新的非遗生存、发展语境下，非遗的传播主体、传播渠道都发生了深刻的变化，由此形成了非遗传播的新形态。[②] 一方面，非物质文化遗产传承主体发生改变。根据《保护非物质文化遗产公约》，非遗作为"被各社区、群体，有时是个人，视为其文化遗产组成部分的各种社会实践、观念表述、表现形式、知识、技能以及相关的工具、实物、手工艺品和文化场所"。由此可见，非物质文化遗产传承的主体是社区、群体或者个人，并是指特定区域的社区、群体或个人，具有地方性特征。非物质文化遗产作为特定地域、特定人群的文化遗产，承载着其历史记忆、社会认知和价值观念。在新媒体语境下，非物质文化遗产的传承有了新的特质，即跨越地域限

---

① 孙英芳：《新媒体生态下的非物质文化遗产传播与文化再生产》，载《新闻爱好者》，2020（8）。
② 孙英芳：《新媒体生态下的非物质文化遗产传播与文化再生产》，载《新闻爱好者》，2020（8）。

制，在更广阔的地域环境中被更多的人认知，具有传承主体扩大化的趋势。传承的主体不再局限于特定地域的特定人群，新媒体语境下的所有人都成为非物质文化遗产传承的潜在主体。不容忽视的是，传承主体的扩大化使得传承主体具有不确定性的特点。另一方面，非物质文化遗产传播渠道发生改变。在技术条件有限的传统游牧社会中，蒙古族非物质文化遗产的传播主要依赖口头传播、文字传播以及身体实践，其传播的范围较小，而且传播产生的效果也比较有限。在新媒体环境下，非物质文化遗产传播渠道实现质的飞跃，伴随着自媒体的发展，非物质文化遗产的传播呈现出与以往完全不同的状态。在新媒体环境下，利用便利的互联网，人们可以看到不同地域、不同类型的非遗项目，这些非物质文化遗产项目也借助新媒体技术，实现了多渠道、全方位的传播。

　　新媒体影响下的非物质文化遗产改变了原有的传播主体和传播渠道，呈现出新的传播形态。新媒体语境下，非物质文化遗产作为文化资本，借助现代网络媒体传播技术、包装创新设计以及文化符号的创新等，以资本的运营方式进行再生产，可以产生相应的效益。[①] 这就使得非物质文化遗产作为文化产品通过商品流通领域进入人们的生活。这是一种特殊的非物质文化遗产保护与传承方式。当作为文化产品的非物质文化遗产进入不同人群的视野后，在新的生活语境下构建起多元文化交融中的新内涵。所以，新媒体生态下非遗的保护和传播需要新媒体的传播手段，同时非遗也能够作为资本，借助新媒体手段进行再生产，从而获得更多的发展。[②] 根据《保护非物质文化遗产公约》，非物质文化遗产的保护重点在于"采取措施，确保非物质文化遗产的生命力"。非物质文化遗产的生命力存续要根据时代发展的不同赋予其不同的意义。

　　总而言之，在新媒体生态下，青藏地区蒙古族非物质文化遗产的保护总体上呈现出一种积极的应对和调和，为了其生命力的延续力求有新的发展，并进行有价值的文化再生产，在此过程中，新媒体对非物质文化遗产保护具有强大推动力，在非物质文化遗产保护运动中发挥着不可替代的重要作用。新媒体在

---

① 孙英芳：《新媒体生态下的非物质文化遗产传播与文化再生产》，载《新闻爱好者》，2020（8）。
② 孙英芳：《新媒体生态下的非物质文化遗产传播与文化再生产》，载《新闻爱好者》，2020（8）。

非物质文化遗产保护中构建什么样的文化认同，如何构建新时代的文化认同，都是未知的领域，也正因为如此，新媒体生态下非物质文化遗产的保护和传承是一个值得继续观察和研究的课题。

第五节　非物质文化遗产教育性保护的路径探究

回顾我国非物质文化遗产保护过程，尽管取得了令人瞩目的成就，但在很多地方仍存在过于重视非物质文化遗产数量和非物质文化遗产传承人等级划分的问题，仍然强化申报阶段，使得非物质文化遗产保护渐渐背离了初衷，忽视了非物质文化遗产作为一种优秀传统文化存续发展的教育功能，导致社会成员，特别是年轻一代对非物质文化遗产文化认同度不高，非物质文化遗产传承受到阻碍。因此，有必要通过开展与非遗相关的教育活动，探索教育性保护路径，最大限度地塑造社会成员对非遗的主动文化认同，提升非物质文化遗产传承能力，使非物质文化遗产切实获得生命力。

一、非物质文化遗产教育性保护的内涵

非物质文化遗产与教育是相辅相成、互相促进的关系。一方面，非物质文化遗产是世界各民族在长期发展的过程中积淀下来的精神财富，其中蕴含着丰富的历史知识、科学知识、伦理思想、传统技艺、艺术精品资源，是开展学校教育、社会教育的重要的知识来源。[①] 非物质文化遗产具有一定的教育价值，也就是说，非遗中有很多教育资源及知识，除了包含历史文化知识、科学知识，还有许多极富审美价值的文化艺术精品，可以利用这些珍贵的、丰富多彩的知识和内容开展个体教育、学校教育和社会教育。非物质文化遗产作为一种社会认知和价值观，在教育中不仅可以起到传播知识的作用，而且具有育人的功能，非遗可以推动教育目标的实现。另一方面，可以通过教

---

① 　申茂平：《非物质文化遗产的教育传承及其实现途径》，载《教育文化论坛》，2009（1）。

育实现非物质文化遗产的保护，尤其是将非遗纳入学校教育体系中，让青少年群体了解和学习优秀的民族文化，提升他们的文化认同感，同时对非遗传承人进行各类教育培训，提升他们传承非物质文化遗产的能力，使教育成为非物质文化遗产保护和传承的一个重要途径。

青藏地区蒙古族在其独特的历史发展过程及自然人文环境中，创造了非常丰富的具有教育价值的文化遗产。这些文化遗产通过学校教育可以帮助学生更加鲜活、生动地了解优秀的民族文化，从而增强民族自豪感，更加热爱自己的家乡。在蒙古族非物质文化遗产中就包含教育年轻人正确为人处世和打造良好社会风气的道德要求、行为规范等。非物质文化遗产具有熏陶情操、提高素质、培养能力等极高的教育价值。广泛流传于青藏地区蒙古族的民间文学贯穿在家庭教育、祭祀活动、礼仪往来、集会结社、婚丧嫁娶等各种活动和习俗中，形成了相对稳定的，人们共同遵守的生产生活方式、管理制度、行为模式、伦理道德等，具有较强的教育功能。

青藏地区蒙古族历史发展过程中形成的生态哲学、伦理道德观念及文化艺术作品，诸如蒙古族民间文学、蒙古族民歌、蒙古族长调、蒙古族手工技艺、传统医药学及风俗文化中所凝结的审美观念与审美意识等，都可以汇聚成蒙古族自身的素养，逐渐积淀成为民族心理、民族品格，使蒙古族获得生存与发展的动力及持续不断的精神力量。同时，在这些非物质文化遗产中也包含了对人与自然、人与社会之间关系的有益的启迪，在现代化程度比较发达的今天，彰显出其不朽的价值。

随着经济全球化趋势的不断深入，农牧民的生活环境和生产方式都在发生着改变。青藏地区蒙古族从传统的逐水草而居的游牧生活逐渐演变为城镇化的定居生活。生活水平的改善，自然带来了人们对生活方式优越性的追求，城镇化就是这一追求的标志。物质资料生产方式的极大改变逐渐导致传统生活方式的消失，直接威胁到传统文化的存续和发展，其中自然也包括亟待拯救的非物质文化遗产。① 当蒙古族非物质文化遗产得以存续的自然人文环境发生变化时，尤其是语言文字及民风民俗逐渐被抛弃和忽视，原有的游牧社会中赖以联结的

① 马知遥、常国毅：《非物质文化遗产教育性保护的方法论与道路探究》，载《民族艺术研究》，2019（6）。

文化纽带断裂，进而导致传统民族文化逐渐淡化，最终导致文化认同的缺失。

在联合国教科文组织《保护非物质文化遗产公约》对非物质文化遗产的定义中提道："这种非遗世代相传，在各社区和群体适应周围环境以及与自然和历史的互动中，被不断地再创造，为这些社区和群体提供认同感和持续感，从而增强对文化多样性和人类创造力的尊重。"① 主体的认同感是非物质文化遗产保护的关键因素。经过实践我们认识到，教育是提高文化认同的重要路径。通过发展教育可以有效提高非遗的吸引力，让人们通过认知与理解来承认非物质文化遗产，并内化为自己选择行动和生活方式的原则，让人从被动认同到主动认同，发挥人的文化主体性，构建非遗保护的主动语境与存续状态。② 因此，教育成为非遗保护的核心要素，并在人与非物质文化遗产之间构建起新的文化认同，使非物质文化遗产保护具有主体及时代存续意义。

二、以教育实践为核心的非遗保护方法论探究

《实施〈保护非物质文化遗产公约〉操作指南》中明确提到，"缔约国应努力采取一切适当的手段，运用教育和信息计划，以及能力建设活动和非正规知识传播手段，确保非物质文化遗产得到确认、尊重和弘扬"③，鼓励缔约国实行各种措施和政策。

近几年，随着国家对非物质文化遗产的重视，非遗进校园的方式得以推广普及非遗项目，传承非遗精神。青藏地区蒙古族聚居区采取非遗进校园的措施，通过开设特色课程传播非遗文化，濒危的口头文化遗产，如某些民族学校讲授英雄史诗《汗青格勒》，通过英雄史诗的学校教育，很多儿童开始学会演唱史诗，宣传、普及效果是有目共睹的。总体上说，非遗进校园的做法确实值得肯定和倡导。然而，这种非遗进校园的实践及其宣传活动主要停留

---

① 《联合国教科文组织〈保护非物质文化遗产公约基础文件汇编〉2016 版》，北京，中国数字文化集团有限公司，2019。
② 马知遥、常国毅：《非物质文化遗产教育性保护的方法论与道路探究》，载《民族艺术研究》，2019（6）。
③ 《联合国教科文组织〈保护非物质文化遗产公约〉基础文件汇编 2016 版》，北京，中国数字文化集团有限公司，2019。

在直观展示和舆论宣传层面，较少进入课堂和教材，文化传承很难由知识普及到技能培训再到学术传播等更为深广的领域，总之，还没有全面、系统地形成非遗教育保护的长效机制。

首先，非遗进校园要与学科融合。非遗教育作为一种传统文化教育，走进了青海海西蒙古族中小学，仍处于起步阶段，有很多不完善的地方。部分学校只是简单地邀请非遗传承人到学校做一次表演或者上几节手工课，走马观花，浅尝辄止，课程安排不系统、不深入。学校首先要了解非遗是什么、非遗有何价值、非遗对学校教育的赋能等，尤其是要探索青藏地区蒙古族非物质文化遗产中丰富的文化教育资源，正确认识非物质文化遗产所具有的意识形态属性。保护非物质文化遗产的核心目的就是要促进多元一体的中华文化，凝聚中华民族力量，增进民族团结，增强文化认同，铸牢中华民族共同体意识。中华优秀传统文化凝聚起来的共同的思想理念、传统美德、人文精神是一体，社会主义核心价值观是一体，各民族、各地区各具特色的优秀传统文化是多元。① 通过非遗教育，不仅要让学生认识到这种差异，更要让学生领会尊重差异、包容多样、正视共性、增进一体，让学生了解到各少数民族的非遗是中华文明的组成部分，这对维护民族团结和国家统一以及铸牢中华民族共同体意识具有重要的教育意义。因此，非遗教育应该因地制宜，优先考虑选择本地、本民族项目，要培养中小学生发现当地之美的眼光，在此基础上，非遗教育应该与语文、地理、历史等课程的教学内容融合，让非物质文化遗产在润物细无声中生根发芽。

其次，非物质文化遗产传承要遵守教育规律。一方面，非物质文化遗产传承人肩负着传承技艺的重任。另一方面，很多学校引进非遗项目进校园时会邀请一些非遗传承人到校授课。然而，传承人毕竟不是教师，不懂教育发展规律及教学方法，这就降低了学生的体验效果，削弱了学生的好奇心和积极性。因此，为了使非遗教育具有可持续性，还需要培养懂得非物质文化遗产的教师，使非物质文化遗产传承人与学校教师有效配合，更好地达到传承非物质文化遗产的目的。另外，还要建构系统化课程。对学生而言，碎片式

---

① 中华人民共和国文化和旅游部非物质文化遗产司：《中国非物质文化遗产保护的生动实践》，载《中国非物质文化遗产》，2020（1）。

的体验仅能让他们掌握某一项技能，对学生的思想启迪、对传统文化的认知还远远不够。只有系统化及长期的文化氛围熏陶才能真正地将民族文化及非遗精神融入学生的血液，才能更好地实现非遗的代代传承。

总之，要不断推进非遗进校园、进课堂、进教材，逐渐融入国民教育体系，丰富青少年群体的非遗保护知识，增强非遗传承的理念。除了非遗进校园外，我国还探索出一条本土化的教育模式，即高校非物质文化遗产研培计划。

随着城市化进程的加快，年轻群体大量拥入城市并寻求不同的生活方式，家庭人口结构也发生了变化，非遗的师徒传承和家族传承面临诸多困境，加上传承人及民间艺人队伍普遍出现高龄化现象，使得非遗传承断层现象越发严重。中国非物质文化遗产传承人群研修研习培训计划就是着眼于完善传承链条、提高传承能力、增强传承后劲的一项新举措。[1] 非物质文化遗产传承人群研修研习培训计划是以传统工艺类项目为切入点，主要委托高校等相关单位组织研修、研习和培训，从而帮助传承人及实践者提高文化艺术素养、创新能力及审美能力，在继承传统文化的基础上，提高工艺类文化产品的设计、制作，开发出更多的衍生产品。之所以以手工艺类非遗项目为切入点，是因为手工艺类项目是非物质文化遗产中覆盖面最广、最能带动就业的非物质文化遗产项目。所以，这种形式的非遗教育可以促进传统工艺走进现代生活，促进传统工艺振兴。研培计划主要是基于活态传承、走进生活、以人为本等理念，提出了"传承人群"的概念，提倡并践行让传承成为人群的传承，让更多的普通从业者能够逐渐成为优秀的传承人，为新一代的代表性传承人成长创造更好的条件。充分发挥高校的优势，提高传承人群的文化艺术素养，开拓传承人群的眼界，采用研修、研习和普及培训等多层次的人才培养模式。截至 2019 年，全国共计举办各类研修、研习、培训 758 期，培训传承人近 3.1 万人次，加上各地延伸培训，研培计划总覆盖人数超 10 万人次。文化部还委托上海大学、南京旅游职业学院为青海省果洛藏族自治州系统培训传统工艺、特色餐饮等方面的人才，准备用几年时间，帮助果洛州培训 1000 人次。果洛州总人口近 20 万人，这项培训工作如顺利完成，将对果洛州的非遗事业和脱贫致富发挥重大作

---

[1] 李韵：《文化部非遗司负责人就非遗传承人群研培计划答记者问》，载《光明日报》，2016-02-26。

用。青海省文化和新闻出版厅副厅长吕霞表示："研培计划是针对非遗保护传承面临症结的有效实践，是让非遗在当下复活的一个重要途径，也是构建优秀传统文化传承体系的重大实践。高校、企业等社会力量的加入为非遗保护工作带来了一股清新之风。"①

2017 年 9 月，青海省青海师范大学承办了第一期文化和旅游部非物质文化遗产研修研培计划泥塑培训班。2018 年 11 月，众多海西蒙古族刺绣艺人在青海师范大学美术学院参加了由省文化厅、青海师范大学共同举办的省级非物质文化遗产传承人群研修研习培训计划青海师范大学蒙古族刺绣培训班。2019 年 7 月，由青海省文化和旅游厅、青海省非物质文化遗产保护中心主办，青海师范大学承办的第二届中国非物质文化遗产传承人群研修研习培训项目——青海师范大学"青海花儿"培训班在音乐学院开班。

通过持续的、大范围的培训，有力地提升了非遗保护工作者的履职能力和工作水平。通过管理、培训、评估等各项措施，国家级代表性传承人及传承人群的文化自信和传承积极性明显提高，传承能力明显增强，为非遗保护和传承提供了基础性、持续性的力量。②

第六节　建立文旅融合发展新格局

文化和旅游融合发展这一举措抓住了文化和旅游在本质层面的相似性、文化产业和旅游产业在融合发展方面的可能性，标志着文化和旅游发展进入了新局面和新阶段。

2009 年，《关于促进文化与旅游结合发展的指导意见》出台，标志着文化和旅游融合在国家层面开始联合发力，该意见指出，文化和旅游的深度融合有利于加快我国旅游行业的转型升级，也有助于文化产业的加速发展。

---

① 笔者于 2019 年 9 月访谈吕霞时获得。
② 中华人民共和国文化和旅游部非物质文化遗产司：《中国非物质文化遗产保护的生动实践》，载《中国非物质文化遗产》，2020（1）。

2017 年 9 月，习近平总书记在世界旅游组织的全体大会上指出："旅游是国家和国家之间、文化和文化之间沟通的重要渠道。"2018 年，在《深化党和国家机构改革方案》发布之后，国家文化和旅游部成为新组建的部委，各省市的文化和旅游部门也陆续挂牌，标志着我国在文化和旅游的行政层面已形成合力，融合发展进入新局面、新阶段。

在青藏高原少数民族聚居地区，文旅融合的观念存在差距，非物质文化遗产保护整体的体制和机制还有待加强，文旅融合的程度有待进一步提高，同时，还存在融合创新不强、政策保障滞后等问题。要想做好青藏地区蒙古族非物质文化遗产的保护和传承工作，就要遵循新的非物质文化遗产发展理念和"宜融则融，能融尽融，以文促旅，以旅彰文"的工作思路，积极探索文旅融合发展新途径，建立文旅融合发展新格局。在提升少数民族传统文化影响力方面，青藏地区可采取拓展国内国外交流综合平台，推广国内国际交流的旅游产品，拓宽对外交流层次、渠道等措施，扩大青藏地区蒙古族传统文化旅游朋友圈。在区域市场治理上，聚焦民众关注的热点问题，出台具体举措，为民众和游客打造更为贴心、舒心和安心的文化旅游环境。在实施保障方面，青藏地区可把文化和旅游融合纳入区域重点工作，健全部门、市区联动机制，加大财政、资金、人才、土地等方面的支持力度，完善统计监测体系。

文化旅游依赖于历史与传统文化，自然旅游依赖于生态环境，一个地区拥有这两类资源中的一个，就具备了旅游发展的基础。如果同时拥有两类资源，它的市场更广，吸引力更大，旅游对社会经济的带动力也更明显。青藏地区历史悠久，民族文化资源丰富多彩，绚丽斑斓，形式多样，特色浓郁，有待进一步挖掘、整理和保护，推动优秀传统文化与现实生活深度融合，助力非遗参与的文旅融合，秉持着更好地服务社会、促进发展、惠及民生的理念，让非遗事业更有张力、更具内涵、更显特色、更有温度，激发延续非遗薪火相传的新活力。在青藏地区，民族传统文化与旅游业是紧密联系在一起并相互作用的。剪纸、刺绣、堆绣、石雕、唐卡等乡村独特的文化资源在今天的价值正在被人们重新认知、界定，甚至一些知名品牌也从中寻求创意和灵感。将这种民族传统文化的元素融入现代旅游中，无疑可以使旅游产品更具特色，更有吸引力，也能更好地满足游客追求新鲜事物、体验不同文化等多元文化旅游的需求，从而获取经济效益和社会效益。因此，非物质文化遗产作为特殊的旅游资源，经适度的规划与开发，打造成不同类型的旅游产品，吸引游客进行消费，其发展潜力非常大。发展旅游业是保护与开发非物质文化遗产的重要手段，能够使非物质文化遗产的价值得到进一步体现。通过精心打造高品质的文化旅游产品，包括非物质文化遗产旅游产品，让更多游客欣赏、体验各民族优秀的非物质文化遗产，借此弘扬优秀的民族传统文化，激发民族自豪感，为非物质文化遗产创造一个更为适宜的生存环境，这是旅游业对非物质文化遗产的巨大贡献。2018 年以来，在文化和旅游部、国务院扶贫办支持下，许多地方大力开展"非遗 + 扶贫"工作，设立非遗扶贫就业工坊，振兴传统工艺，这亦是对生产性保护的科学实践。截至 2020 年 6 月，各地设立非遗扶贫就业工坊超 2000 所，带动非遗项目超 2200 个，培训近 18 万人次，带动近 50 万人就业和 20 多万建档立卡贫困户脱贫。"非遗 + 扶贫"正以其独特的优势，深度融入文化传承与民生建设。[1]

青藏铁路以青海省省会西宁市为总起点，一路向西，沿途依次经过西宁、格尔木、安多、那曲、拉萨等主要旅游地区，可概括为青藏线三大旅游圈，即大西宁旅游圈、格尔木旅游圈和拉萨旅游圈。三大旅游圈是青藏线最主要旅游集散地和旅游目的地，高原文化遗产资源集中，旅游基础设施相对配套完善，而且每一旅游圈因各自所处地理环境的不同、气候的差异、民族成分的不同、生产方式的不同，呈现出不同的地方民族文化特色。[2] 其中，格尔木旅游圈展现出独特的昆仑文化及德都蒙古族民俗风情为特征的旅游形象。格尔木经济文化旅游圈地处著名的柴达木盆地，涵盖了柴达木盆地全境，包括格尔木市、德令哈市、都兰县、乌兰县等地区，地域辽阔，旅游资源丰富，大部分旅游资源都保持了原始风貌，景观独特、奇美、神秘，是开展登山旅游、生态旅游、科学考察、文化旅游、抢险旅游、宗教朝觐和了解蒙藏民族风情的理想胜地，也是我国旅游向西部转移的一个新的增长极。该经济文化

---

① 林继富：《民族地区非物质文化遗产扶贫实践路径研究——基于文化生态保护区建设视角》，载《湖北民族大学学报（哲学社会科学版）》，2021（1）。

② 邸平伟：《青藏铁路周边少数民族文化遗产保护与旅游发展对策研究》，载《青海民族研究》，2011（1）。

旅游圈主要涉及德都蒙古文化生态核心区，有助于形成格尔木经济文化旅游圈非物质文化遗产旅游品牌。

　　近年来，青海省海西州经济发展迅速，基础设施亦较为完善，城市化率高，特色鲜明的非物质文化遗产旅游发展前景良好。在采访专家跃进时笔者了解到，青海省海西州将部分民俗文化作为旅游产品开发，如祭敖包、祭火等文化遗产成为海西，乃至青海省极具特色的民俗旅游产品。海西州政府以建设"高原旅游名州"为奋斗目标，正在投资建设德令哈德都蒙古文化旅游产业园。它是以德都蒙古族文化为主题，集非物质文化遗产传承保护与演艺、民族竞技体育、休闲、体训、旅游、度假为一体的多元化、多功能大型产业园，主要由德都蒙古族文化博物馆、柴达木岩画公园、国家非物质文化遗产那达慕和汗青格勒文化墙、蒙古族哈萨克族民俗村、德都蒙古饮食文化产业基地、非物质文化演艺厅、柏树山旅游景区等组成。用充满德都蒙古文化特色的设计，将柏树山德都蒙古族旅游文化产业园打造成集历史文化观礼、休闲娱乐旅游为一体的综合景区。非物质文化遗产的传承、保护和利用，要坚守人民立场，着力让大众参与保护与传承，让非物质化遗产的保护成果为百姓共享。这就需要政府领导者加强统筹协调，鼓励和引导社会力量广泛参与，充分发挥社会力量的积极性和创造力，推动形成政府主导、社会参与、多元投入、协力发展的非遗保护体制机制。

　　通过以上分析，既能体现青海省海西州非物质文化遗产保护的成果，也能明确在非物质文化遗产保护中政府所发挥的作用。随着社会的发展，民族地区很多民族传统的节日、手工艺品制作等宝贵的非物质文化遗产正在逐渐消失。从辩证的角度看待青藏地区蒙古族非物质文化遗产，它是传统的，是各族人民世代相传并流传至今的；同时，它又是现代的，它可以融入日常生活、创新传承传播方式、实现社会共享，唯有与现代生活紧密融合，青藏地区蒙古族非物质文化遗产才能实现活态传承并逐渐发扬光大。

结　语

　　非物质文化遗产的可持续发展是全世界共同关注的课题。自《保护非物质文化遗产公约》公布来，我国非物质文化遗产备受瞩目，其保护与传承工作成效明显。但随着民族地区经济社会的快速发展及生产生活方式的变迁，非物质文化遗产生存土壤和生态系统的退化、传承方式的脆弱等原因，少数民族非物质文化遗产普遍面临生存环境萎缩、传承人青黄不接、保护路径不明、文化生态失衡等困境，如何创造非物质文化遗产传承的真实文化空间和环境，使其走上可持续发展道路，是民族文化发展中亟待解决的问题。如果将非物质文化遗产脱离原生环境、社区组织、家庭结构、宗教信仰等因素进行单一考察，我们便无法完整地把握其发展的脉络和走向，更遑论可持续性传承。

　　人们之所以反复强调可持续发展观念，正是基于对当下传统文化流失的担忧和对文化生态保护的考虑，"既满足当代人的需求，又不损害后代人满足其自身需求的能力"[①]，时刻警醒着我们不能就此迷惘，而应带着一种自觉和自信深刻反思，以求在飞速变换的世界里寻得兼顾经济社会环境可持续和文化生态共存的发展模式，从而尝试解决始终处于流变之中的民族传统文化在社会转型期何去何从的问题。

　　在这样的背景下，本研究以青藏地区蒙古族非物质文化遗产为研究对象，如何实现青藏地区蒙古族非物质文化遗产在当代社会中的可持续性为思考基点，将青藏地区蒙古族非物质文化遗产研究置于可持续发展研究思路中，系统研究青藏高原蒙古族不同文化区域的形成及非物质文化遗产的分类、分布、特征、价值、保护与传承现状，探析其在整个社会经济文化可持续发展中的作用，从而构建青藏地区蒙古族非物质文化遗产保护与传承的可持续发展路径。

---

① 　世界环境与发展委员会：《我们共同的未来》，王之佳、柯金良译，长春，吉林人民出版社，1997。

因此，本研究是从蒙古族某一类非物质文化遗产的保护与传承研究，转向在可持续发展语境中研究青藏地区蒙古族非物质文化遗产整体保护与活态传承，强调在田野中观察蒙古族不同类别的非物质文化遗产存续的整体文化生态环境及不同的传承方式及传承特点，从包容性社会发展、包容性经济发展、生态环境可持续发展及和平与安全四个维度，拓宽其研究领域，呈现出青藏地区蒙古族非物质文化遗产可持续发展的整体研究取向。这有利于推进少数民族非物质文化遗产保护与传承的研究视野和研究角度，凸显青藏地区蒙古族非物质文化遗产的本体性可持续发展与语境性可持续发展研究的意义，以及在蒙古族非物质文化遗产研究上的独特贡献。鉴于此，本研究从四个方面进行研究。

第一，对于非物质文化遗产生成的自然地理与历史文化语境研究。

每一种文化的产生及其形成的文化模式与衍生这种文化的自然地理环境和人文社会环境有着密切的联系。由于青藏高原特殊的人文地理环境，各个历史时期的民族文化在本区域内得到了充分交流融合和继承发展，出现了不同类型的农耕经济文化、游牧经济文化和多种宗教文化，各种文化相互作用和影响，逐步演变成具有多元化、多民族性的高原文化特色。随着青藏地区蒙古族社会文化变迁过程，青藏地区蒙古族在文化地理上逐渐形成德都蒙古文化生态核心区、黄河以南的蒙藏文化融合区、祁连山地与青海湖东的多元文化融合区、湟水流域的边缘文化区、甘肃肃北的雪山蒙古文化区、西藏达木蒙古人的文化融合区等不同的文化特征区域，构成了青藏地区蒙古族非物质文化遗产衍生的土壤。

第二，对于青藏地区蒙古族非物质文化遗产类型及其分布、特征、价值研究。

本研究在系统调查的基础上对分布于青藏地区蒙古族主要聚居区的非物质文化遗产国家级及省级代表性项目进行了分类和规范的梳理，对不同类型的非物质文化遗产资源的内容、历史沿革、保护价值及传承发展做了归纳总结。由于人文环境的特殊性，青藏地区蒙古族非物质文化遗产代表性项目在结构类型与空间性两个方面呈现不同的分布特征，同时，具有典型的高原民族文化特征，具体包括生态文化特征、高原地域文化特征、多元文化特征等。在现代文明的冲击下，青藏地区的文化生存空间更为脆弱，从而使得青藏地区蒙古族非物质文化遗产具有更大的历史文化价值、社会和谐价值、科学研究价值、审美艺术价值、教育价值、旅游经济价值等，构成了一个多维度的价值体系。

第三，青藏地区蒙古族非物质文化遗产保护与传承现状及戏剧遗产、口传文化遗产的传承特殊性研究。

从田野调查及个案研究方法入手，分析非物质文化遗产进学校、传承人口述传承行为、非遗舞台化、那达慕及"孟赫嘎拉"文化节日的传承、传承基地、达罗牌传承、肃北"民族服饰日"等领域进行深入研究，得出多样化的传承方式。另外，用亲身体验的方法，对活态传承的家族聚会进行沉浸式调研；以青海省河南蒙古族自治县蒙古族敖包祭仪中的藏戏表演为考察主题，以个案研究方法，关注与审视青海河南蒙旗地区敖包祭祀仪式与藏戏表演文化内核，从而揭示蒙藏文化融合与民族文化历史变迁及其当代变迁的脉络；对于青藏地区蒙古族口头文化遗产传承人及民间艺人的文化传统与承继谱系进行全面梳理及分析，进而得出以家族传承、师徒传承、社区传承为特点的传承方式，以文化担当为核心的传承精神，以生动鲜活为特点的传承形态，以口传心授为特征的传承路径。

第四，青藏地区蒙古族非物质文化遗产的可持续发展路径研究。

主要以可持续发展理念探析青藏地区蒙古族非物质文化遗产与可持续发展的内在逻辑关系，从本体性可持续发展与语境性可持续发展两个方面分别阐述，重点从包容性社会发展、包容性经济发展、环境可持续发展、非物质文化遗产与和平四个维度阐述了青藏地区非物质文化遗产中蕴含的可持续发展理念。总体上，就是在思考如何利用本土文化来确立自身的发展之道。具体到非物质文化遗产保护是以非遗传承社区发展实际为基础，通过各类规划、政策、措施及具体实施，发现、激活和利用非物质文化遗产，用非物质文化遗产来提升社区民众能力并使其参与地方社区的发展；让非遗成为地方发展的内在动力之一，并从中寻求现代科学与传统文化、地方知识相互借鉴的可持续发展之路。[①] 新媒体的发展为民俗场的重建提供了新的可能，如微信群、视频号、抖音等新媒体成为非物质文化遗产传播的新形态，非物质文化遗产的传承和发展不断与时俱进，正在实现可持续发展。

---

① 钱永平：《可持续发展：非物质文化遗产保护的新理念》，载《文化遗产》，2018（3）。

后　记

本书的撰写历时数年，期间经历了许多波折和挑战，感触颇多。在本书即将付梓之际，我希望通过这篇后记，向读者介绍写作过程中的感受和体验，并分享我的一些思考。

本书在青藏地区蒙古族非物质文化遗产领域进行了较为深入的研究和探讨，旨在为该领域的研究提供新的思路和方法。通过收集和分析大量相关资料，并运用科学的理论和方法，我试图将青藏地区蒙古族非物质文化遗产研究置于可持续发展研究思路中，系统研究青藏高原蒙古族不同文化区域的形成及非物质文化遗产的分类、分布、特征、价值、保护与传承现状，探析其在整个社会经济文化可持续发展中的作用，从而构建青藏地区蒙古族非遗保护与传承的可持续发展路径。由于该领域的复杂性和多样性，我也尝试通过多种渠道与专家学者进行交流和讨论，以获得更多的支持和帮助。在这里特别感谢跃进老师在我调研和咨询过程中给予的指导和帮助，同时也特别感谢曹娅丽老师的帮助与支持，使我能够顺利开展学术研究工作。我相信这部专著可以为该领域的发展提供一些新的思路和方法，并为读者带来一些启示和帮助，同时也希望读者能够指出不足之处，让我能够不断改进和提高自己的研究成果。

在写作过程中我遇到了许多困难和挑战。例如，如何确保所选取的素材和数据具有代表性和可靠性，如何将复杂的概念和理论用简洁明了的语言表述出来，尤其是将原始的蒙古语资料进行解读和翻译的过程中，如何保证文章逻辑严谨的同时保持语言流畅、易于理解。为了克服这些困难，我不断尝试、反复修改，力求达到最佳的表达效果。本书的撰写过程中课题组成员邸莎若拉和刚琴特尔也给予我很多的帮助和支持，尤其要感谢邸莎若拉对于第六章的撰写注入了很多的心血，使得该领域的研究更加完整。此外，在撰写过程中，我还结识了许多志同道合的朋友，他们的支持和鼓励让我更加坚定了自己的信念。我相信只要我们坚持不懈地追求自己的梦想，就一定能够克服困难，实现自己的目标。

感谢我的家人和朋友们的关心和支持，感谢专家学者的指导和帮助，感谢非遗传承人及民间艺人的热情帮助和积极配合。在此，谨向尊敬的学院领导和所有关心、支持我工作与学术研究的同事们表示深切感谢！

仙　珠

2023 年 11 月